KB071473

일본의 세계시민교육

실천과 방향

한국일본교육학회 편

공병호 · 김세곤 · 송민영 · 신현정 · 윤종혁 · 이명실 · 이성한
이정희 · 임형연 · 장지은 · 조규복 · 천호성 · 최순자 · 홍현길 공저

학지사

발간사

세계보건기구(WHO)는 코로나19 확산에 따라 지난해 3월 11일에 '감염병 세계 유행' 팬데믹을 선언하였다. 미증유의 바이러스 사태를 경험하면서 전 세계가 서로 밀접하게 연결된 지구촌 사회임을 실감하고 있다. 또 한편으로 진 인류는 지속가능한 삶을 위해 행동으로 실천하지 않으면 안 될 상황에 직면했음도 안다. 이러한 시점에서 이 책을 통해 일본의 지속가능한 교육을 소개하는 것은 그 의의가 크다고 본다.

한국일본교육학회는 한국 1세대 교육학자에 의해, '외래의 교육 사조를 넘어선 자생적 교육'을 염두에 두고 창립되었다. 이후 한국과 일본의 교육적 이해를 통해 상생의 미래를 만들기 위한 노력을 계속하고 있다. 37년간 매년 일본의 교육 관련 주제를 정해 학술대회를 개최하고 있으며, 2021년 5월에 개최한 학술대회가 제135차였다.

학회에서 지속해서 이루어지고 있는 의미 있는 연구가 학술지 게재와 발표로만 끝나는 것에 대하여 회원들의 아쉬움이 컸다. 이에 2014년 말에 일반인도 읽고 활용할 수 있는 저서 출간을 제안하였고, 출간위원장으로 3년간 학회원과 논의해 가며 집단지성을 모아 재구성하였다. 내용은 주로 본 학회에서 발표한 연구였으며, 그 결과 2017년 1월에 『일본의 지역교육력: 이해와 실제』, 같은 해 8월에 『일본의 재난방지 안전 · 안심교육』을 출간하였다.

이 책은 본 학회에서 출간한 네 번째 도서로서, 내용의 시작 부분 '들어가며'에서는 세계시민교육의 실천과 방향을 살펴보았고, 제1부에서는 세계시민교육의 역할과 위상을 알아보았다. 제2부에는 각 교육 현장의 세계시민교육을, 제3부에는 지역과 국가가 함께하는 세계시민교육을 논의하였으며, 마지막 '글을 마치며'에서는 종합적 고찰 및 과제와 제언을 담았다.

연구와 교육, 봉사로 바쁜 가운데 옥고를 써 주신 홍현길, 김세곤 원로 회원님 외 학회원분들과 출간을 위해 수고해 주신 임형연 출간위원장 및 위원들께 감사의 마음을 전한다. 또 어려운 여건에서도 출판을 맡아 주신 학지사 김진환 대표님 외 책이 세상에 나올 수 있도록 가교 역할을 해 주신 김은석 이사님, 좋은 책이 될 수 있도록 꼼꼼한 검토를 해 주신 백소현 편집자에게도 감사드린다.

이 책은 연구자와 교육자뿐만 아니라 정책 입안자, 행정가, 시민운동가 등 각 분야에서 많은 관심을 두고 참고했으면 한다. 부디 출간의 취지대로 건강한 사회를 위한 사회학적 상상력을 창출하는 데 이 책이 널리 활용되기를 바란다. 아울러 한국과 일본의 교육학 연구와 인적 교류를 통해 지평을 넓혀 갈 본 학회에 지속적인 관심을 기대한다.

2021년 6월

한국일본교육학회장 최순자

차례

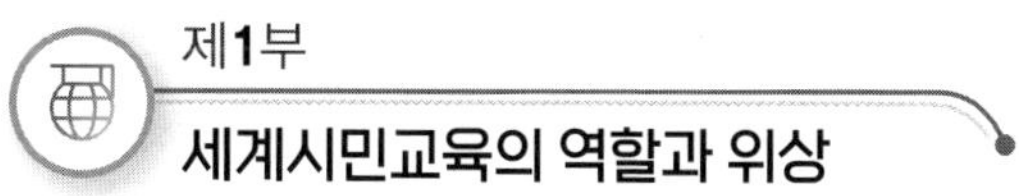

제1부 세계시민교육의 역할과 위상

제2부
교육현장의 세계시민교육

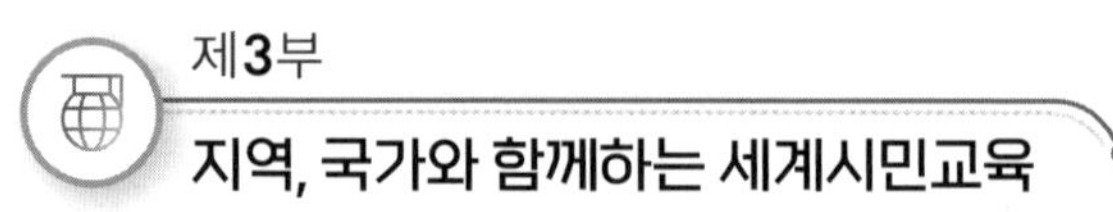

제3부 지역, 국가와 함께하는 세계시민교육

들어가며

일본의 세계시민교육: 실천과 방향

홍현길(가천대학교)

우리나라의 많은 사람은 일본을 좋아하지 않는 나라로 보고 있다. 그 이유는 일본제국이 1910년부터 1945년까지 35년간 우리나라를 강제로 지배하였으며 지금도 우리나라를 싫어하는 혐한론 등의 모습을 보이고 있기 때문이다.

그러나 그럴수록 우리는 일본의 모든 것을 연구하고 정확히 알고 있어야 한다. 왜냐하면 좋지 않은 역사가 되풀이되어서는 안 되기 때문이다.

일본의 교육 분야에 대해서는 1985년 1월 27일 서울대학교 사범대학 한기언 교수를 중심으로 일본유학을 한 사람들과 일본교육에 관심을 가진 사람들이 한국일본교육학회를 만들었다. 그리고 2021년 현재까지 37년간에 걸쳐 『한국일본교육학연구』라는 학술지를 만들고 이를 중심으로 많은 연구를 하고 있으며 여러 권의 서적도 출판하고 있다. 이 학술지는 현재 학술등재지로 되어 있다.

2021년 올해에 본 연구회는 최근 일본의 교육계가 시행하고 있는 지속가능발전교육(ESD)을 세계시민교육이라는 이름하에 한 권의 서적으로 출간하여 일본의 교육을 연구하거나 알고자 하는 이들에게 도움을 주려고 한다.

물론 우리나라를 비롯하여 중국 및 동남아 등을 침략하고 나아가 독일과 이탈리아와 함께 제2차 세계대전의 추축국으로 활동한 역사를 가지고 있는 일본이 현재도 우리나라와는 여러 가지 마찰을 빚고 있으면서 세계시민교육을 시행하고 있다는 것이 이해가 안 간다는 사람도 있으리라 생각한다. 그러기에 본 서적의 발간 의미가 더 크리라는 생각도 든다.

그런데 이 책과 같은 일본교육에 관한 서적을 읽을 때 일본의 교육 역시 다른 나라의 교육이므로 정확히 알기 위해서는 일본 교육에 관한 기초지식을 알아야 한다고 생각한다. 특히 일본의 교육은 우리나라의 교육과 매우 밀접한 관계가 있기에 더 그러하다. 이에 일본의 교육에 관한 기초지식을 우리나라와 관련시켜 간단히 적어두고자 한다.

일본의 역사는 BC 660년 음력 1월 1일(양력 2월 11일)에 하늘을 밝게 비추는 태양신인 여자 천조대신의 직계인 진무가 일본제국의 제1대 천황으로 등극한 날이라고 하며, 이 날을 일본 건국일이라고 말한다. 이 진무천황을 시작으로 현재의 레이와 천황까지 126대에 이르고 있다.

그런데 일본이 근대식 학교를 세우고 근대식 교육을 시작한 것은 122대 메이지천황의 1868년 등극에서 시작한다. 이를 일본역사는 메이지유신이라고 한다. 메이지천황이 등극하기 전의 일본의 교육은 우리나라 조선 교육의 영향을 받아 번교, 향학, 데라고야 등이 있었고 조선의 유학을 당시 읽기 쓰기를 통해 일본의 도덕으로 가르쳤으며 산술을 더하여 초등학교 과정인 절에 만든 학교 데라고야는 메이지천황이 등극할 당시 1만 5,000개가 넘게 일본 전국에 산재해 있었다.

그러나 동경만 입구에 나타난 미국의 검은 철선 페리호와의 관계를 계기로 1868년부터 문호개방을 한 일본제국은 1872년 초·중·고·대학이라는 서양식 교육제도를 일본제국의 교육제도로 정착시키는 교육의 대개혁을 단행한다. 그리고 1907년 초등학교 취학률이 98.23%에 달하는 의무교육이 이루어진다. 또한 공부를 잘 하는 학생은 치열한 입시경쟁을 통해 제국대학까지 가며 공부를 잘 못하는 학생들은 전문 기술인이 될 수 있는 전문학교까지 가도록 유럽과 비슷한 다양한 복선형 학교제도를 운영한다. 여학생에게는 현모양처의 교육을 목표로 고등학교인 고녀까지 진학하도록 하며 그 이상의 진학은 남학생과 차별을 두는 교육을 했다.

이처럼 일본제국은 서양의 근대식 교육을 자기나라에 맞게 운영함으로써 일본제국의 국력은 높아지고 그 결과 우리나라를 지배하게 되고 중국을 침입하고 제2차 세계대전의 추축국이 되어 미국과의 전쟁을 하게 된다. 결국 미국으로부터 원자폭탄을 히로시마와 나가사키 두 곳에 맞으면서 전쟁에 지게 되고 1945년 8월 15일 천황의 무조건 항복으로 멸망의 길로 접어든다.

멸망한 일본제국은 미국군 원수 맥아더 사령관이 이끄는 연합군 사령부(GHQ)의 통치를 6년 7개월간 받으면서 일본이라는 민주주의 나라로 새롭게 태어난다.

이런 역사 속에 7개의 제국대학은 일반 국립대학으로 개편되며 일본교육의 산실인 국립 동경교육대학을 1963년 각의에서 결정한 쓰쿠바 학원도시의 건설과 함께 쓰쿠바대학으로 개편하여 국립대학 평준화 실험대학으로 운영하며 이를 통해 국립대학을 평준화하여 운영한다. 그 결과 일본은 미국 · 영국 · 독일 · 프랑스 다음가는 노벨수상자 외국 국적 일본계 3인을 포함하여 28인을 배출하며 28인은 86개의 국립대학 가운데 14개 대학 출신자가 될 정도에 이른다. 이상과 같이 국립대학 평준화를 완성시킨 일본은 2003년부터 국립대학 법인화라는 개혁을 통해 사립대학처럼 대학 스스로가 운영하도록 하여 대학의 경제적 절약을 꾀하고 있다.

이와 같은 일본이 이제는 국제화 및 세계화에 맞추어 유네스코의 DESD(Decade of Education for Sustainable Development, 지속가능발전교육의 선언으로 해석할 수 있음)를 받아들여 지속가능발전교육으로 해석하여 실천하려고 노력하고 있다. 그러면 과연 현재 일본이 시행하고 있는 지속가능발전교육, 즉 세계시민교육은 일본의 국제화와 세계화에 진정으로 도움이 되는 교육을 하고 있는 것인가? 일본은 과연 이제까지 걸어온 역사와는 다르게 세계를 위한 일본이 되기 위한 세계시민교육을 하고 있는 것인가? 이러한 의문을 가지지 않을 수 없다.

또한 이런 의문과 함께 우리나라의 교육은 어떠한가? 우리나라는 일본제국이 우리나라 인재를 이용하기 위해 1924년에 만들어 운영한 국립 경성제국대학을 1945년 해방과 더불어 없애지 못하고 1946년 그 뒤를 잇는 것처럼 간판만 바꾸어 다는 식으로 국립 서울대학교라는 오직 하나뿐인 최고의 종합대학을 그 자리에 세우지 않았던가. 그리고 제국대학에 들어가기 위한 입시교육처럼 서울대학교에 들어가기 위한 입시중심교육이 시작되고 아직도 계속되고 있지 않은가.

일본제국은 1886년 세운 하나의 제국대학에 들어가기 위한 입시교육의 치열함을 10년간 경험한 후 이래서는 일본의 교육이 망한다고 1897년 교토제국대학을 만들지 않았던가. 그래서 처음 만든 하나의 제국대학이 동경제국대학으로 이름이 바뀌었으며 나아가 조선과 대만이라는 식민지 지역까지 넓혀 7개의 제국대학을 더 만들어 9개의 제국대학을 통해 입시중심교육을 완화하고 인재를 널리 등용시키지 않았던가.

그러나 우리나라는 어떠한가? 입시중심교육이 지금까지 70년 이상을 학생들을 괴롭히고 있지 않은가? 이제는 합격만을 위한 입시중심교육에 인간교육은 사라져 가고 입시중심교육으로 대학에 들어간 학생들은 학교 시험 성적에만 몰두하여 결국 전문지식을 깊이 연구하는 대학의 길에는 다다르지 못하고 있는 것은 아닌가?

이와 같이 일본과 우리나라의 교육에 주목하면서 본 서적을 통해 일본의 세계시민교육이 어떠한 교육인가를 생각해 보는 것은 어떠한가? 그뿐만 아니라 세계의 시민이 되자는 세계시민교육이므로 현재의 세계가 살아가고 있는 지구를 좀 더 생각해 봐야 되지 않는가?

현재의 세계는 코로나19라는 신종 바이러스 때문에 인간생명에 위기가 몰려와 지금까지의 생활의 모든 패턴이 바뀌고 있다. 코로나19라는 하나의 바이러스가 현재의 세계를 무너트릴 수 있다는 사실을 보여 주고 있는 현실이다.

또한 인간들이 잘 살기 위해 내쏟는 가스와 쓰레기 등은 우리의 생활의 터인 지구라는 환경을 오염시킬 뿐만 아니라 기후의 변화까지 가져와 모든 생명의 생태계를 위협하고 있다. 과연 지구는 어떻게 되며 우리 인간은 어떻게 될 것인가? 이 문제는 세계적 국제 모임에서 언제나 등장하며 그 해결을 위해 노력하고 있다. 지속가능발전교육인 세계시민교육의 제안도 이 노력의 하나가 아닌가?

이상과 같이 일본과 우리나라의 교육만이 아니라 세계적 문제들도 고려하며 일본에서 시행되고 있는 지속가능발전교육, 즉 세계시민교육을 알아보는 것은 어떠한가? 여기에 이 책의 '들어가며'의 의미를 두고자 한다.

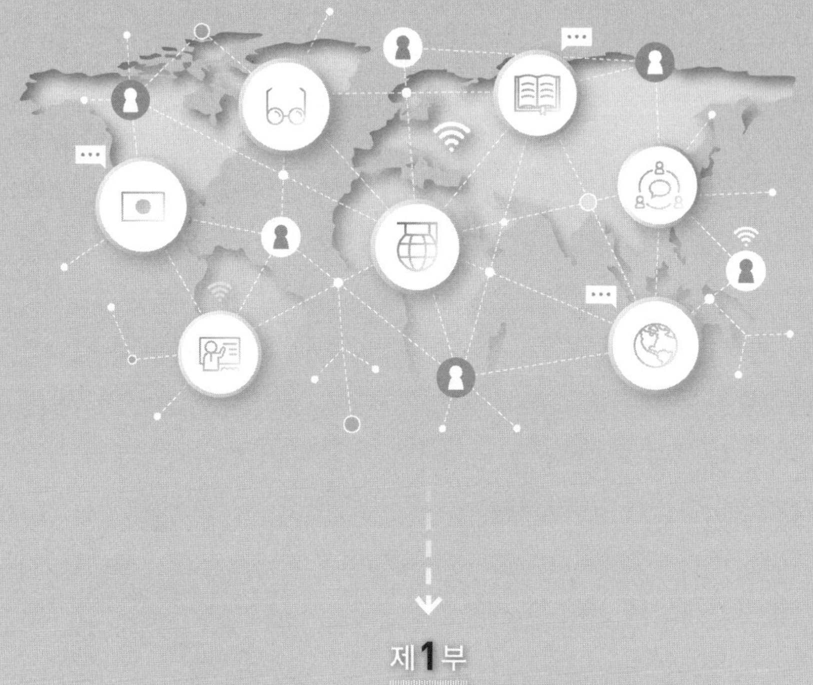

제1부

세계시민교육의 역할과 위상

제1장

일본의 지속가능발전교육(ESD)과 세계시민교육(GCED)의 쟁점[1)]

윤종혁(한국교육개발원)

1. 일본의 세계시민교육에 대한 이해

2020년 현재 전 세계는 글로벌 수준의 국제교육협력으로서 세계시민교육 혹은 지속가능발전교육(Education for Sustainable Development: ESD)을 실천하는 데 온 힘을 쏟고 있다. 즉, 인류가 공존하고 화해 · 협력하는 평화로운 지구촌을 만드는 것을 목표로 하여 국제적 수준의 '민주시민교육', 즉 국제사회 공통의 민주적인 공동체를 육성하기 위해 필요한 규범을 교육하는 실천 활동을 벌이고 있다. 바로 이것이 약간의 개념적인 차이가 있기는 하지만, 세

1) 이 장은 2017년 12월 서울시교육청 교육연수원에서 실시한 초등교육전문직연수 자료로 활용한 발표 원고 '최근 선진국 교육의 변화 동향과 전망'을 중심으로 내용을 수정 · 보완하여 재구성한 것이다.

계시민교육이자 지속가능발전교육이라고 할 수 있다. 세계시민교육과 지속가능발전교육이라는 양 개념은 국제기구 혹은 국가 수준의 교육제도와 특성에 따라 다양한 방식으로 실천되고 있다. 예를 들면, 유럽 국가들은 오랜 기간 민주주의적인 토양 속에서 시민교육을 강조하고 이를 바탕으로 하여 민주시민교육, 나아가서 세계시민교육을 자연스럽게 길러 냈다. 반면에 유네스코를 포함한 국제기구와 일본, 중국 등은 국제이해교육을 배경으로 하는 글로벌 수준의 평화 공존과 국제적인 연대의식 등을 강조하는 지속가능발전교육에 초점을 맞추고 있다. 최근 국제사회에서 새로운 협력자 역할을 하고자 하는 한국, 호주, 캐나다 등의 신흥 선진국들은 세계시민교육과 지속가능발전교육을 조화시키기 위한 교육정책과 교육실천에 중점을 두고 있다.

그러므로 앞으로 여기에서 소개하는 일본의 세계시민교육(Global Citizenship Education: GCED)은 사실상 국제이해교육을 맥락으로 탄생한 '지속가능발전교육'으로 이해해야 할 것이다. 실제로 다음 절에서 언급하겠지만, 일본 학계와 교육현장에서 '세계시민교육' 이라는 용어는 거의 사용하지 않는다. 일부 연구기관과 대학, 학교현장의 세계시민교육에 대한 실천 활동과 성과는 그 자체가 여전히 실험적인 상황이라고 할 수 있다. 오히려 일본은 학교현장에서 '유네스코협동학교(UNESCO Associateed Schools Project Network: ASPnet)'를 중심으로 '지속가능발전교육'을 적극 실천한다고 보는 것이 정확한 사실이다.

유네스코가 본격적으로 실천하고 있는 '지속가능발전교육'은 UN 등의 국제기구가 합동으로 제안한 '지속가능개발목표 2030년(Sustainable Development Goals 2030: SDGs 2030)'[2]의 핵심적인 의

제가 되고 있다. 반면에 한국은 2015년 당시 인천교육선언을 통해서 '세계시민교육과 지속가능발전교육'을 공동 의제로 제안하며 국제사회의 교육혁신을 주도하고자 하였다. 현재도 한국에서 제안·발의한 세계시민교육은 국제사회의 중요한 실천의제가 되고 있다. 한국교육계 내부적으로도 '지속가능발전교육'은 기존의 '유네스코한국위원회'를 중심으로 줄곧 학교현장에서 실천되고 있으며, 새롭게 유네스코 아시아태평양 국제이해교육원(Asia-Pacific Center of Education for International Understanding under the auspices UNESCO: APCEIU)이 '세계시민교육'을 통해 아태지역 국가들과의 협력을 도모하고 있다. 말하자면 '지속가능발전교육'은 유네스코한국위원회, '세계시민교육'은 유네스코 아태교육원이 전담하는 방식

2) 이 장에서 소개하는 ESD(Education for Sustainable Development)는 '지속가능발전교육' 혹은 '지속가능개발교육'으로 병행 표기하였다. 여기에서 경제, 사회, 환경 등의 자원을 조화롭고 균형 있는 성장체제로 '발전'시킬 수 있는 주체적인 역량을 실전할 경우는 '전자'의 개념을 적용하며, 여전히 미흡하고 부족한 여건과 인프라 등으로 인해서 다른 국가, 집단, 국제기구 등의 협력·지원을 통해 교육활동을 실천하는 경우를 주로 '후자'로 정리한다. 실제로 국제사회에서 보는 'Sustainable Development Goals 2030(SDGs 2030)'은 선진공여국과 국제기구 등이 후발국가, 즉 개발도상국에 대해 상호 호혜 정신에 따라 지원과 협력을 해야 한다는 인도주의 원칙을 강조하고, 현재로서는 2030년까지 '(자생적) 발전'보다는 '(협력과 참여를 통한) 개발'이 당면 과제임을 천명한다. 그런 점에서 'SDGs 2030'은 유엔이 제안하고 개발도상국에 대한 선진국들의 지원·협력을 강조하며, 동등한 연계주의 관점의 '지속가능개발교육' 노하우를 적용·발휘하였다는 측면에서 '지속가능개발목표 2030'으로 통일하고자 한다(참고로, 2015년 유엔총회에서 합의한 지구촌 사회가 2030년까지 달성하기로 제안한 지속가능개발목표는 '인간, 지구, 번영, 평화, 파트너십'이라는 5개 영역에서 17개 목표와 169개 세부목표로 제시하고 있다). 따라서 일본 자체적으로 내부 사회의 지속가능한 발전을 위한 학교교육 활동에 대해서는 '지속가능발전교육'으로 표현하고, 일본이 국제기구와 제휴하여 개발도상국을 지원하기 위한 교육협력 사업을 실천할 경우는 '지속가능개발교육'으로 구분할 수도 있다.

으로 양립하고 있다.

사실 1980년대부터 일본은 유네스코 파리 본부를 비롯하여 방콕의 유네스코 아태지역 본부 등에 대한 재정 · 인력지원을 통해 국제이해교육을 적극 실천하였다. 이런 배경에서 일본 국내에서도 국제이해교육을 학교현장에 특화하여 '지속가능발전교육'으로 발전 · 제도화한 것이다. 현재도 일본 문부과학성과 각 지방교육위원회가 핵심적으로 지원하는 연구학교가 '유네스코협동학교'라는 사실이 이를 입증한다. "지속가능발전교육은 곧 일본!"이라는 공식이 무너진 것이 바로 2015년 인천세계교육선언에서 나온 '지속가능발전교육과 세계시민교육의 공존'이라는 의제인 것이다. 일본은 이(한국의 세계교육선언)에 대응하는 전략으로서 2016년 일본 구라시키에서 G7 회원국 교육장관과 유네스코, OECD 수장을 초청하여 별도의 '세계교육혁신선언'을 발표했다. 이는 일본이 '세계시민교육'을 인정하면서도 '지속가능발전교육'을 부각시키는 의도를 가지고 있었다. 이와 같이 일본은 지속가능발전교육을 중심으로 국제교육협력을 주도하고 있음을 알 수 있다.

2. G7 교육정상회의 의제 선택과 '구라시키 선언'의 의의

2016년 5월 14일과 15일 양일간 일본 오카야마(岡山)현 구라시키(倉敷)시에서 2016 G7 교육정상회의가 개최되었다. 원래 연례행사로서 실행된 이 회의가 주목을 받는 이유는 G7 회원국 외에 'OECD'와 '유네스코(UNESCO)'라는 국제기구를 특별 초빙하여

2030년까지 실천할 글로벌 교육미래구상을 본격적으로 검토한 데에 있다. G7 교육장관회의는 급속한 사회경제적인 발전과 글로벌화, 인공지능과 사물인터넷을 상징으로 하는 기술혁신 등을 배경으로 새로운 미래 교육비전을 설계하고자 하였다. 그런 반면에 현재도 선진국과 개발도상국 간에 심각한 교육격차가 드러나고, 그런 상황에 처한 개발도상국을 중심으로 빈곤, 분쟁, 테러, 난민・이민의 대량 유입, 환경 및 기후변동 등의 후속대책도 여전히 절실한 글로벌 교육개혁 과제가 되고 있다.

이와 같은 글로벌 교육혁신 과제에 대해 지속가능개발목표 2030과 연계하여 새로운 교육실천을 제안한 것이 바로 '구라시키 선언'이다. 이 선언은 교육이 실천해야 할 새로운 역할로서 세 가지 과제를 제안하였다. 첫째, 교육을 통해 사회적으로 포용하고 공통의 가치를 조화시킬 수 있어야 한다. 즉, 글로벌 교육협력을 위한 기본전략으로서 생명의 존중, 관용, 자유, 민주주의, 인권 존중 등을 통해 시민의식을 육성해야 한다. 둘째, 학생이 자율적으로 문제해결능력과 협력을 통한 의사소통을 할 수 있는 교육이 되어야 한다. 그러므로 지식을 이해하고 활용하며, 세계와 사회에 합리적으로 연계하는 유용한 교육으로 발전시켜야 한다. 셋째, 다양한 교육 수준과 분야별로 효율적인 글로벌 교류협력이 실행되어야 한다. 이와 같은 국제교육협력을 효율적으로 추진하기 위해서는 2015년 5월 인천선언에서 강조한 교육에 대한 공공지출 전략을 더욱 중요한 과제로 실천해야 한다.

그래서 '구라시키 선언'은 미래 교육비전과 관련하여 교수-학습을 향상・발전시키기 위한 6대 실천과제를 제안하였다. 첫째, 교육의 다양성을 존중하여 모든 아동이 자신의 가능성과 장점을 최대한 살릴 수 있는 환경을 조성한다. 둘째, 여아 혹은 여성이 교육을 받고 이를 책임감 있게 수행할 수 있는 권리를 강화한다. 여성에 대한 직업교육, 특히 이공계(Science, Technology, Engineering, and Mathematics: STEM) 분야에서 적극적으로 활약할 수 있는 터전을 마련한다. 셋째, 교육과 고용 혹은 사회진출을 위한 연계전략을 강화하여 노동시장이 요구하는 역량과 직업기술교육을 보장한다. 넷째, 정보 활용능력을 촉진시키는 등 기술혁신에 대응하는 교육을 실천한다. 다섯째, 교사의 사회적 지위 향상과 처우 개선에 중점을 두고, 교사의 전문성을 향상시키기 위한 전략을 실천한다. 여섯째, 교육연구와 실천 활동이 원활하게 결합할 수 있는 방식으로 객관적인 증거에 기반을 두는 교육정책을 추진한다.

최근 국제사회는 G7 회원국을 중심으로 OECD와 유네스코 등의 국제기구가 연계하여 고등교육 혁신과 초·중등교육의 인적교류 전략 등을 겨냥한 국제화 사업을 본격 실천하고 있다. 그런 면에서 '구라시키 선언'도 이런 정신을 반영하여 글로벌 사회가 선진국과 개발도상국을 아우르는 교육협력 전략으로서 '지속가능개발목표(Sustainable Development Goals: SDGs) 2030년'까지 확충하는 사업을 전개하고 있다. 특히 일본은 '지속가능개발목표 2030년'을 자신들이 꾸준하게 실천한 '지속가능발전교육' 측면에서 국내 지역사회와 결합하는 학교교육, 또는 세계시민교육으로 발전할 수 있는 '지속가능한 발전을 위한 교육'으로 끊임없이 변화하고 있다.

3. 일본의 '지속가능한 발전을 위한 교육' 실천 현황

2000년대 초반 이래 일본 정부는 세계화를 상징하는 국제이해교육을 수용하는 과정에서 지속가능발전교육(ESD)을 본격적으로 검토하였다. 이후로 일본 내에서는 ESD를 '지속가능한 발전을 위한 교육'이라는 국가 정체성 개념으로 이해하는 경향이 있다. 그러나 최근에는 일본이 선도하고 있는 국제개발협력(ODA) 전략과 결합하는 국가 기조 정책으로서 "지속 가능한 개발을 위한 교육", 그리고 축약어로서 "지속발전교육"이라는 용어로 통일하였다. 이와 같은 용어 통일의 근거는 2012년 4월 내각회의에서 논의 확정을 통해 문부과학성과 환경성이 공동으로 설정한 '환경기본계획', 그리고 '환경보전활동, 또는 환경보전을 위해 의욕을 증진하고, 환경교육과 협동실천구상을 추진하기 위한 기본방침'에 따른 것이라고 할 수 있다.

여기에서 세계시민교육과 함께 주목할 수 있는 실천전략으로서 일본의 '지속가능발전교육'(ESD)을 주목할 수 있다. 2015년 5월 인천에서 열린 세계교육포럼에서도 지속가능발전교육은 세계시민교육과 동등한 역할로서 세계교육 의제로 확립되었다. 여기에서 말하는 지속가능발전교육은 평화와 환경, 시민의식 등을 고양함으로써 지구촌의 미래 발전가능성을 높일 수 있음에 초점이 모이고 있다. 일본은 '개발협력'을 통해 개발도상국을 지원하는 동반성장 전략이 글로벌 교육공동체를 달성하는 첩경이라고 본다. 그러므로 일본의 세계시민교육은 개발협력을 통한 발전전략으로 구체화될 수 있는 실천과정을 통해 지속가능발전교육과 연계하는 그 자체라고 이해할 수 있다.

일본 정부가 구상하는 지속가능발전교육(ESD)은 세계 시스템에서 드러나는 환경, 빈곤, 인권, 평화, 개발 등의 과제를 지구촌 과제로 인식하고, 일본의 국가 정책으로서 실천하는 '세계시민교육'인 것이다. 결국 지속가능발전교육(ESD)은 이와 같은 글로벌 수준의 과제를 해결하기 위한 절차로서 새로운 가치관이나 행동을 창출하고, 이를 통해 지속가능한 사회를 창조하는 것에 목표를 두고 있다.

그러므로 지속가능발전교육(ESD)을 실천하기 위해서는 다음과 같은 두 가지 관점이 요청된다. 첫째, 학교교육의 기본 역량으로서 인격의 발달, 자율성, 판단력, 책임감 등의 인간성을 함양해야 한다. 둘째, 타인, 사회, 자연환경과 관계를 형성하고, 상호 연계를 존중할 수 있는 개인을 육성할 수 있어야 한다. 그러므로 환경, 평화나 인권 등 지속가능발전교육(ESD)의 대상이 되는 여러 과제에 적극적으로 대응하는 것이 기본전략으로 마련되어야 한다. 이를 위해 학교 현장은 환경, 경제, 사회, 문화의 각 측면에서 학제적이면서도 종합적으로 분석 · 접근하는 것이 중요한 관점이라고 할 수 있다.

학교 현장에서 지속가능발전교육(ESD)은 모든 인간이 질 높은 교육의 혜택을 누릴 수 있도록 하는 것을 교육목표로 한다. 즉, 지속가능한 개발을 위해 요구되는 원칙, 가치관 및 행동이 모든 교육이나 배움의 장으로 도입되어야 하며, 환경, 경제, 사회면에서 지속가능한 미래를 실현할 수 있는 가치관과 행동 혁신을 불러일으켜야 한다. 따라서 '지속가능발전교육'은 인간을 존중하고, 다양성과 포용성을 존중하며, 기회 균등의 원칙 속에서 인간 · 자연 · 사회 환경을 존중해야 한다. 특히 지속가능발전교육(ESD)은 지속가능한 개발에 관한 가치관을 중시하고 있는데, 그런 관점에서 문제 혹은 현상의 배경을 이해하고, 다면적이며 종합적인 시각을 요청하는 체계적 사고방식과 비판적 대안능력을 갖추어야 한다.

특히 일본의 학교현장은 선진국이 대응해야 할 환경보전을 중심으로 한 과제에 중점을 두고 있다. 그래서 환경, 경제, 사회의 통합적인 발전 전략을 구상함과 동시에 개발도상국을 포함한 세계 규모의 지속 가능한 개발로 이어지는 여러 개발협력과제를 중점 과제로 제안하고 있다. 이를 중점적으로 소개하는 실천방안이 바로 일본 정부가 추진하는 '유엔 지속가능한 개발을 위한 교육 10년 실천계획'이라고 할 수 있다. 이런 배경 속에서 2013년 11월 제37회 유네스코 총회에서 '유엔 ESD의 10년(2005~2014년)'의 후속 프로그램으로서 'ESD에 관한 글로벌 액션 프로그램(GAP)'이 채택되어 2014년 제69차 유엔총회에서 승인되었다(日本文部科學省, 2016).

일본 정부의 정책 기조로 볼 때, 지속가능한 개발은 정치적인 합의, 금전적 유인, 또는 기술적 해결책만으로는 달성할 수 없다. 그러므로 지속가능한 개발을 위해서는 국가적 수준에서 교육주체의 사고와 행동 혁신이 있어야 하며, 교육과정을 실천하는 것은 이런 교육혁신을 실천하는 중요한 역할을 하고 있다. 그래서 교육혁신 활동을 통해 지속가능발전교육(ESD)의 가능성을 최대한으로 끌어내고, 만인에 대한 지속 가능한 개발의 학습의 기회를 늘려야 한다. 일본 정부는 그런 측면에서 교육비전 2030 전략과 결합하는 방식으로"ESD에 관한 글로벌 액션프로그램(실천계획)"을 본격적으로 실천하고 있다.

4. 세계시민교육 실천 동향과 일본의 새로운 쟁점

2015년 인천 송도에서 열린 '세계교육포럼 2015'를 계기로 하여 반기문 전 유엔사무총장이 추진하는 세계시민교육(Global Citizenship Education: GCED)이 새로운 교육 쟁점으로 부각되었다. 세계시민교육은 유엔이 2015년 9월 뉴욕 본부에서 선언하는 '지속가능 발전의제'를 실천하기 위한 주요 전략으로 활용되었다. 그럼에도 불구하고 세계시민교육은 글로벌 공동체정신을 실천하기 위한 지구촌 학습과제라는 측면 이외에는 정확하게 정착된 개념으로 보기가 어렵다. 즉, 세계시민교육은 평화주의와 글로벌공동체, 지구촌 생태주의 등의 관점에서 인권, 세계시민의식, 환경, 다문화, 평화 등을 지속적으로 발전시킬 수 있는 다양한 범주로 제안한다. 그러므로 주요 선진국이 추진하는 세계시민교육 현황을 검토함으로써 세계시민교육의 이념과 프로그램을 정착시킬 수 있다.

그런데 미국과 영국 등의 앵글로문화권 국가는 세계시민교육이 강조하는 글로벌 개발협력과 다문화, 생태주의 환경에 강조를 두고 있다. 특히 영미권 선진국의 세계시민교육은 자국이 처해 있는 다문화주의 교육환경을 개선하는 과제를 중심으로 중남미 지역 혹은 아프리카, 중동 지역에 대한 민주주의 달성을 교육목표로 제시한다. 그런 측면에서 특히 미국의 세계시민교육은 미국식 민주주의를 이식하고, 인권교육을 글로벌 협력의제로 제안하는 사회과 교육을 중심으로 이루어진다. 반면에 영국의 세계시민교육은 다문화 혹은 종교적인 감성 등을 글로벌 교육환경 속으로 일체화시키는 시민인성교육에 주력하고 있다. 결국 영국과 미국의 세계시민교육은 인권과 다문화, 민주주의 교육을 자국의 전통적인 교과교육에 연계하는 전략으로 실천한다.

한편 독일은 학교 현장을 중심으로 실천하는 '정치교육'을 세계시민교육의 실천사례로 주목한다. 독일의 정치교육은 민주시민교육으로 이해할 수 있는데, 청소년과 성인을 위한 민주주의적인 가치를 강조한다. 독일은 제2차 세계대전을 일으킨 전범국이라는 교훈을 중심으로 민족통일, 반전평화, 민주적인 연대 등을 세계시민교육 내용으로 강조한다. 이와 달리 프랑스는 세계시민교육을 관용과 자유, 평등, 다문화 인권 등의 영역에서 파악한다. 프랑스는 서부 아프리카 지역을 중심으로 하는 구 식민지 문화권과의 관용적인 연대를 통해 친환경 생태주의, 다문화 포용정책 등을 강조하는 인권교육을 강조한다. 특히 프랑스 교육은 세계시민으로서 평화와 환경, 다문화적 평등의식을 지구촌 자유교육의 초점으로 인식하는 교육이념을 지구촌 시민의식으로 발전시키는 교육혁신을 추진하고 있다.

그런데 일본은 유네스코국가위원회를 중심으로 2007년부터 '유네스코협동학교'(UNESCO Associateed Schools Project Network: ASPnet)를 본격적으로 추진하였다. 2002년 당초에는 24개교에 불과하였던 유네스코협동학교가 2017년 1월 시점에서 1,116개교에 이를 정도로 일본은 지속가능발전교육(ESD)의 세계적 메카라고 할 수 있다(小林亮, 2018). 일본 정부는 유네스코협동학교와 지속가능발전교육(ESD)을 연계하는 방식으로 가치교육을 실천하는 과정에서 지속가능발전교육(ESD)에 관한 다양한 연구와 교육활동을 수행하고 있다. 그러나 유네스코 본부를 포함하여 유럽과 한국 등을 중심으로 활발하게 추진되고 있는 세계시민교육(GCED)은 일본에서 볼 때는 그렇게 활발하게 전개되고 있지 않은 실정이다. 역설적이게도 서구 선진국들이 실천하는 세계시민교육, 혹은 민주시민교육이 일본 내에서는 '지속가능발전교육'으로 환원된 셈이다. 이와 같이 일본에서 지속가능발전교육에 비해서 세계시민교육이 상대적으로 활성화되지 못한 이유는 다음과 같이 몇 가지 관점에서 분석할 수 있다(小林亮, 2018).

첫째, 일본 정부가 추진하는 유네스코협동학교와 지속가능발전교육(ESD), 지속가능발전학교(Sustainable School) 등이 독자적인 전략 속에서 활성화되는 반면에, 세계시민교육에 대해서는 교육체제는 물론이고 행정적인 지원체제조차 존재하지 않고 있다. 세계시민교육이 반기문 전 유엔총장이 제안한 글로벌교육 중점추진전략(Global Education First Initiative)을 통해 한국이 주도한다는 측면에서 일본정부가 일부러 기피한다는 억측까지 나오고 있다.

둘째, 일본의 교육정책은 세계시민교육이 교육목표로 탐구하고 있는 세계시민성을 육성하는 정책과 부합하지 않는 속성이 있다. 일본은 1868년 메이지유신 이래 지난 140여 년의 근대 교육발전전략 속에서 세계시민의 정체성보다는 국민적 정체성에 더 많은 중점을 쏟고 있다. 즉, 일본의 교육과정 자체가 국민국가의 구성원으로서 향토, 조국 등을 강조하는 성향에 치우친 것이 세계시민교육을 육성하는 정책과 맞지 않는다는 것이다.

셋째, 최근 일본 정부는 국가성원으로서의 정체성을 확보하는 전략을 개선하는 방안을 검토하고 있다. 이는 미래 인재육성 역량으로서 타인을 이해하고 배려하는 역량, 즉 타인과 대화하고 타협할 수 있는 가치교육 중심의 교육과정을 설계하는 방안에서 잘 드러나고 있다. 그런 측면에서 최근 일본의 다마가와(玉川)대학교를 비롯한 유네스코 협력방안을 실천하는 연구기관을 중심으로 일본 나름대로 성찰하는 '세계시민교육'을 실천하고 있음을 알 수 있다.[3] 즉, 세계시민성을 기르기 위한 교육활동으로서 세계시민의 정체성과 국민 정체성이 양립할 수 있음에 대해 분석하거나, 지속가능발전교육(ESD)과 세계시민교육(GCED)의 연계전략을 새로운 시각으로 검토하고 있다. 세계시민성에 대해 주체의식을 가지고 문제해결을 위한 비판적 사고역량을 중시하는 관점에서 '대화식 교육'으로 실천하는 것이 대표적인 사례라고 할 수 있다.

5. 'UN 지속가능발전교육 10년'에 대한 평가와 미래 전망

2014년 11월 '지속가능발전교육 10년(Decade of Education for Sustainable Development: DESD)' 세계교육대회 종료 이후 유네스코는 지난 10년간 전 세계적으로 추진해 온 지속가능발전교육(ESD) 정책과 활동에 대한 평가 · 모니터링 사업을 추진하였다. UN이 주도하고 유네스코가 실천한 지속가능발전교육 성과를 집대성한 것이 바로 '우리가 원하는 미래 교육에 대한 구상(Shaping the Future We Want): UN DESD 최종보고서'였다. 이 보고서는 2005년부터 2014년까지 '지속가능발전교육 10년' 동안의 교육을 추진한 성과와 도전과제를 점검하고, 향후 추진방향을 제시하였다. 특히 이 보

3) 일본 학계는 세계시민교육(Global Citizenship Education)을 '지구시민교육'으로 번역하고 있는데, 이 글에서는 원칙적으로 이를 모두 세계시민교육으로 통일하여 표기하고 있음을 밝힌다.

고서는 일본을 포함한 세계 각국이 실천한 지속가능발전교육 사례로서 유아교육 실천사업과 지속가능발전교육을 추진하기 위한 교원연수 활동 등도 포함하여 소개한 점에서 더욱 주목을 받고 있다.

원래 지속가능발전교육은 '현재 우리 세대가 누리고 있는 글로벌 환경 속의 이익과 행복에 대해, 미래 세대도 그와 동일한 정도, 혹은 그 이상으로 계속 누릴 수 있는 여건을 조성하기 위한 준비교육'으로 이해할 수 있다. 그래서 2015년 5월 인천선언에서도 미래 글로벌 사회가 발전할 수 있는 교육 원동력으로서 '세계시민교육'과 함께 '지속가능발전교육'을 강조하였다. 전자가 민주시민의식을 통해 세계인으로서의 규범과 실천을 강조한 윤리주의 원칙에 근거한다면, 후자는 환경, 사회, 경제를 조화시킬 수 있는 교육활동과 교육실천을 위한 실용주의 원칙에 중점을 두고 있다. 그래서 지속가능발전교육은 심각한 사회 · 경제적인 불평등, 환경오염 및 훼손, 생물다양성을 상실하는 생태계 위협, 자연재해와 기후변화로 인한 파괴 등을 교육적으로 예방하고 복구하는 전략을 강조한다. 또한 지속가능발전교육은 세계시민교육과 더불어 인권, 평화, 환경보존, 양성평등, 사회적 유대, 빈곤퇴치 등을 위한 실천사업을 전개한다. 즉, 지속가능발전교육을 통해서 글로벌 지구촌이 지속가능할 수 있는 삶과 민주주의, 인간의 복지에 기초한 평등을 실현하는 데 목적을 두고 있다.

그런 배경 속에서 '지속가능발전교육'은 1992년 유엔환경개발회의에서 제안한 기후변화협약, 유엔생물다양성협약, 유엔사막화방지협약 등을 실천하기 위한 교육, 훈련, 홍보에서 비롯하였다. 이를 계승하여 2002년 UN 총회는 2005년부터 2014년까지 '지속가능발전교육 10년'을 선언하고, 일본, 스웨덴, 독일, 덴마크 등이 선도하여 교육전략과 실천계획을 본격적으로 추진하였다. 그리고 UN 회원국들은 지난 10년 동안 공동의 주인의식과 참여의식을 통해 '새천년개발목표(MDGs)' '모두를 위한 교육(EFA)' '유엔문해 10년(UNLD)' 등과 연계 · 추진하는 계획을 실천하였다.

지난 10년 동안 '지속가능발전교육'은 다음과 같은 네 가지 원칙에 따라 실천되었다. 첫째, 양질의 기초교육에 대한 접근 전략을 유지 · 개선할 수 있어야 한다. 둘째, 교육개발협력과 연계하여 지속가능성을 다룰 수 있도록 기존의 교육 관련 프로그램을 새롭게 재조정하여야 한다. 셋째, 교육을 통해 지속가능성 개념과 실천에 대해 국민 대중의 인식과 이해를 증진시킬 수 있는 활동으로 추진해야 한다. 넷째, 모든 부문과 수준에서 지속가능성을 발전시키기 위한 훈련을 제공해야 한다. 이 원칙을 적용하기 위해 교육계는 협력네트워크를 구축하여 연구와 혁신, 모니터링과 평가를 통한 발전방안을 마련하였다.

앞에서 본 바와 같이 유네스코는 지난 10년 동안 '지속가능발전교육'을 명확하게 규정하여 지역, 국가, 대륙별 권역 차원으로 모범사례를 발굴 · 보급하는 데 주력하였다. 향후에도 '지속가능개발목표 2030년'을 실천하는 국제사회에서 인간의 잠재역량과 창의성을 발현하고 교육혁신을 도모하는 기반 전략으로서 '지속가능발전교육'이 더욱 강조될 것이다. 그것은 지속가능발전교육이 정의, 평등, 관용, 책무성, 성실성 등의 가치를 강조하고, 돌봄과 정직, 통합, 배려 등을 중시하는 인성교육의 핵심 역량을 이루고 있는 것에서도 잘 알 수 있다. 국제사회는 미래 창의인재 육성을 위한 교육혁신 전략으로서 '지속가능발전교육'의 새로운 비전과 실천과제에 주목할 것이다.

6. '지속가능개발목표 2030'과 일본의 세계시민교육 전망

유네스코는 2016년 9월 글로벌 교육모니터링에 대한 연차 보고서(Global Education Monitoring: GEM)를 작성 · 발간하였다. 당시 2016년판 보고서는 "인간과 지구를 위한 교육: 모든 이를 위한 지속가능한 미래"라는 기획 특집을 통해 지속가능개발목표(Sustainable Development Goals: SDGs)를 위한 새로운 2030 어젠다를 제안하였다. 이 보고서는 현재 인류와 지구가 직면하고 있는 글로벌 위기현상을 해결하기 위해 교육이 중요한 역할을 해야 하며, 인류 미래를 위해서 교육혁신을 통해 상생할 수 있는 전략을 갖추어야 함을 강조한다. 특히 2015년 이후 2030년까지 새로운 15년간의 글로벌 교육혁신은 지구촌 인류의 복지와 행복을 위한 비전을 실천하고 달성하는 것에서 출발해야 한다는 것이다. 그래서 유네스코는 지속가능발전을 통한 교육혁신을 실천하기 위해 지구환경에 관심을 가지고, 경제적인 재생과 부활에 초점을 두고 있다.

그런데 일본의 지속가능발전교육은 유네스코가 제안한 지속가능개발목표 2030 전략을 거의 그대로 계승하여 본격적으로 실천하고 있다. 즉, 국내 교육실천은 주로 유네스코학교를 중심으로 전개하며, 개발도상국에 대한 교육협력전략은 국제이해와 세계시민을 결합하는 지속가능'개발'교육을 적용한다. 그래서 일본의 지속가능발전교육은 다음과 같은 세 가지 측면의 글로벌 교육협력 전략을 강조하였다.

첫째, 교육을 통해 보다 원대한 글로벌 개혁전략을 설정 · 실천하기 위한 본격적인 로드맵과 행동계획을 실천한다. 현재와 같은 방식으로 교육발전을 구상한다면, 사하라 이남 아프리카 지역은 2042년이 되어야 보편적 초등교육을 달성할 수 있고, 중학교 교육 및 고등학교 교육도 2059년, 그리고 2084년이 되어야 보편적인 의무교육을 달성할 수 있다. 이는 2030년까지 달성 목표를 제시한 지속가능개발 교육협력전략이 실패함을 의미한다. 그러므로 일본의 지속가능발전을 위한 글로벌 교육전략을 통해 이를 성공적으로 달성하기 위한 정책을 적용해야 한다.

둘째, 우수한 질을 담보로 하는 교육을 제공하고, 평생학습사회를 달성하기 위한 지속가능개발목표 2030을 본격적으로 실천해야 한다. 2020년 현재 코로나19 글로벌 위기 상황과 겹쳐서 제4차 산업혁명에 따른 인공지능사회가 초점으로 부각되는 등 글로벌 교육혁신이 요청되는 상황에서 국가 간의 교육격차는 더욱 심화되고 있다. 따라서 글로벌 수준의 교육격차를 해소하고 개발도상국의 적정한 일자리를 창출 · 지원하기 위한 전략으로서 전문직업기술훈련과 고등교육을 적극 지원해야 한다. 그러나 사하라 이남 아프리카 혹은 서아시아 지역 중심의 개발도상국은 아직 이와 같은 교육 인프라가 미흡한 실정이다. 따라서 전문적인 기술교육 영역 중심으로 인프라를 확충함으로써 교육 책무성을 강조하고, 학교교육의 질적 측면을 끌어올리는 것이 최우선 과제가 되어야 한다.

셋째, 교육이 인류의 복지 실현과 글로벌 개발을 조화롭게 달성할 수 있는 핵심 전략이라는 점에 주목한다. 글로벌 노동시장의 수요에 적합한 인력을 육성하기 위해서는 지구촌 녹색성장을 보장하면서도 인류의 미래를 긍정적으로 진단할 수 있는 역량과 능력을 함양해야 한다. 그래서 교육은 통합적이고 전인적인 방향으로 추진되어야 한다. 특히 비판적 사고, 문제해결능력, 팀워크 및 협업학습, 기초학습능력, 의사소통능력 등의 인지 역량과 감성・사회성, 신체역량 등의 비인지 역량이 조화된 인재를 육성해야 한다. 즉, 교육 역량을 포괄적으로 육성함으로서 사회적 불평등과 차별을 없애고, 교육격차를 해소할 수 있는 교육복지 전략, 교육평등 정책을 달성해야 한다. 이는 세계시민교육에서 강조하는 지속가능하고 통합적인 성장을 이끌어가는 역량, 태도, 가치와 일치・조화하는 원칙으로 이해할 수 있다.

이와 같이 일본의 지속가능발전교육은 지구촌 미래와 인류 개개인의 복지를 실현하는 매개체가 될 수 있어야 한다. 즉, 교육은 지구촌 평화교육체제를 갖추고, 지속가능하면서도 인간에게 포용적일 수 있는 가치와 역량을 올바르게 육성해야 한다. 교육은 소수 민족의 문화와 언어를 포용할 수 있는 교육 생태계를 갖추어야 하며, 환경문제를 해결할 수 있는 역량을 갖추어야 한다. 현재 유네스코에 따르면, 지구촌 환경보존과 생태계, 녹색성장 산업과 소수민족 배려정책 등의 글로벌 시민교육을 포괄하는 교육과정이 미흡한 실정이므로 이에 대한 시급한 개선 대책이 요청된다는 점을 호소하고 있다.

일본은 지속가능발전교육을 통해 교육과 생태계, 교육과 인권 등의 개발전략 이외에도 국가와 지역사회의 경제성장을 위한 균형 있는 매개체로서 작동하는 역할을 강조한다. 그래서 지속가능발전교육은 글로벌 교육개발협력전략을 실천하여 개발도상국의 의무교육을 중학교, 고등학교까지 확대하는 전략을 지원한다. 여기에서 주목할 부분은 글로벌 교육개발협력전략에서 강조하는 '포용과 협력' 관점이 바로 '세계시민교육'의 핵심 원리라는 점이다. 현재 일본의 지속가능발전교육은 이런 원칙을 수용하면서 교육개발을 통한 협력사례를 제안하고 있다. 앞으로 일본이 유네스코 중심의 지속가능발전교육은 물론이고, 새로운 쟁점이 되고 있는 세계시민 교육을 어떻게 잘 조화시킬 것인가 하는 과제가 바로 '지속가능개발목표 2030'을 주도하는 글로벌 선도국가로서의 위상을 확인하는 관건이 될 것이다.

참고문헌

유네스코한국위원회(2016). 유엔 지속가능발전교육 10년(2005~2014) 최종보고서: 우리가 원하는 미래를 그리다. 유네스코한국위원회 홈페이지, https://www.unesco.or.kr/assets/data/report/F5nZBIL3ry309mQulBC6TMWuT8KAC_2.pdf에서 2020년 8월 19일 인출.

윤종혁(2017). "최근 선진국 교육의 변화 동향과 전망". 2017 초등교육전문직 혁신리더되기 직무연수 자료집. 서울시교육청 교육연수원.

장준호(2015). 독일 민주시민교육의 동향과 시사점. 한국교육개발원 홈페이지, http://edpolicy.kedi.re.kr에서 2019년 5월 23일 인출.

小林亮(2018). ユネスコの地球市民教育が追求する能力: グローバル時代における價値教育の新たな展望. '論叢'玉川大學教育學部紀要 第18号.

日本文部科學省(2016). G7倉敷教育大臣會合. 일본문부과학성 홈페이지, www.mext.go.jp/component/a_menu/other/detail/_icsFile/afieldfile/2016/05/15/1370953_02.pdf에서 2019년 11월 27일 인출.

UNESCO(2016). 2016 글로벌 교육 모니터링 보고서. UNESCO(2016. 09. 06) 한국교육개발원 홈페이지, http://edpolicy.kedi.re.kr에서 2016년 9월 23일 인출.

UNESCO(2016). Education for People and Planet: Creating Sustainable Futures for All, Global Education Monitoring Report Summary 2016. 구글 홈페이지, www.google.co.kr에서 2019년 11월 27일 인출.

제2장

세계시민교육과 일본의 학습지도요령[1)]

이명실(숙명여자대학교)

21세기에 들어 세계화 · 정보화 · 다문화라는 사회적 이슈는 한 국가나 지역의 경계를 넘어 전 지구적 화두가 되었다. 다양하고 이질적인 집단이 공존하고 개인 간 · 지역 간 · 국가 간의 상호 교류가 빈번해지는 상황 속에서, 이들 간의 상호 이해는 함께 살아가는 사회를 만들어 가는데 필수 과제가 되고 있다. 반면, 차이의 발견으로 인해 나타나는 갈등은 집단 간의 경계를 더욱 확고히 하는 방향으로 나아가기도 한다.

이러한 움직임 속에서 세대나 계층을 아우르고 '나'를 포함한 사회 · 국가, 그리고 세계가 함께 살아가기 위해 필요한 것은 무엇일

1) 이 장은 '이명실(2020). 세계시민교육의 일본적 수용: 2017 학습지도요령과 세계시민교육 지표와의 관련성을 중심으로. **한국일본교육학연구**, 25(2), 1-21'의 논문을 수정 · 보완한 것이다.

까? 내가 포함된 집단의 정체성과 세계정신은 공존할 수 있는 것인가? 전 지구적 현상으로서의 상호 교류가 피할 수 없는 현실이 되고 있는 현재의 상황 속에서 내가 갖추어야 할 세계시민으로서의 역량은 무엇인가? 이러한 물음에 대해 응답하려는 노력이 유네스코를 비롯해 국제기구 및 세계 여러 나라에서 진행되고 있으며, 그 과정에서 지속가능한 개발을 위한 교육, 세계시민교육의 필요성 및 중요성에 대한 다양한 연구 및 논의가 이루어졌다.

그렇다면 일본에서는 세계시민성, 혹은 세계시민교육에 관해 어떤 논의가 진행되고 있을까? 일본에서 발표된 국가교육과정으로서의 학습지도요령에는 이러한 움직임이 어떻게 반영되어 있을까? 더불어 세계시민교육의 철학과 비전을 실행하기 위해 전개되는 실제 교수 · 학습 현장에서 제시하는 구체적 목표는 무엇인가? 이러한 문제의식 아래, 이 장에서는 먼저 우리나라에서 논의되는 세계시민교육 · 세계시민성의 의미와 세계시민교육 지표에 관해 살펴본 후, 다음으로 일본의 소학교(초등학교) 학습지도요령에 초점을 두어 세계시민교육의 지표가 어느 정도 반영되었는지를 고찰해 보기로 한다.

1. 세계시민교육의 등장

한국 교육계에서 세계시민성(Global Citizenship)이나 세계시민교육(Global Citizenship Education: GCED)이 교육의 관점이자 패러다임으로 주목되기 시작한 것은 2012년 9월 당시 유엔 사무총장이었던 반기문이 글로벌교육우선구상(Global Education First Initiative: GEFI)에서 세계시민의 육성을 3대 목표 가운데 하나로 포함시키면서부터였다고 할 수 있다. 그렇다면, 글로벌교육이나 세계시민의 육성 등에 대한 논의는 어떤 과정을 거쳐 나타나게 된 것일까?

세계시민교육의 기본 이념은 1974년 제18차 유네스코 총회에서 '국제이해 · 평화 및 협력을 위한 교육과 인권, 기본적 자유에 관한 교육 권고안'에서 찾아볼 수 있다(김진희, 2017: 18). 이 권고안의 핵심내용은 세계 여러 나라의 사회 · 문화 · 종교 집단 사이의 관용과 우정을 확대하고, 세계평화를 위한 국제협력 강화와 이를 통한 시민의식의 함양을 강조하는 것이었다.

이러한 흐름 속에서 1990년 3월 태국의 좀티엔에서 유네스코, 유니세프, UNDP(유엔개발계획), 세계은행이 공동으로 주최하는 회의가 열렸다. '모든 사람을 위한 교육 세계회의(World Conference on Education For All: WCEFA)'라는 명칭으로 개최된 이 회의의 핵심 주제는 기초교육의 확대였다. 여기에 모인 세계 각국의 대표들은 인간의 기본적 권리로서 범세계적인 기초교육 보급운동으로 '모두를 위한 교육(Education For All: EFA)'을 공식화하는데 동의했고, '모든 사람을 위한 교육 세계선언(World Declaration on Education for All)'을 채택했다. 10년 후인 2000년 4월 세네갈의 수도 다카르에서 열린 세계교육포럼(World Education Forum: WEF)은 1990년 이후 10년간의 EFA 성과를 확인하는 자리였다. 여기서 교육은 기본적 인권이며 지속가능한 개발과 평화, 그리고 세계의 안정을 위한 열쇠라는 의견이 제시되었고, 급속한 글로벌화의 흐름이 가시화되는 21세기의 사회 · 경제에 효과적으로 참가하기 위하 불가결한 수단이라는 점이 강조되었다. 이를 위해 EFA의 기간이 2015년까지 갱신되었고, 이때까지 달성해야 할 새로운 목표로 '다카르 행동계획'이 채택되었다. 2015년은 다카르에서 채택된 6대 EFA 교육의제가 종료되는 시점이면서 동시에 새로운 교육의제가 형성되어야 하는 시기였다(김진희, 2017: 14-15). 아울러 2000년 UN이 선언한 새천년개발목표(MDGs)의 달성 기한이기도 하여 국제사회에서는 2015년을 상징적 분수령으로 삼아 다양한 움직임이 전개되었다.

특히, 세네갈 다카르의 세계교육포럼에 이어 15년 만에 개최된 WEF가 5월에 한국에서 개최되었다는 사실은 한국에서 '세계시민교육'에 더욱 주목하게 만드는 계기가 되었다. 즉, 한국 WEF에서 채택된 '교육 2030(Education 2030)'과 함께, 같은 해 9월 유엔 총회에서 제안되었던 '지속가능개발목표(SDGs)'에 포함된 '세계시민성의 함양'이라는 의제는 '세계시민교육'의 중요성을 한층 강화시키는데 영향을 주었던 것이다. 이를 계기로 세계시민교육은 2030년까지 국제사회가 노력하고 달성해야 할 글로벌교육의 목표이자 개발의 목표가 되었다.

그런데 여기서 세계시민교육이라는 개념 혹은 현상이 유엔의 주도 아래 갑자기 등장하지 않았다는 점에 주목할 필요가 있다. 그 바탕에는 국제이해교육, 평화교육, 환경교육, 인권교육, 다문화교육, 글로벌 교육 등 세계시민성(Global Citizenship)의 함양을 전제로 전개되었던 다양한 교육 방식(김진희, 2015)이 존재하고 있었다. 구체적으로 보면, 국제이해교육은 주로 유네스코에 의해 발전되었고, 다문화교육이나 글로벌교육은 영국과 미국, 그리고 캐나다 등을 중심으로 1970년대 이후 사용되었다는 특징을 보인다. 특히 후자의 경우, 영국에서는 1970년대 다문화주의나 1980년대 반인종교육의 맥락에서, 그리고 미국에서는 1980년대 전 지구적 이슈를 학교교육과정에 포함시켜 다루기 위한 교사들의 교수법 개발이라는 맥락에서 활용되었다. 이러한 역사성으로 인해 각 개념 사이에 존재하는 특징적 차이에 주목하는 경우도 있지만, 일반적으로는 이들의 의미를 혼재(성열관, 2010: 112)해 사용하고 있다.

우리나라에서 국제이해교육, 다문화교육, 세계시민교육 등의 용어가 문헌이나 논문에 등장하기 시작한 것은 1990년대 후반부터였다. 이후, 다문화 · 다인종 사회로의 전환이라는 분위기 속에서 국제협력의 필요성이 증대하였고, 이를 뒷받침하기 위한 교육이론과 실천에 대한 연구도 요구되었다. 한국국제이해교육학회(2000년)와 한국다문화교육학회(2008년)의 설립이나 OECD의 공적개발원조위원회(Development Assistance Committee: DAC)의 정식 회원국이 된 것은 한국이 국제사회의 일원이라는 인식을 갖게 하는 데 기여하였다(김진희, 2017: 43). 더불어 시민사회 단체를 중심으로 지구촌의 빈곤 해소와 인권 강화를 위한 글로벌 프로젝트가 본격화된 것도 우리나라에서 세계시민교육이 주목받을 수 있는 조건이 되었다.

2. 세계시민교육의 다의성

세계시민교육은 글로벌시민교육, 지구시민교육, 세계시민성교육 등 국가와 기관, 학자에 따라 다양한 명칭으로 불린다(박환보, 조혜승, 2016; 이혜영 외, 2017). Global Citizenship Education을 '세계시민교육'으로 번역하여 사용하는 한국과 달리 같은 한자 문화권인 중국과 일본에서는 '지구시민교육'이라는 용어를 사용하고 있다. Global Citizenship도 세계시민성, 세계시민의식, 지구시민의식, 글로벌 시민의식 등 그 해석과 명칭이 매우 다양하다. Global Citizenship보다 더욱 포괄적인 의미를 지닌 Cosmopolitanism이라는 표현을 제시하는 경우도 있고, 지구보호를 위한 국제사회의 책무성에 초점을 두어 Planetary citizenship이라는 용어를 제안하기도 한다. 한국에서는 유네스코 아시아태평양 국제이해교육원을 중심으로 진행하는 '국제이해교육'이나 한국국제협력단이 진행하는 '개발교육', 그리고 다문화교육 · 환경교육 · 인권교육 · 평화교육 등이 지닌 의미를 세계시민교육과 병행해 사용하는 경향을 보인다(이혜영 외, 2017: 8). 이는 각 용어나 개념이 지닌 공유된 지향에 기인하는 것이라 할 수 있다.

한편, 세계시민교육을 가리키는 용어나 해석이 다양한 것처럼 세계시민교육의 핵심구성체라 할 수 있는 세계시민성을 파악하는 방식도 다양하다. 어떤 관점에서 세계시민성을 다루는가에 따라 세계시민교육의 실천방식은 달라지게 된다. 이는 〈표 2-1〉과 같이 유형화해 정리할 수 있다.

첫째로 정치적 관점에서 본 세계시민성 담론은 세계정부라는 개념을 상정한다. 현재 단위국가의 기초가 되는 개인의 주권을 전 지구적 차원에서 재구조화해야 한다는 것이다. 이 관점에서는 세계정부의 구축을 통해 민주주의가 이루어질 수 있다고 본다.

둘째는 도덕적 관점에서 본 세계시민성 담론이다. 이 관점에는 모든 국가에서 적용될 수 있는 보편적인 도덕적 가치와 규범이 존재하며 이를 달성하는 것이 전 지구적 이상이자 윤리라는 인류애적 사고가 바탕에 놓여 있다. 즉, 세계시민교육은 상호 책무성을 가진 도덕적 세계시민성을 키우기 위해 필요한 것이며, 그렇기 때문에 자유 · 평화 · 인권 · 다양성 등이 교육내용으로 중시된다.

셋째는 경제적 관점에서 본 세계시민성 담론이다. 이들은 신자유주의와 자본주의가 지닌 파급력을 전제로 자신들의 논리를 전개

표 2-1 **세계시민성 담론과 세계시민교육의 특징**

범주	주요 개념 및 핵심어
정치적 관점	–세계정부, 글로벌 거버넌스, 코스모폴리탄 민주주의 –단위국가의 주권을 넘어 전 지구적 차원에서 개인 주권의 재구조화를 강조
도덕적 관점	–전 세계에 적용 가능한 도덕적 가치와 규범의 필요성 강조 –인류애적 세계시민교육의 내용으로 '자유, 평화, 인권, 다양성' 등의 보편적 가치를 추구
경제적 관점	–경제적 세계화에 주목. 세계체제의 경쟁성 강조 –글로벌 시장의 경쟁력, 소비주의, 자본주의 등에 의해 세계공동체가 형성된다고 봄 –글로벌 경쟁력을 갖추는 데 필요한 지식, 기술, 태도 등을 세계시민교육의 주요 내용으로 봄 –기업의 사회적 책무성, 박애주의적 이윤 창출을 강조
비판적 · 탈식민주의 관점	–'보편적 인권'이 '서구'의 인권 담론에 기반하고 있음을 지적 –사회 구조적, 지역 맥락을 고려한 세계시민성 구축의 필요성을 강조 –탈식민주의, 구조 개혁, 변혁과 해방의 세계시민성을 강조함

출처: 김진희(2015: 67-68), 이혜영 외(2017: 7)의 내용을 바탕으로 정리.

한다. 자본의 이동에 따라 세계공동체가 만들어지고, 여기서 창출된 기업의 이윤이 공공선을 위해 활용될 수 있다는 것이다. 여기서 세계시민교육의 내용은 글로벌 시장에 성공적으로 진입하기 위해 필요한 지식 · 기술 · 태도 등이 된다.

넷째는 비판적 · 탈식민주의적 관점에서 본 세계시민성 담론으로, 여기서는 지금까지 논의된 세계시민성이 낭만주의적이며 조야한 접근이었다고 비판한다. 가령 우리가 '보편적 인권'이라고 말하는 것도 결국은 서구의 인권담론에 바탕을 둔 것이라는 지적이다.

따라서 사회적 · 지역적 맥락에서 세계시민성이 재구성되어야 한다는 것이다.

이처럼 어떤 세계시민성 담론을 지향하느냐에 따라 세계시민교육의 내용이나 방향은 달라지게 된다. 이는 세계시민교육의 실천이 무엇을 혹은 누구를 위한 것인지를 가늠하게 하는 준거가 될 수 있다. 또한 '세계(global)+시민(citizenship)+교육(education)'의 조합 방식에 따라 세계시민교육의 내용이나 방향이 달라질 수 있다는 점에도 주목할 필요가 있다(김진희, 2015; 이혜영 외, 2017). 그 방식은 〈표 2-2〉와 같이 정리될 수 있다.

표 2-2 **'세계+시민+교육'의 의미**

유형	주요 내용
세계시민성 (Global citizenship) + 교육(Education)	–가장 대표적인 경우로 '세계시민성'을 함양하기 위한 '교육'으로 세계시민교육에 접근하는 관점 –'세계시민'을 보는 프레임을 교육이 제공
세계(Global) + 시민성교육 (Citizenship education)	–시민성교육을 지역이 아닌 전 지구적 맥락에서 재구성하는 관점 –국가 소속의 시민이 아닌 세계 차원의 집단적 책임감과 국제사회 및 인류에 대한 소속감 강조 –초국가적 시민교육, 글로벌적 시민교육이 강조
세계교육 (Global education) + 시민성(Citizenship)	–오늘날 세계시민교육에 많이 적용됨 –학습자들이 세계체제, 사회정의, 권리와 책무성을 인식하도록 하는 접근 –세계교육의 콘텐츠 자체를 중요시 –시민적 참여와 역할 등 시민성 요소를 결합하는 형식

출처: 김진희(2015: 67-68), 이혜영 외(2017: 7)의 내용을 바탕으로 정리.

먼저 '세계시민+교육'은 가장 널리 받아들여지고 있는 의미로, '세계시민'을 양성하기 위한 교육을 강조한다. 여기서 중요한 것은 세계시민은 누구이며 무엇을 통해 이들을 양성할 것인가이다. 다음으로 '세계+시민교육'은 시민교육이 전 지구적 맥락으로 구성되어야 한다는 점을 강조한다. 즉, 국가 소속의 시민교육이 가지는 의무나 권리, 책무성 등에서 벗어나 세계차원의 집단적 책임감과 국제사회 및 인류에 대한 소속감 등이 더 중요하다고 보는 것이다. 마지막으로 '세계교육+시민성'에서 '세계교육'은 학습자가 세계체제나 사회정의, 권리와 책무성 등에 대한 인식을 갖도록 하는 것을 의미한다. 이를 위해 시민적 참여와 역할은 시민성의 중요한 요소가 된다.

이처럼 세계시민교육의 의미는 광범위하고 중층적 의미를 가지고 있는 것이어서 어떠한 틀 아래에서 이를 설계하는가에 따라 그 실천, 즉 내용 및 방법이 달라지게 된다. 그럼에도 불구하고 여전히 흔들리지 않는 중심축은, 세계화의 가속화로 인해 국가 간의 상호 연관성이 긴밀해지고 있는 상황에서 국경을 초월해 서로 상이한 개인 · 집단 · 문화가 공존한다는 사실이며, 지속가능한 발전을 위한 방향성이 설정되어야 한다는 것이고, 그래서 국제사회를 향한 소속감과 인류에 대한 연대감을 확대하는 실천으로서의 세계시민교육이 필요하다는 점이다.

3. 세계시민교육 지표의 개발

지금 우리는 삶의 공간이 자연스럽게 지구촌으로 확대되면서 다양한 문화권에 속해 있는 타자와 함께 살아가는 환경에 놓여 있다. 이러한 시점에 서로 소통하며 공유해야 할 기본적 규범이나 가치가 세계시민교육이라는 실천을 통해 이루어지는 것은 반드시 필요한 과정이라 해야 할 것이다. 그런데 세계시민이 갖추어야 할 정신적 · 행동적 역량은 장기간의 협력기반 학습이 바탕이 되어야 가능한 사회적 역량이라 할 수 있다. 이를 위해 각급 학교의 교육담당자 및 교육연구자들은 세계시민교육의 실천을 위해 다양한 논의를 전개하고 있다. 특히 2018년 국제학업성취도평가(PISA)에서는 세계시민으로 살아가는 데 필요한 역량을 평가항목으로 설정한 바 있다. 여기서 세계시민교육이 교육현장에서 어떻게 실현되고 있는지, 그리고 그것이 지향하는 바는 무엇인지를 가늠하는 중요한 준거로서 세계시민교육 지표가 활용되었다. 세계시민교육의 지표란 세계의 여러 국제기구에서 지구시민으로 살아가는 데 기초적이면서도 필요한 역량의 표준으로 제시한 것으로, 그 내용을 정리해 보면 〈표 2-3〉과 같다.

여기에는 유네스코를 비롯해 국제기구에서 제시한 세계시민교육 지표가 세 가지 영역으로 범주화되어 있으며, 각 영역에서 달성해야 할 목표가 제시되어 있다. 세계시민교육 지표를 제안했던 국제기구는 다양했지만, 세계시민교육이 추구해야 할 목표는 전 지구적 차원에서 공유해야 할 기본적 역량이라는 점에서 각 영역의 내용은 공통된 부분이 많았다. 가령, '지식 및 이해 지표'에서는 사회적 정의와 평등, 정체성과 다양성, 글로벌 이슈, 타문화, 비판적 이해, 상호연계 및 상호의존성 등의 용어가 강조되었고, '기술 지표'에서는 비판적 · 분석적 사고, 공감 · 협력 · 갈등해결 등이 공통된 요소로 제시되었다. 또한 '가치 및 태도 지표'에서는 전 지구인

표 2-3 **국제기구에서 제시한 세계시민교육 지표**

	지식 및 이해 지표	기술 지표	가치 및 태도 지표
옥스팜	사회적 정의와 평등 정체성과 다양성, 세계화와 상호의존, 지속가능한 발전, 평화와 갈등, 인권 · 힘과 거버넌스	비판적 사고 '창의적 사고' 공감, 자기인식과 자기성찰, 의사소통, 협력, 갈등해결, 복잡성과 불확실성에 대한 관리 능력, 반성적인 행동	정체감과 자기 존중감, 사회적 정의와 평등에 대한 책무, 인간과 인권에 대한 존중, 다양한 가치 및 환경에 대한 고려, 지속가능한 발전에 대한 책무, 참여와 통합에 대한 책무, 사람이 변화를 이루어낼 수 있다는 믿음
유네스코	글로벌 이슈에 대한 지식과 이해, 타문화에 대한 지식과 이해	분석적 사고와 비판적 사고 · 공감, 존중하며 적절하고 효율적으로 상호작용하는 능력 · 유연성	책임감 · 인간의 존엄에 가치 두기, 문화적 차이 존중 · 글로벌 마인드, 타문화 사람에 대한 개방성
OECD	개인에 대한 지식과 비판적 이해, 언어와 의사소통에 대한 지식과 비판적 이해	분석적 사고와 비판적 사고, 공감 · 듣기와 관찰하는 기술, 유연성과 적응성 · 협력기술, 갈등해결기술 · 자율적 학습기술, 모호성에 대한 인내, 음성학적 · 의사소통적 여러 언어적 기술	존중 · 자기효능감 · 책임감 · 민주주의, 정의 · 공평 · 평등, 법의 규칙에 가치 두기, 인간의 존엄과 인권에 가치 두기, 문화적 차이에 가치 두기, 다른 신념 및 세계관에 대한 개방성, 시민성
COUNSIL OF EUROPE	지역, 국가적 세계 이슈, 다양한 국가와 사람들의 상호연계성과 상호의존성에 대한 지식	비판적 사고력과 분석력	글로벌 이슈 및 도전에 대한 조사, 자신의 문화 탐색, 다른 문화와 비교

ACT21S	글로벌 이슈 · 문화 다양성	비판적 사고력과 분석력, 조망수용능력 · 문제해결력, 연구기술	인권에 기반을 둔 가치와 책임감을 공유하며 보편적 인류라는 소속감, 차이와 다양성에 대한 존중 및 공감, 연대의 태도, 평화롭고 지속가능한 세상을 위해 지역, 국가, 세계 차원에서 효과적이고 책임감 있게 행동, 필요한 행동을 실현하기 위한 동기

출처: 강혜영 외(2017: 244-246)를 바탕으로 정리함.

이 공유해야 할 가치로 정의와 평등, 인간과 인권, 존중, 협력, 민주주의, 연대, 소속감, 책무성 등이 언급되었다. 우리나라에서는 성열관(2010)과 강혜영 등(2017)이 국제기구에서 제시했던 세계시민교육 지표를 바탕으로 그 내용을 정리한 바 있다. 이처럼 세계시민교육 지표가 다양한 방식으로 제시되고 있는 것은 거기에 포함된 역량이 다소 포괄성을 띠고 있기는 하지만, 타자와 공존하기 위한 모색이 전 지구적 차원에서 이루어져야 함을 단적으로 드러내는 것이라고 볼 수 있다.

그렇다면 이러한 세계시민교육의 지표가 일본의 국가교육과정, 즉 학습지도요령에는 어떻게 수용되었을까? 다음으로는 일본의 학습지도요령, 특히 소학교 학습지도요령의 총칙을 중심으로 분석해 보고자 한다.

4. 일본의 2020 학습지도요령과 세계시민교육 지표

일본 정부가 공식적으로 표방하는 학습지도요령 개정은 2003년과 2015년에 이루어진 2번의 일부 개정을 제외하고 지금까지 7번에 걸쳐 이루어졌다. 2020년부터 2022년까지 순차적으로 소학교, 중학교, 고등학교에 적용되기 시작하는 새로운 학습지도요령은 2017~2018년에 고시되었다. 이 가운데 2017년 3월에 고시된 소학교 학습지도요령 '전문(前文)'의 내용을 보면, 학습지도요령은 "(교육기본법)의 이념 실현에 필요한 대강의 교육과정 기준을 정한 것"이며, "공(公)의 성질을 가진 학교의 교육수준을 전국적으로 확보하는 것"을 그 역할로 하고 있다(小學校學習指導要領, 2017: 15). 즉, 학습지도요령은 일본에서 학교로 인정받는 교육이 이루어지는 학교라면 어느 곳이라도 일정 수준의 교육이 유지될 수 있도록 하는 힘을 가진다. 대략 10년에 한 번 정도로 개정되는 이 학습지도요령에 따라 교과서의 내용이나 시간표가 정해지고 학생들은 국가가 제시한 이념과 방향성에 따라 교육을 받게 되는 것이다. 따라서 학습지도요령에 제시된 용어나 교육방법의 의미를 파악하는 것은 학교현장의 교육자나 교육 연구자들에게 아주 중요한 의미를 가진다. 2012년 중앙교육심의회 답신에서 '액티브 러닝'이라는 용어가 등장했을 때 이 의미를 둘러싸고 각급학교의 교사나 교육자들이 분주하게 논의를 전개했던 것은 그것이 학습지도요령에 들어갈 수 있다는 개연성 때문이었다. 이처럼 학습지도요령이 일본의 소·중·고등학교의 교육현장에 미치는 영향은 거의 절대적이라고 해야 할 것이다.

2017년에 고시된 소・중학교 학습지도요령에서 선언적으로 표방했던 것은 '살아가는 힘(生きる力)'이었다. 그런데 새로운 학습지도요령은 1989년의 학습지도요령에서 강조되었던 '스스로 배우려는 의욕'과 '사회변화에 대응할 수 있는 능력'이나 1998년에 강조되었던 '살아가는 힘', 그리고 2008년의 '기초적・기본적 지식 및 기능의 확실한 습득'과 '사고력・판단력・표현력 및 기타 능력' 등의 흐름과 맥을 같이한다는 점에 주목할 필요가 있다. 이런 흐름은 2016년 12월 일본 정부가 발표한 답신「유치원・소학교・중학교・고등학교 및 특별지원학교의 학습지도요령 등의 개선 및 필요한 방책 등에 관하여」로 이어졌다. 여기서 학습지도요령의 핵심적 목표는 '사회에 열린 교육과정의 실현'이었다. 이를 통해 학생에게는 '미래의 창조자가 되기 위해 필요한 자질・능력', 즉 '배움을 향한 힘' '인간성' '살아 움직이는 지식・기능' '사고력・판단력・표현력' 등의 역량을 함양할 것이 기대되었다. 이를 바탕으로 2017년 새로운 학습지도요령이 고시되었는데, 여기서는 핵심목표로 '살아가는 힘'이 다시 전면에 등장하였고 목표 달성을 위한 범주로 '지식과 기능' '사고력・판단력・표현력 등' '배우려는 힘과 인간성 등'이 제시되었다. 가령 2017년 고시된 소학교 국어과의 학습지도요령에는 교과목표가 '지식 및 기능에 관한 목표' '사고력・판단력・표현력 등에 관한 목표' '배우려는 힘, 인간성 등에 관한 목표'로 나뉘어 기술되었고, 각 학년마다 각각의 범주에 해당하는 학년 목표가 제시되어 있었다. 〈표 2-4〉는 그 일단을 나타낸 것이다.

〈표 2-4〉에 제시된 목표의 세 가지 범주가 2017년에 고시된 학습지도요령의 모든 교과에 일률적으로 적용되었다고 보기는 어렵지만, 교과별 학습지도요령을 검토한 결과 국어・사회・도덕 교과

표 2-4 2017 학습지도요령에 나타난 소학교 국어과의 목표

		제1학년 및 제2학년	제3학년 및 제4학년	제5학년 및 제6학년
		말에 의한 시각 · 사고방식을 작동시키고 언어활동을 통해 국어로 정확하게 이해하고 적절하게 표현하는 자질 · 능력을 다음과 같이 육성한다.		
교과목표	지식 및 기능	(1) 일상생활에 필요한 국어에 관해 그 특질을 이해하고 적절하게 사용할 수 있도록 한다.		
교과목표	사고력, 판단력, 표현력 등	(2) 일상생활에서 사람과의 관계 속에서 소통하는 힘을 높이고 사고력이나 상상력을 키운다.		
교과목표	배움에 대한 힘, 인간성 등	(3) 언어가 가진 이점을 인식시킴과 동시에 언어감각을 키우고 국어의 중요함을 자각하고 국어를 존중하고 그 능력 향상을 꾀하는 태도를 키운다.		
학년목표	지식 및 기능	(1) 일상생활에 필요한 국어의 지식 및 기능을 익힘과 동시에 우리나라 언어 문화에 친해지고 이해할 수 있도록 한다.	(1) 일상생활에 필요한 국어의 지식 및 기능을 익힘과 동시에 우리나라 언어 문화에 친해지고 이해할 수 있도록 한다.	(1) 일상생활에 필요한 국어의 지식 및 기능을 익힘과 동시에 우리나라 언어 문화에 친해지고 이해할 수 있도록 한다.
학년목표	사고력, 판단력, 표현력 등	(2) 순서를 세워 생각하는 힘이나 느끼고 상상하는 힘을 키운다. 일상생활에서 사람과의 관계 속에서 소통하는 힘을 높이고 자신의 생각을 가질 수 있게 한다.	(2)맥락을 가지고 생각하는 힘이나 상상하는 힘을 키운다. 일상생활에서 사람과의 관계 속에서 소통하는 힘을 높이고 자신의 생각을 가질 수 있게 한다.	(2) 맥락을 가지고 생각하는 힘이나 상상하는 힘을 키운다. 일상생활에서 사람과의 관계 속에서 소통하는 힘을 높이고 자신의 생각을 가질 수 있게 한다.
학년목표	배움에 대한 힘, 인간성 등	(3) 말이 가진 이점을 느낌과 동시에 즐겁게 독서하고, 국어를 중시해 생각을 소통하는 태도를 키운다.	(3) 말이 가진 이점을 깨닫고 폭넓은 독서를 하고, 국어를 중시해 생각을 소통하는 태도를 키운다.	(3) 말이 가진 이점을 인식함과 동시에 나아가 독서하고, 국어를 중시해 생각을 소통하는 태도를 키운다.

출처: '小学校学習指導要領', 2017 (https://www.mext.go.jp/content/1413522_001.pdf).

에서는 그 목표가 세 가지로 범주화되어 있었다. 이는 일본의 국가교육과정에 국제기구가 제안했던 범주가 일정 부분 반영되고 있음을 말해 준다. 그러나 학습지도요령의 학년 목표에 세계시민교육 지표에 해당하는 내용이 적극적으로 반영된 것 같지는 않다. 예를 들면 〈표 2-4〉에 제시된 내용에서 학년별 목표는 일상생활에 필요한 역량을 중심으로 기술되었고, 이를 넘어서는 시민성 함양을 지향하는 목표는 볼 수 없었다. 이는 일본 정부가 국가교육과정을 통해 일본국민의 세계시민적 역량을 함양하기 위해 노력하는가에 대한 의문을 갖게 하는 지점이기도 하다.

이런 의미에서 일본의 학습지도요령에 국제기구에서 제시했던 세계시민교육 지표가 충실히 반영되었다고 단언하기는 어려울 것이다. 소학교 학습지도요령의 '전문'에 지식과 정보, 가치와 태도, 비판적 사고나 지속가능한 개발을 위한 학생의 역량 개발 및 정의와 책임 등에 관한 목표가 세계시민교육 지표에서 제시되었던 지식 및 이해, 기술, 가치 및 태도 등의 내용과 연동될 수 있는지에 관해서는 실제 교육현장에서의 지향과 실천을 통해 확인되어야 할 것이다.

5. 세계시민교육의 실천을 위하여

지금까지 세계시민교육이 등장하게 된 역사적 배경과 세계시민교육의 다층적 의미 및 개념, 그리고 세계시민교육 지표 등에 관해 고찰하고, 이를 바탕으로 일본의 2017 소학교 학습지도요령에 세계시민교육의 지표가 어떻게 반영되어 있는지를 검토해 보았다.

여기서는 세계시민교육의 지표와 관련해 일본의 학습지도요령을 고찰할 때 어떤 점에 주의해야 하는지에 관해 정리해 보기로 한다.

첫째, 세계시민교육의 이념 및 내용이 국가수준의 교육과정과 상충될 수 있는 개연성에 주의할 필요가 있다. 이는 세계시민교육이 지역적 특수성을 고려한 실천이어야 하는지, 아니면 국가를 넘어선 보편적 윤리를 우선시해야 하는지의 문제와 관련된다. 성열관(2010)은 세계시민교육에 접근하는 방식을 국가모델과 탈국가모델로 구분해 제시한 바 있다. 일반적으로 세계시민교육이 국가를 초월해 개발된 글로벌 수준의 교육 보편성을 기본원리로 삼고 있기는 하지만, 세계시민교육에서 강조하는 보편적 인권이 '서구시민'을 중심으로 하여 성립된 개념이라는 점에서 본다면 국가적 정체성 혹은 특수성을 배제하기는 어려울 것이다. 이는 세계화를 어떻게 보아야 하는가에 대한 상충된 의견이 제기되는 이유가 되기도 한다. 즉, 세계화가 세계 평화와 민주적 세계질서를 구축하기 위해 필요하다는 입장과, 세계화는 자본주의 재편 과정에서 경제적·군사적 강대국의 이익에 봉사하는 장치라는 입장이 대립하고 있는 것이다. 기아, 빈곤, 환경재앙, 아동노동, 전쟁 등의 글로벌 이슈가 모두 세계화의 부작용으로 나타난 결과물이라는 점은 비록 이들 이슈가 세계시민교육의 보편적 핵심요소가 된다 할지라도, 특수한 상황에 대한 고려 없이 세계시민교육이 이루어질 때 나타날 수 있는 위험성을 말해 준다. 따라서 각 국가가 가진 문화적·역사적·사회적인 특수한 상황과 전 지구적 보편성을 어떻게 조화시킬 것인가는 세계시민교육의 추진에서 종합적으로 고려되어야 하는 핵심 주제가 될 수 있다.

둘째, 그럼에도 불구하고, 일본의 학습지도요령에서 강조하는

'전통과 향토'에 관한 교육내용이 인류애를 도외시한, 편향된 애국심으로 기울어질 가능성을 배제하기는 어렵다. 특히 2020년부터 순차적으로 시행되는 2017 소·중학교 학습지도요령에서는 도덕이 '특별교과'로 설정되었고, 그 결과로 교과와 비교과를 넘어서 일본 특유의 도덕교육이 강화될 것이라는 전망이 우려를 자아내고 있다. 나카무라 기요시(中村清, 2005)는 애국심과 인류애를 대립시키는 관점은 약육강식의 시대에 드러나는 국가의 위상이라고 말한다. 그러면서 국가 간의 경계가 흐릿해지는 현재의 상황에서 애국심이나 인류애가 구체적으로 무엇을 의미하는지에 대한 논의가 필요함을 역설한다. 그러면서 세계시민교육의 내용에 위배되는 국가수준의 교육과정은 결국 그 국민의 권리를 침해하는 결과로 귀결될 수 있음을 강조한다. 이러한 점에서 애국심과 인류애는 배타적이고 대립적 관계가 아니라 서로 포함하는 관계로 재구성되어야 할 것이다.

셋째, 일본의 학습지도요령에서 액티브 러닝이나 외국어 능력 등의 함양을 개인의 창조적·협동적·주체적 역량으로 강조하는 경향에도 주의를 기울일 필요가 있다. 이는 경제적 관점에서 시민성의 의미를 파악하고 이에 따라 세계시민교육의 내용 및 방법을 구성하는 관점과 연결되어 있다. 여기서 경계해야 할 점은 평화·인권·환경 등의 글로벌 이슈를 교육내용으로 삼는다고 해서, 그리고 국제교류 및 해외경험 등의 실천적 활동을 한다고 해서 이것을 모두 세계시민교육으로 환원시키거나 치환시키는 경향이다. 물론, 세계시민교육이 교실에서 배우는 것이 아닌 학습주체의 삶과 경험에 기반을 둔, 그래서 자신의 문제의식에 기반을 둔 '참여하는' 방식으로 전개되어야 한다는 점은 재언의 여지가 없다. 국제기구에서 세계시민교육의 지표를 세 가지로 범주화한 것도 이를 반영한 결과라 할 수 있다. 따라서 일본의 학습지도요령에 제시된 교과 및 학년의 목표가 실제로 세계시민교육의 지표와 관련성을 가지는지를 확정하기 위해서는 교육현장에서 지식 이해나 가치 및 태도에 관한 활동이 어떻게 이루어지는지를 파악하는 작업이 뒤따라야 할 것이다.

참고문헌

강순원(2014). 국제이해교육 맥락에서 한국 글로벌시민교육의 과제. **국제이해교육연구**, 9(2), 1-32.

강혜영, 장준호, 양윤정(2017). 2015 개정 교육과정 연계 세계시민교육 지표 연구. **윤리교육연구**, 46, 237-274.

김진희(2015). Post 2015 맥락의 세계시민교육 담론 동향과 쟁점 분석. **시민교육연구**, 47(1), 59-88.

김진희(2017). **글로벌시대의 세계시민교육: 이론과 실제**. 박영사.

김진희, 이로미(2019). 세계시민성 관점에서 본 제주도 예멘 난민 사태와 한국 다문화교육의 과제. **다문화교육연구**, 12(3), 37-64.

김진희, 차승한(2016). 세계시민의식과 도덕 교육의 이론적 관계 정립. **한국교육**, 43(3), 31-55.

박순용 외(2015). 유네스코가 권장하는 세계시민교육 교수학습 길라잡이. 유네스코 아시아태평양 국제교육원.

박환보, 조혜승(2016). 한국의 세계시민교육 연구동향 분석. **교육학연구**, 54(2), 197-227.

성열관(2010). 세계시민교육 교육과정의 보편적 핵심 요소와 한국적 특수성에 대한 고찰. **한국교육**, 37(2), 2010, 109-130.

이명실(2018). 일본「액티브 러닝」정책의 표(表)와 리(裏). **한국일본교육학연구**, 22(3), 19-41.

이혜영, 조혜승, 박수정(2017). 미국 대학의 세계시민교육 사례연구. **글로벌교육연구**, 9(1), 3-30.

최선경(2018). 글로벌 시민역량 함양을 위한 세계시민교육 방안. **교양교육연구**, 12(4), 139-159.

한경구(2017). 국제이해교육에서 세계시민교육으로: 글로벌교육패러다임의 진화 그리고 현장의 혼란. **국제이해교육연구**, 12(2), 1043.

谷村綾子(2017). 世界市民教育と「総合的な学習の時間」のカリキュラム接合に関する検討. **千里金蘭大学紀要**, 14, 47-53.

小林亮(2016). ユネスコスクールの将来展望と課題. **玉川大学教育学部紀要**, 19-33, http://hdl.handle.net/11078/340에서 2020년 5월 18일 인출.

小林亮(2017). ユネスコの地球市民教育に関する心理学的分析. **玉川大学教育学部紀要**, 1-18, http://hdl.handle.net/11078/483에서 2020년 5월 18일 인출.

佐藤真久(2005). 地球市民教育（GCE）に関するUNESCOフォーラムに於ける成果と考察, https://www.jstage.jst.go.jp/article/jsoee/23/3/23_3_123/_pdf에서 2019년 11월 28일 인출.

中村清(2005). グローバル化時代の公教育. **教育学研究**, 72(4), 519-529.

澤田好江(2018). 総合的な学習「ボールから世界を見る」に関する考察. **日本福祉大学子ども発達学論集**, 10, 113-127.

小学校学習指導要領, 2017, https://www.mext.go.jp/content/1413522_001.pdf에서 2020년 12월 21일 인출.

新しい学習指導要領, http://www.mext.go.jp/a_menu/shotou/new-cs/index.htm에서 2020년 12월 1일 인출.

日本ユネスコ国内委員会, http://www.mext.go.jp/component/에서 2019년 11월 28일 인출.

世界市民; 徐々に展開する新しい概念, https://www.international-press-syndicate-japan.net에서 2019년 11월 28일 인출.

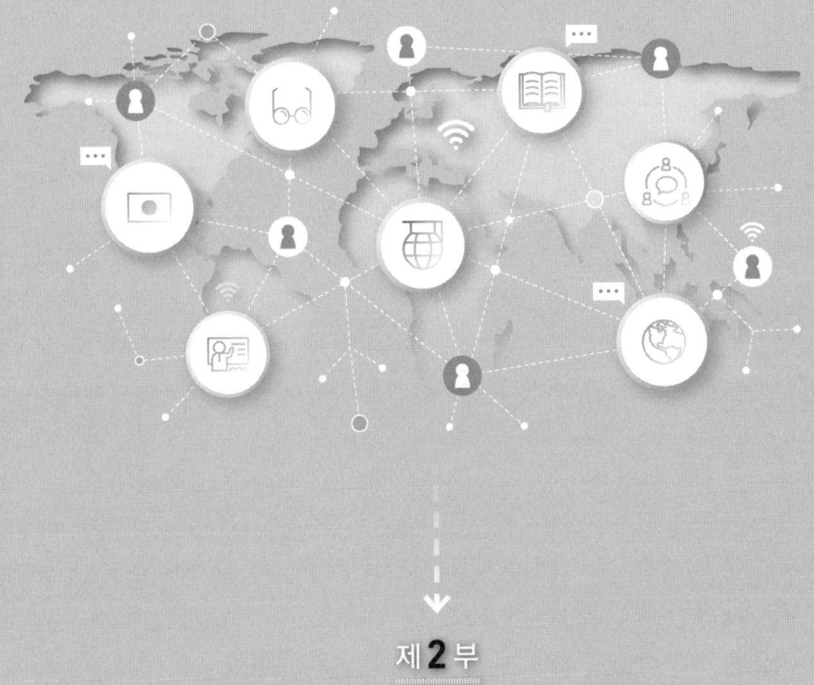

제 2 부

교육현장의 세계시민교육

제3장

일본의 영·유아기 다문화 지원 사례

최순자(국제아동발달교육연구원)

1. 들어가는 말

다문화는 둘 이상의 다양한 인종이나 민족, 언어, 종교, 사회문화적 배경을 지닌 구성원으로 이루어진 문화를 말한다. 일본에서는 다문화(多文化) 또는 이문화(異文化)라 불린다. 본고에서는 다문화로 칭하기로 한다.

다문화 관점은 차별적 배제주의 관점과 동화주의 관점, 다문화주의 관점으로 나눌 수 있다. 차별적 배제주의 관점은 다문화 가정을 이질적 집단으로 보고 차별하고 배제하는 관점을 말한다(이순형, 김혜라, 김유미, 우현경, 권윤정, 2011). 동화주의 관점은 다문화 가정이 기존 사회에 동화되기를 바라는 관점이다. 다문화주의 관점은 사회의 다문화 동종 현상을 인정하고 개인의 문화 차이를 수용하며 문화적 다양성을 존중하는 관점이다.

바람직한 사회를 구성하기 위해서는 다문화주의 통합의 관점을 가져야 한다. 즉 동화, 민족화 관점, 시혜적 관점이 아닌 평등한 지위를 가진 사회구성원 관점 접근이 필요하다.

일본에서는 2018년부터 개정 시행하고 있는 유치원에 적용되는 '유치원교육요령', 보육소에 적용되는 '보육소 보육지침', 유치원과 보육소를 합친 성격의 인정어린이원에 적용되는 '인정어린이집 교육 · 보육요령'에서 보육의 질 향상을 강조하고 있다. 이는 영 · 유아의 권리 보장과 생활을 기반으로 한 성장과 발달 환경 조성이 필요하다는 것을 의미한다(三井眞紀, 韓在熙, 林悠子, 松山有美, 2017)고 볼 수 있다.

본고에서는 일본에서의 영 · 유아를 대상으로 한 다문화 지원과 교육의 실제 사례를 살펴봄으로써 우리나라 다문화 영 · 유아 지원과 교육에 대한 시사점을 얻고자 한다.

2. 다문화 영 · 유아 지원과 교육

이 절에서는 다문화 교육의 범주, 영 · 유아기 다문화 교육, 영 · 유아기 다문화 교육의 의의, 다문화 교육과 교사를 중심으로 살펴보기로 한다.

1) 영 · 유아기 다문화 교육과 범주

다문화 영 · 유아에 대한 반편견이나 잘못된 고정관념을 갖지 않도록 하기 위해서는 영 · 유아기부터의 다문화 교육이 필요하다. Brockmann(2006; 최현정 외, 2012 재인용)이 제시한 영 · 유아기 다문화 교육의 필요성을 심리학습적 관점, 부모의 영향, 인지 발달, 낯가림의 발달, 낯선 사람에 대한 지각 발달로 제시하였다.

영 · 유아 다문화 교육이 영 · 유아기부터 필요한 이유는 영 · 유아의 다양한 환경 적응을 위해서이며, 문화의 유사점과 차이점의 이해가 만 2세부터 나타나기 때문이기도 하다.

또 영 · 유아도 인종적 차이 구분 · 신체적 특징 · 의상 · 언어 등의 유사점과 차이점을 구별할 수 있기 때문이며, 영 · 유아의 자아정체감 형성에 중대한 영향을 미치기 때문이다. 한편 인종 · 민족 · 성 · 사회적 계층에 대한 편견이나 고정관념이 형성되기 때문에 영 · 유아기 다문화 교육은 필요하다(최현정 외, 2012).

다문화 교육의 범주를 Bennett(2007: 장인실 2008 재인용)은 다음 네 가지로 나누고 있다.

첫째, 평등교육으로 이는 평등지향 운동을 통해 평등 교육을 해야 한다는 것이다. 둘째, 교육과정 개혁으로 다양한 관점에서의 교육과정을 재검토해야 한다는 것이다. 셋째, 다문화적 역량으로 문화 간 상호작용의 기초로서 자신의 문화적 관점뿐 아니라 타인의 문화적 관점도 이해하게 되는 과정을 통해서 이루어지도록 해야 한다고 본다. 넷째, 사회정의로 사회정의를 지향하는 사고 형성을 도와 모든 유형의 차별과 편견, 특히 인종주의 · 성차별 · 계급차별을 저항하도록 해야 한다는 범주이다.

이와 같이 다문화교육은 반편견이나 잘못된 고정관념을 갖지 않도록 하기 위해 영 · 유아기부터 교육할 필요가 있으며, 평등교육, 교육과정 개혁, 다문화적 역량, 사회정의를 고려해야 한다.

2) 영 · 유아기 다문화 교육 의의와 교사 역할

영 · 유아기 다문화 교육의 의의는 문화적인 차이와 다양성 인정, 관계형성 능력 계발, 사회통합 기여, 민주주의 가치 실현을 들 수 있다(최현정 외, 2012).

문화적인 차이와 다양성 인정은 다양성에 기초하여 민주주의, 평등, 인간의 권리, 사회정의라는 절대 선의 실현을 영 · 유아 다문화 교육으로부터 시작할 수 있다. 관계형성 능력 계발은 편견과 갈등을 해소하여 적극적 관계를 형성하는 실천적 의의를 갖는다. 사회통합 기여는 타문화에 대한 이해와 존중이 강화되면 편견과 고정관념이 줄어들 수 있고, 이는 곧 소수집단의 심리적 억압을 해소하게 되어 사회 전체적으로 갈등을 줄이고 원만한 사회통합에 기여할 수 있게 된다. 민주주의 가치 실현은 평등을 추구하는 민주주의 가치를 실현할 수 있다. 이를 통하여 영 · 유아는 긍정적 자아정체감 발달, 상호존중, 유사점과 차이점을 이해할 수 있다.

문화적 다양성에 대한 교사의 지식, 태도, 신념 등은 영 · 유아의 발달에 영향을 미친다. 다문화교육과 교사의 관계성은 교사의 신념이 실제 다문화 교육에 영향을 미치며, 일상 행동에도 자연스럽게 반영된다. 또 교사의 특성이 다문화 교육 신념에 영향을 미치며, 교사의 기대가 영 · 유아의 행동과 능력에 영향을 미친다. 이런 의미에서 다문화 교육은 교사 자신에게서부터 시작되어야 한다고 볼 수 있다(이순형 외, 2011).

장인실(2008)은 다문화이해 교사 교육을 ① 인종, 민족, 문화, 성별에 대한 지식 습득, ② 지구 상황과 세계적 역학관계 인식, ③ 자아와 민족 정체성 확립, ④ 차별과 편견 없는 태도 형성, ⑤ 교육과정 개혁을 위한 다문화적 능력 배양, ⑥ 사회정의를 향한 행동 기술 습득의 6단계로 제시한다.

영 · 유아기 다문화 교육의 의의는 문화적인 차이와 다양성 인정, 관계형성 능력 계발, 사회통합 기여, 민주주의 가치 실현이다. 다문화 교육을 실시하는 교사의 문화적 다양성에 대한 지식, 태도, 신념 등이 영 · 유아의 발달에 영향을 준다. 따라서 인종, 민족, 문화, 성별에 대한 지식 습득이나 세계 정세와 세계적 역학관계 인식, 차별과 편견 없는 태도 형성, 사회정의를 향한 행동 기술 습득 등의 교사 교육이 필요하다.

3. 일본의 다문화 교육과 다문화가정 영·유아 지원 사례

1) 다문화 공생으로의 전환과 영 · 유아를 위한 다문화 정책

일본의 다문화 정책은 1980년대 후반부터 국제협력이나 국제교류에 초점을 맞춘 정책이었다. 이후 1990년에 들어서면서 외국인 노동자 유입이 많아 이들을 대상으로 한 정책이 많았다. 2005년에 다문화 공생이라는 용어가 사용된다. 2005년 총무청에 '다문화 공생 추진에 관한 연구회'가 설치되었고, 2006년에는 '지역의 다문화 공생 추진 플랜'이 제정되었다.

또 2009년에는 내각부에서 '일계 정주 외국인 정책 추진에 대해서'가 발표되었다(三井眞紀, 韓在熙, 林悠子, 松山有美, 2017). 이 발표가 외국인을 지역사회 구성원으로서 정체성을 부여한 구체적인 정책이었다고 할 수 있다. 2017년에는 2006년에 제정된 다문화 공생 추진 플랜의 성과를 모은 '다문화공생사례집'이 발간되었다(總務省, 2017).

일본은 정부 차원에서 영·유아를 대상으로 한 다문화 보육·교육 과정은 없다. 외국 국적이 많은 지역의 자치단체나 민간 비영리 단체, 대학, 연구소가 중심이 되어 다문화 지원과 교육을 하고 있(三井眞紀 外, 2017)는 상황이다.

문부과학성의 '귀국·외국인 아동 생도 교육 등에 관한 실시 개요'에서 학교 적응이나 일본어 지원 등의 정책을 제시하고 있으나, 이는 초등 이상의 아동을 대상으로 한 내용이다.

연구(三井眞紀 外, 2017)에 의하면, 영·유아 다문화 지원 및 교육을 하고 있는 연구자 모임, 자치단체, 민간 비영리 단체 등도 있다. 사례로는 자동차 산업이 발달되어 외국인 노동자가 많았던 S시 사례와 H시 보육소의 SDQ(Strengths and Difficulties Questionnaire) 활용 사례를 살펴보고자 한다.

2) 영·유아기 다문화 지원 사례

(1) S시 외국인 국적 영·유아 지원 사례

자동차 산업이 발달된 S시는 노동자 수요가 많았다. '출입국관리및난민인정법(1989년 개정)'의 시행과 함께, 많은 외국인 노동자가 유입되었다. 가족과 함께 일본에 온 여러 나라 국적을 가진 영·유아는 다문화 적응의 다양성을 나타냈다(江藤明美, 2017).

1990년부터 외국 국적을 가진 영·유아가 입학한 S시 시립보육소에서는 영 · 유아 보육과 교육에 있어서 일본 문화에 맞추는 폐쇄적 발상이 아닌, 서로 좋은 점을 인정하는 상호관계 구축 관계가 필요하다는 것을 고려한다. 이 같은 문제의식을 갖고 외국 국적 영 · 유아 보육에 대해 시의 보육담당과 및 관계 기관에 '외국인 코디네이터'를 두도록 했다. 그 경위는 다음과 같다.

S시립보육소 에토우 아케미(江藤明美, 2017)는 브라질에서 온 부모를 둔 영 · 유아 담임을 맡게 된다. 브라질에서 온 부모는 아직 일본 문화에 적응하지 못한 5세 영 · 유아뿐 아니라, 2세아도 보육소에 맡기고자 한다. 같은 문제에 직면한 보육소 원장과 주임이 중심이 되어 관할 시에 담당과와 담당직원 배치를 요청한다. 시에서는 이를 검토하여, 다음 〈표 3-1〉과 같은 행정조치를 한다.

표 3-1 **S시 외국인 국적 영·유아 지원**

년도	지원 내용
1991년	보조교사 배치
1997~2004년	S시 담당과에 포르투갈어가 가능한 일본인 1명 배치 (안내 · 전화대응 · 필요에 따라 보육소 순회)
2005~2007년	전화통화 시스템 도입 (외국 국적을 가진 영 · 유아가 재적하는 보육소 3개소에 전화기 1대 설치, 필요에 따라 대응하기도 함)
2008~2009년	외국인긴급고용창출사업에 따라 브라질인 2명, 페루인 1명을 코디네이터로 채용(외국 국적을 가진 영 · 유아가 재적하고 있는 보육소 순회)
2010년~현재	외국인긴급고용창출사업이 종료됨에 따라 S시 예산으로 S시 소속의 코디네이터 채용(브라질인 1명, 페루인 1명)과 위탁 코디네이터 채용(브라질인 1명) (조를 편성하여 보육소 순회)

출처: 江藤明美(2017).

〈표 3-1〉에서 살펴본 바와 같이, S시에서는 1991년에 보육소에 보조교사 배치, 1997년부터 2004년까지는 시의 담당부서에 포르투갈어가 가능한 일본인 1명을 배치하여 안내와 전화대응, 필요에 따라 보육소를 순회하게 하였다. 2005년부터 2007년까지는 전화통화 시스템을 도입하여, 외국 국적을 가진 영 · 유아가 재적하는 보육소 3개소에 전화기 1대를 설치하고, 필요에 따라서는 대용하도록 했다.

또 2008년부터 2009년까지는 외국인긴급고용창출사업에 따라 외국인 3명을 코디네이터로 채용하여, 외국 국적을 가진 영 · 유아가 재적하는 보육소를 순회하도록 하였다. 2010년 이후로는 외국인긴급고용창출사업이 종료됨에 따라 S시 예산으로 소속 코디네이터와 위탁 코디네이터를 채용하여 외국 국적 영 · 유아 지원과 교육을 돕고 있다.

(2) H시 보육소의 SDQ 활용을 통한 지원

SDQ는 4~16세를 대상으로 행동, 정서, 주의산만, 친구관계, 사회성을 측정하는 도구이다. 11세 미만은 양육자가 대상아를 측정한다. 이 도구는 현재 영국을 비롯한 유럽에서 널리 사용되고 있다.

연구자(二井紀美子, 2014)는 H시 보육소에서 4~6세의 브라질인 부모를 둔 남아 8명, 여아 10명과 일본인 부모를 둔 남아 3명, 여아 2명 총 23명을 대상으로 측정했다. 평정은 각 영역 지원에 대해 '거의 없다, 조금 있다, 매우 있다'의 3단계로 한다. 평정 참여자는 교사 6명, 보호자 23명이었다.

조사 결과, 교사와 보호자의 지원 필요성의 일치율은 다음 〈표 3-2〉와 같다.

표 3-2 **교사와 보호자의 지원 필요성의 일치율**

	행동	주의 산만	정서	친구 관계	사회성	TDS (종합)
브라질인 보호자×교사	50.0%	55.5%	88.8%	61.1%	61.1%	61.1%
일본인 보호자×교사	80.0%	80.0%	60.0%	100.0%	100.0%	60.0%

출처: 二井紀美子(2014).

표에서 보는 것처럼 교사와 보호자의 지원 필요성에 대해 브라질 부모가 일본인 보호자보다 교사와의 일치율이 낮음을 알 수 있다. 정서를 제외하고는 대체로 낮은 일치율을 보이고 있다. 특히 행동과 주의산만에서는 일치율이 50% 수준이다.

이는 유아 행동에 대해 브라질 가정에서 보는 관점과 일본인 교사가 보는 관점이 다를 수 있다는 점을 시사한다. 또는 가정과 보육소에서의 유아 행동이 다를 수 있을 수도 있음을 의미한다고 할 수 있다(二井紀美子, 2014).

평정 결과를 토대로 교사는 보호자와 교사 간의 유아에 대한 이해의 차이를 파악하여, 보호자 대응에 도움이 될 수 있다. 또 교사는 객관적으로 유아를 대할 수 있다.

4. 맺음말

다문화는 세계적인 추세이다. 서구 사회는 베를린 장벽 붕괴와 구소련 해체 등으로 격변을 겪었다. 또한 자연인구 감소, 노동력 감소, 상대적으로 증가 폭이 큰 제3세계로부터 노동력 충원, 지구촌화로 노동자, 난민 유입이 대거 이루어지고 있다. 자신이 태어난 나라가 아닌, 다른 나라에서 사는 사람이 2억 명 정도이다.

일본 S시에서는 보육 현장의 요구를 적극적으로 수용하여 시에 담당부서를 설치하고 외국인을 코디네이터로 채용하여 외국 국적을 가진 영 · 유아 지원과 교육을 돕고 있음을 알 수 있었다.

이는 다문화를 보는 세 관점, 차별적 배제주의 관점과 동화주의 관점, 다문화주의 관점 중 다문화주의 관점을 취하고 있음을 알 수 있다. 다문화주의 관점은 1970년대 캐나다에서 다수의 서로 다른 인종 및 민족 간에 발행하는 각종 사회문화적 차별과 갈등 문제를 해결하기 위한 개념으로 사용하기 시작했다(장인실, 2008).

외국인 코디네이터가 현장인 보육소를 직접 순회하여 외국 국적을 가진 영 · 유아 지원과 교육을 돕고 있는 점과 다문화 관점 중, 다문화주의 관점은 한국 영 · 유아 보육과 교육에의 적용에 시사점이 크다고 본다.

H시 보육소에서의 SDQ 활용 사례는 교사가 보호자와의 유아에 대한 이해의 차이를 파악하여, 보호자 대응에 도움을 받고 객관적으로 유아를 대할 수 있다는 점에서도 의미가 있다고 본다.

한국도 외국인 부모를 둔 영 · 유아가 계속 증가하고 있다. 일본의 S시 자치단체와 H시 보육소 사례에서처럼, 인간 발달에 중요한 시기에 놓인 영 · 유아는 어떤 환경에서든지 발달에 적합한 지원과 교육이 있어야 한다(최순자, 2021).

참고문헌

이순형, 김혜라, 김유미, 우현경, 권윤정(2011). **유아 다문화교육 프로그램**. 서울: 학지사.

장인실(2008). 다문화 교육을 위한 교사교육 교육과정 모형 탐구. **초등교육연구, 21**(2), 281-305.

최순자(2021). **아이의 마음 읽기**. 서울: 씽크스마트.

최현정, 이찬숙, 신지현, 노성향, 신은희, 윤매자(2012). **영·유아 다문화 교육의 이론과 실제**. 경기: 공동체.

黄琬茜, 山名裕子, 榊原知美, 和田美香(2018). 多文化保育における幼児のことば: 5歳児のコードスイッチングに着目して. **保育学研究 第56巻 第3号**, 174-185.

李剣, 木村留美子, 津田朗子(2016). 石川県に在住する中国人母親の子育て支援に関する検討. **金沢大学つるま保健学会誌, 39**(2), 171-179.

大沢啓子(2004). 子どもの本から: 異文化をつなぐ子どもたち. **日本幼稚園協会幼児の教育, 103**(1), 60-63.

喜始照宣, 長江侑紀(2016). 多文化保育における保育者のストラテジ: 横浜中華保育園を事例に. **田園調布学園大学紀要**, 11, 189-208.

二井紀美子(2014). 多文化保育におけるSDQ(Strengths and Difficulties Questionnaire)の活用. **愛知教育大学教育創造開発機構紀要**, 4, 97-104.

上野葉子, 石川由香里, 井石令子, 田渕久美子, 西原真弓, 政次カレン・宮崎聖乃(2008). 長崎市における多文化保育の現状と展望. **保育学研究, 46**(2), 277-288.

江藤明美(2017). 多文化共生保育の現状と課題: S市保育行政の取り組みを中心に. **鈴鹿大学短期大学部紀要, 37**, 157-165.

三井真紀, 韓在熙, 林悠子, 松山有美(2017). 日本-における多文化保育の政策・実践・研究の動向と課題. **九州ルーテル学院大学紀要, 47**, 31-41.

韓在熙(2017). 多文化保育実践における保育者の認識についての研究: 八尾

市の事例から. **四天王寺大学紀要**, 65, 435-451.

總務省(2017). 多文化共生事例集作成ワーキンググループ. 多文化共生事例集. http://www.soumu.go.jp/main_content/000476646.pdf에서 2020년 8월 14일 인출.

Bennett, C. I. (2007). *Comprehensive multicultural education* (6th ed.). Boston: Pearson.

Brockmann, S. (2006). Diversität und Vielfalt im Vorschulbereich: zuinterkulturellen and antirassistischen Ansaetzen, BIS-Verlag, Oldenvurg. Statistisches Bundesamt Deutschland.

제4장

일본에서의 홀리스틱 세계시민교육

송민영(경기 철산초등학교)

지구와 우리들 자신을 치유하기 위한 유일한 길은 분열된 세계관에 대신하여 보다 전체론적이고 보다 합리적으로 통합된 근원적인 대지를 존중하고 그리고 방만한 인간 중심을 탈피한 세계관을 취하는 것이다. 즉 생명 전체의 이어짐, 그 자체로서 가치를 갖지만 또 동시에 우리들 존재의 본질이기도 한 생명의 영위를 존중하는 세계관을 가져야 한다(Wilber, 1995).

오늘날은 그 어느 때보다도 더 전 세계적으로 서로 밀접한 관련성을 갖고 있는 시대로 교육에서는 모든 문화를 포용할 수 있는 참된 인간적인 존재 방식을 함께 탐구하는 것이 요구된다. 교육은 본래 생명체 중에 흐르고 있는 생명(生命)에 대한 깊은 외경심에서 시작된 것으로 우리는 지구 생명권에 대한 이해를 촉구하는 교육을 기대하며, 세계시민교육의 시작은 생태학적인 사고방식으로 인간

생활과 문화는 자연과 깊이 관계되어 있다는 것이다. 이것은 헉슬리의 영원철학(perennial philosophy) 사상에서도 볼 수 있는 것으로 모든 것은 기저적인 측면에서 서로 이어져 있으므로 삶에 대한 긍정적인 시각이나 가치, 사회의 부정에 맞서는 행동은 자신과 타인의 근원적인 관계를 자각하는 데서 생겨난다는 것이다.

홀리스틱 교육(Holistic Education)은 인간과 인간의 관계, 인간과 자연 생태계와의 관계 등 '관계성(Connection)'을 중시하는 교육으로 그 속에서의 '조화(Balance)'와 '포괄 · 통합성(Inclusiveness)'을 추구하고 있다.

그동안 우리나라의 세계시민교육은 혁신교육, 혁신학교를 통해 나름 많은 교육적 성과가 있었으며, 제4차 산업혁명시대와 인공지능시대에 돌입한 현 시점에서 보다 적극적으로 교육의 목표가 바뀌고, 교육과정이 바뀔 수 있는 방안을 모색할 필요가 있다. 우리들 사회의 모든 영역에서 근원적인 전환이 추구되고 있으며 교육의 변혁도 추구되고 있는 이때에 홀리스틱적인 견해, 사고방식을 갖고 일본의 세계시민교육에 대한 고찰과 함께 그 실천 방안을 모색하는 것은 매우 의미 있는 일이라 할 수 있다.

1. '홀리스틱 교육 비전'에서의 세계시민교육

홀리스틱 교육이 추구하는 비전에 대하여 1991년 6월 GATE (Global Alliance for Transforming Education) 총회에서의 검토를 거쳐 8월에 발표된 'EDUCATION 2000 / 홀리스틱 교육 비전 선언'에 제시된 홀리스틱 교육 10원칙 중 제8, 9원칙을 보면 다음과 같다(송

민영, 2006; ホリスティック教育研究會, 1995; GATE, 1991).

1) 제8원칙 문화적 다양성과 세계시민교육

제8원칙은 문화적 다양성과 세계시민교육(Educating for Cultural Diversity and Global Citizenship)으로, 글로벌 시대의 교육은 문화의 차이를 넘어 모든 문화를 포용할 수 있는 참된 인간적인 존재 방식을 젊은이들과 함께 탐구하고자 한다. 우리는 모두 인식하고 있건 그렇지 않건 간에 틀림없이 글로벌 시민이다. 인간의 일은 매우 다양하여 하나의 문화 가치관이나 사고양식만을 수용한다는 것은 불가능하다. 그러나 지구가 하나의 공동체가 되어 가고 있는 오늘날, 우리들은 역사상 그 유례가 없을 정도의 다양한 문화나 세계관에 접하고 있다. 지금이야말로 인간사가 놀랄 정도로 다양하다는 것을 적극적으로 인정하며, 인류가 잃어버리고 있는 잠재능력 혹은 미지의 가능성을 이해할 때다. 그리고 가능성을 만드는 것이 교육의 역할이다. 전 지구 시대의 교육은 문화의 차이를 넘어 모든 문화를 포용할 수 있는 참된, 인간적인 존재 방식을 젊은이들과 함께 탐구하는 것이 되어야 한다.

세계시민교육의 출발점은 생태학적 사고방식이다. 인간 생활과 문화는 자연과 깊이 관계되어 있으며 자연을 떠나서는 있을 수 없다는 것이다. 학교 운동장에 자연의 숲을 가꾸면서, 자연과 함께하는 아이들을 육성하는 것은 생명·생태교육의 추구다. 세계시민교육은 인간 개개인이 지구 전체의 생태계, 즉 인류를 포함한 지구의 커다란 생명구조 안에서 자신이 기여해야 할 역할에 눈뜨게 하는 것이다. 또한 세계시민교육의 목적은 '마음을 열게 하는 것'에 있다. 이것은 전문 분야 혹은 교과의 범위를 넘어선 학제적(學制的) 연구나 통합학습, 이해나 성찰하며 깊이 있는 판단력을 기르는 것 같은 경험, 창의적인 감동 등을 통해 얻을 수 있다. 글로벌 시대에는 교육을 포함한 인간의 모든 일이 조화로운 생태계를 유지하는 원칙에 근거하고 있다. 예를 들면, 다양한 것의 유용성, 협력과 조화의 중요성, 관여하는 자의 필요와 권리, 시스템 안에서 지속 가능한 것 등을 인정하는 것이다.

대립이나 경쟁의 근본 원인을 이해하고 그것을 해결하는 방법을 경험적으로 배워 가는 것도 세계시민교육에서 중요하게 여기고 있다. 또 인권이나 사회정의, 인구문제, 개발문제 등의 사회적인 문제에 대해 생각해 보는 것도 전쟁의 원인과 평화의 조건을 바르게 이해하기 위해서 매우 필요한 일이다. 세계 속의 여러 가지 종교나 정신문화의 전통은 큰 영향력을 갖고 있기 때문에 세계시민교육에서는 그것들을 이해하고 정당하게 평가하도록 인도하는 것이 매우 중요하다. 그들 종교나 정신적인 전통이 물려 준 보편적인 가치, 즉 인생의 의미, 사랑, 자비, 진리, 조화에 대해 탐구해 온 것들을 문화나 시대의 차이를 넘어 이해하게 하는 것이 필요하다. 전 지구적 시대에는 문화의 차이를 넘어 보다 보편적인 인간다움을 추구하는 교육이 절실히 요구된다.

2) 제9원칙 지구소양교육

제9원칙은 공생을 위한 지구소양교육(Educating for Earth Literacy)이다. 교육은 모든 형태의 생명 중에 흐르고 있는 '생명'에 대한 깊은 외경의 염원에서 시작한 것으로 홀리스틱 교육은 지구 생명권에 대한 이해를 촉구하는 교육을 추구한다. 지구의 모든 존재가 서로 도움을 주고받고 있으며, 개인의 행복과 지구 전체의 행복이 깊은 곳에서 서로 일치한다는 것을 자각하고 자신들 개개인이 담당하고 있는 역할과 책임의 넓이와 깊이를 이해하도록 하는 교육이 필요하다.

자연을 개발해야만 하는 자원으로 보는 것이 아니라 공생해야 하는 것으로 다루어 인간과 자연과의 관계를 재인식하도록 해야 한다. 이것이 미래사회를 전망하는 교육비전의 핵심이다.

지구라는 행성은 대단히 복잡하지만 근본적으로는 하나의 살아 있는 시스템이며, 이 지구 생명권은 암흑의 우주 공간에 떠 있는 생명의 오아시스다. 뉴턴 이후의 현대 과학 시스템 이론이나 교육 사상들은 이 행성과 이곳에 살고 있는 모든 것이 서로 도움을 주고받고 있는 하나의 '전체'라는 사실을 인식하기 시작하였다. 이것은 또 고대부터 면면히 전해져 온 신화나 정신적 전승의 가르침과도 일치한다. 경제적, 사회적, 정치적인 제도는 이 상호 의존성을 깊이 인식하지 않으면 안 된다. 인류가 이 행성에서 살아가기 위해서는 지구규모에서의 상호 협력과 생태계를 인식하는 부드러운 감성이 필요하다. 아이들이 건강하게 살아가며 배우고 성장해 갈 수 있도록 지구에는 깨끗한 공기와 물, 일광, 풍부한 대지, 그리고 생태계의 구성원인 건강한 생명체가 있어야 한다. 병든 지구에서 감성 풍부한 아이들을 기를 수는 없다. 생명체로 살아가고 있는 모든 것이 서로 깊은 관계를 갖고 있다는 것을 다음 세대에 알리기 위해서, 지구소양교육은 생태학적 사고방식에 확고히 뿌리를 내리고 있어야 한다. 지구와 공생하기 위하여 교육은 이 지구의 모든 생명을 보전하고 있는 관계의 존재방식을 홀리스틱하게, 즉 모든 각도에서 전체적으로 배울 수 있도록 제공하여야 한다. 중요한 것은 생명을 유지하고 있는 기본적인 시스템, 에너지의 흐름, 생명의 연쇄, 상호관계 그리고 그 생성 · 변화 등을 아는 것이다. 공생을 위한 교육은 정치, 경제, 문화, 역사 그리고 자신이나 사회가 어떻게 변해야만 하는가를 포함한 종합적인 분야다.

2. 일본에서의 홀리스틱 교육[1)]

일본에서는 1997년 '일본홀리스틱교육협회(日本ホリスティック教育協會)'를 창립하여, 홀리스틱 교육의 실천을 목표로 뉴스레터 발간, 연구회 개최, 연구지 발간 등 다양한 활동을 해 왔다. 그러나 설립 20주년을 기회로 2017년부터 회원제 조직에서 전체적인 교육활동을 연결하는 네트워크형으로 전환한다.

그 가운데 "본 학회는 교육과 케어에 대한 홀리스틱적 접근 및 홀리스틱적인 지향을 가진 교육과 케어에 대한 연구를 진행, 깊이 한다."는 취지와 함께 2017년 6월 '일본홀리스틱교육/케어학회(日本ホリスティック教育/ケア學會, Japanese Society for Holistic Education/Care)'를 창립하였고, 초대 회장은 요시다아츠히코(吉田敦彦)다.

홀리스틱의 지향점으로는 "사람이 사람을 지원 육성 가르치고 보호하면서, 함께 배우고 성장하며 생을 완수해 나가는 경영—그런 영위와 함께 교육과 케어의 모습을 이해하는 데 있어 다음과 같

1) 2017년 6월 18일 취지문의 공동발의와 함께 발족된 '일본홀리스틱교육/케어학회(日本ホリスティック教育/ケア學會, Japanese Society for Holistic Education/Care)'의 홈페이지(https://holistic-edu-care.jimdo.com/)에서 발췌, 작성하였다.

은 '홀리스틱(holistic)'이라는 관점과 지향이 갖는 풍부한 가능성을 중시한다."고 하고 있다.

먼저, 사회와 문화, 자연으로 열린 '전체(wholeness)'의 관점과 '생명'의 근원으로까지 심화된 '신성(holiness)'의 관점을 가져야 한다. 예를 들어, '전체(wholeness)'에는 '글로벌(global)'이나 '생태적(ecological)'이, '신성(holiness)'에는 '영적(spiritual)'이나 '예술, 미학(art, aesthetic)'이라는 지향이 포함된다.

이러한 확산과 깊이 있는 포괄적인 관점에서 인간을 포함한 세계의 다층적인 관계를 소중히 하며 다음과 같은 문제의식으로 연결하고 있다.

- 대처 요법에 쫓기는 것이 아니라 교육과 관리를 근본적으로 검토하고 그것을 지향하는 세계관 · 인간관을 다시 살펴보는 관점을 가져야 한다.
- 교육 및 케어에서 어린이와 의뢰인에 대한 합리적 · 기능적 작용 방법을 초월한 존재 자체와 마주하는 대안적인 방식을 제안한다.
- 실무자 자신의 영성과 신체성을 포함한 모든 사람을 의식하고 존중한다.
- 종합적인 학습 시간, 액티브 학습, 주체적이고 대화적인 깊은 배움, 교과로서의 '도덕' …… 그런 담론을 비판적으로 다루고 지속적으로 파악하면서, 본질적인 학습에 대한 이해와 심화에 기여한다.
- 현대의 학교와 병원 등 전문 차별화 된 제도를 넘어, 생활에 뿌리 내린 포괄적 케어를 위한 협력에 임한다.

이러한 문제의식의 근저에는 교육과 케어에 있어서 실천과 이론, 현실과 이념 사이에 느껴지는 단절을 가교(架橋)하여, 유익한 대화를 실현해 나가고자 하는 생각이 있다.

또한 인간의 삶의 영위에 홀리스틱한 시선을 돌리는 경우, 불가분의 관계로서 나타나는 교육과 케어, 거기에서 발견된 홀리스틱 접근 방식을 현대적인 과제에 부응한 '학'으로 전개해 나가기 위해 다음의 것들을 추구한다고 하고 있다.

- 특정 종교에 의하지 아니하고 교육 및 케어 속의 초월성을 표현하는 말을 찾는다.
- 다양성의 긍정이나 개성과 차이의 존중이 어느 정도 사회에 침투했기 때문에 생겨난 역설적인 문제 상황(갈등을 피하기 위한 연결과 교류의 단절, 타인에 대한 무관심이나 '무엇이든지' 같은 상황)에 응답한다.
- 세계에서 배타적인 전체주의적 경향이 강해지는 가운데, 개인과 전체(wholeness≠totality)의 관계에 관한 어휘를 보다 정교화하고, 소수자에의 동행 자세를 계속 모색한다.
- 웰빙과 행복으로 이어지는 생태적인 지속 가능성을 추구한다.

3. 세계시민교육의 홀리스틱한 방향성[2)]

『홀리스틱 교육 리뷰』지의 초대 편집장인 론 밀러(Ron Miller)는

2) 이 절은 오랫동안 일본 홀리스틱교육을 이끌어 온 오사카여자대학 요시다 아츠히코

홀리스틱 교육의 특질로서, '생명'에의 외경, 글로벌, 에콜로지, 영성의 네 가지를 들고 있다. 홀리스틱한 교육의 일부로서 세계시민교육이 있다는 시각이 아니고, 바로 진지한 실천을 이끌어 낼 수 있는 세계시민교육 그 자체가 인권 교육과 함께 홀리스틱한 지향을 강화한다는 것이다. 즉, 사회적(외적 수평적) 확대와 (내적 수직적) 깊이를 함께 갖는 접근으로 이것은 국제이해교육에서 세계시민교육 또는 글로벌 교육으로의 이동에 있어서 먼저 발견할 수가 있다.

지구환경문제, 남북문제, 인구문제, 민족문제 등 국익 추구로는 해결할 수 없는 지구 규모의 문제 군이나 경제적 정치적인 상호의존 관계의 심화, 그리고 예를 들면 국경을 넘어서 NGO의 활동 등이 구체적으로 나타내는 바와 같이 국익에서 인류이익, 지구이익에의 시야의 확대가 필요해진 것이다.

'지구시민'이라는 표현은 '지역민'에서 '국민'으로, '국민'에서 '지구시민'으로의 이행을 나타내 주는 말이다. 그러나 그러한 공간적, 동심원적인 확대만으로 '지구시민'을 이해하는 것은 불충분하다. '지구'가 공간적인 이미지를 주는 것이라고 한다면, '시민'이란 무엇인가를 19세기적인 근대시민사회의 그것을 넘어서는 것으로서 다시 검토할 필요가 있다. 세계시민교육에서는 '공간'적인 그리고 '시각'적인 인식을 현대의 구체적인 '제 문제와 결합'시키면서 배워 간다. 그리고 그것들은 연계의 중핵 속에 자기의 '내면성'이 있다.

우리들은 현실적으로 지구상의 인류・그물과 같은 상호의존 관계의 하나의 매듭의 눈으로서 살아가고 있다. 글로벌 교육은 주변

교수의 저서『홀리스틱 교육론–일본의 동향과 사상의 지평(ホリスティック教育論–日本の動向と思想の地平』에서 발췌하여 작성하였다(吉田敦彦, 1999).

에서의 절실한 '문제'를 통해서 그 사실인식을 정확히 전달하려고 한다. 단지 현실인식을 지적으로 머리만으로 생각하는 것이 아니라, 감정이나 가치, 의지나 태도와도 관련되어, 더욱 전인적인 접근을 하려고 한 것이다.

일본에서 세계시민교육이 실천되는 경우에도, 교사가 강의형식으로 지식을 전달하는 형식뿐만 아니라, 학습자가 스스로 문제를 감지하고 해결해 가려고 하는 과정을 중시하여, 워크숍적인 참가 체험형의 학습이 많이 실천되고 있다. 브레인스토밍(Brainstorming)이나 디베이트(Debate), 랭킹(Ranking)에 의한 콘센서스(Consensus)실습, 롤플레잉(Role-playing), 슈밀레이션, 이미지워크(Image work) 등이 그것이다.

머리로만이 아니라 마음이나 신체도 동시에 움직이면서 활동하고 그 체험을 나누어 가짐으로써 그 느낌이 개개인의 내면에 내재되어 이어지기 쉽게 된다. 즉 세계시민교육은 지식이나 사고를 정의나 신체성에 이어가는 전인(whole person)적인 어프로치를 취한다.

현대사회의 문제는 우리들 개개인의 내면이 안고 있는 문제의 반영이기도 하고, 동시에 또 우리들 내면의 문제는 우리들 외적 사회문제의 반영이기도 하다. 어느 쪽이 먼저냐가 아니라 내와 외, 사회성과 내면성은 분리되지 않고 결합되어 있어서 그 양면이 결합하면서 변화가 생긴다. 이것은 '홀리스틱한 변화'라고 하지만, 홀리스틱한 세계시민교육은 종래의 사회변혁운동이 외향적으로 지나치는 경향이 있었던 것에 대해서 자기 자신의 변용이나 깊이라고 한 내향성과 결부되어, '자기가 변하고, 세계가 변한다. 세계가 변하고, 자기가 변한다.'라는 상호관계를 소중히 한다.

4. 홀리스틱 세계시민교육의 실천사례

여기에서는 동경학예대학 부속 오이즈미중학교 나리타 기이치로(成田喜一郎)[3] 교사의 수업을 중심으로, 중학교 사회과에서의 홀리스틱 세계시민교육의 실천 사례를 제시하고자 한다(成田喜一郎, 1997).

1) 자립공생, 공생공존에의 홀리스틱 사회과

나리타 기이치로는 "중학교 사회과 교육이 단순히 '기억과목=사회과'이라는 의식을 탈피하고, '지식주입형 사회과와 문제해결형 사회과'의 딜레마를 넘어서기 위해서 어떻게 하면 좋을까?"라는 의문 하에 홀리스틱(전연관적) 전환을 해야만 한다고 생각하게 되었다. 홀리스틱 교육이란, 아이들과 교사가 모든 사람 · 물건 · 시간 · 장소 등의 연계를 추구함으로써 스스로 어떤 새로운 견해 · 느낌 · 사고와 살아가는 법을 느끼며 자립공생 · 공생공존으로의 관심과 기쁨을 발현하게 하는 교육을 말한다.

나리타는 존 밀러의 저서 『홀리스틱 교육』의 이론 틀 짜기를 참조하여 홀리스틱 교육을 정의하고, 아이들 주변의 여러 가지 '연계 · 관련'을 다음 그림과 같이 제시하여, 단원의 목표 · 목적을 정할 때에 가능한 한 이들 모든 '연계'가 포함되도록 학습내용이나 방

3) 나리타는 현재, 동경학예대학 교수이며, 일본홀리스틱교육/케어학회(日本ホリスティック教育/ケア學會) 회장을 맡고 있다.

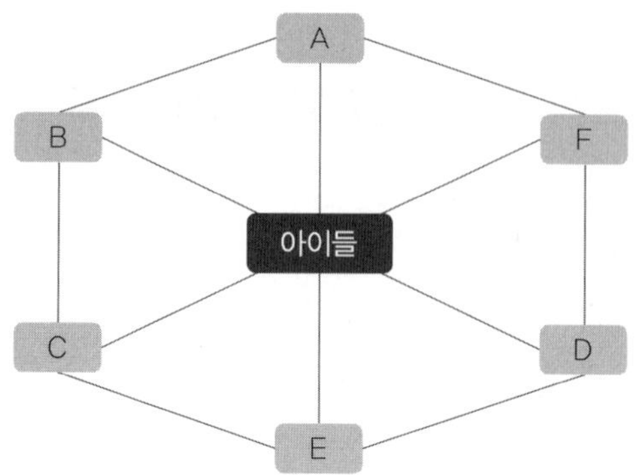

A 인간과의 연계 · 관련(개인 · 사회 · 민족 · 인종)
B 시간과의 연계 · 관련(현재 · 과거 · 미래)
C 공간과의 연계 · 관련(지역 · 국가 · 지구)
D 사물과의 연계 · 관련(물질 · 사상 · 사건)
E 정보와의 연계 · 관련(수신 · 발신 · 교신 · 통신)
F 정신과의 연계 · 관련(감성 · 상상 · 직감)
A·B·C·D·E·F 모든 연계 · 관련(환경 · 평화, 인종, 자립공생 · 공생공존의 과제)

[그림 4-1] 아이들 주변의 여러 가지 '연계 · 관련'

법을 선택하도록 하였다([그림 4-1]).

2) 홀리스틱 교수 디베이트의 시도

예를 들면 '일본의 중학생과 아프리카 아이들과의 연계를 구하며'라는 아프리카 학습단원의 실천은 지리분야의 지식, 정보를 얻음과 동시에 구식민지문제, 남북문제와 빈곤 · 기아 · 분쟁등과 역사 · 공민적인 학습 등도 관련된다. 또 아프리카와 일본 아이들의 (자신이 지금 받고 있는) 교육 · 생활 · 문화를 비교하고, 나아가서 '사하라 이남의 아프리카 아이들은 일본의 아이들보다 행복한가,

아닌가?'를 논제로 하여 토의한다. 그리고 사물의 관점 · 감지법 · 사고법의 차이를 이해하고, 근본적으로 '행복'이란 무엇인가라는 내면적인 질문까지 결합되도록 구성되어 있다. 따라서 [그림4-1]에 있어서 모든 '연계 · 관련'이 학습테마 속에 포함되는 것이다.

'행복' 논제로의 토의는 특히, 논리적 사고와 자료 · 정보에 의거한 토론 능력을 기르기 위한 수업 디베이트가 아니라, 자기이해와 타자이해 · 상호이해, 그리고 타자와의 연계를 깊게 하여, 연관을 강화하기 위해서 하는 홀리스틱한 수업 디베이트를 시도한 것이다. 이 토의의 계기가 된 것은 기아에 직면한 에티오피아 소년이 일본인 의료 봉사자에게 '나는 행복하다.'라고 말했다는 기사다. 아이들은 '아프리카 아이들이 더 행복하다(긍정).'와 '일본 중학생이 더 행복하다(부정).'로 나뉘어 토론을 하였다.

"처음에 나는 의식주나 질병, 물건이 없어서 '곤란한 나라의 아이들이 행복할 리가 없다!'라고 생각하고 있었지만, 긍정 쪽의 행복의 기준이 다르다는 의견을 듣고서, '아! 그렇군!'이라고 생각했다. 그러나 긍정으로는 될 수 없다. 부정의 의견도 납득할 수 있기 때문에 …… " 외에도 "처음에는 부정이었지만 긍정하는 사람들이 '자기 자신이 행복하다고 말할 수 있는 사람이 참으로 행복한 것이 아닐까'라는 말로서, 어느 쪽이라고 말할 수 없게 되었다."라든지 "우리들의 '지금 생활의 행복'이 무엇인지 모르기 때문에 비교할 수 없다."라는 것처럼, 자신의 행복관이 흔들려서 계속되는 질문에 최대 다수였던 부정파가 대폭 '어느 쪽이라고도 말할 수 없다.'로 이동하여 역전하였다는 것이다.

이러한 가치관의 상대성과는 다른 차원이 엄연히 존재한다. 역사상 사실문제, 남북문제가 영향을 미친다는 의견도 있다. "저곳 사람들과 우리들과는 행복의 가치관이 다르다고 생각하며, 제3자가 보아서는 슬플 것 같지만 당사자는 행복할지도 모른다. 그러나 축복받지 못했다. 과거에 그러한 환경을 만들어 버렸던 '지배자와 피지배자의 관계'가 최대 문제라고 생각한다." 그리고 "지금은 개발도상국과 선진국과의 관계다."라는 견해 등으로 일본인이 더 행복하다고 말할 수 없다고 한다.

3) 근저에서 질문하게 된 '행복'관

앞의 [그림 4-1]에 있는 것과 같이 문제를 시간적, 공간적 사실인식에 의해 파악함과 동시에, 그것을 스스로의 내면성의 문제와의 '연계'에 의해서 받아들이는 것이다. 이와 같은 홀리스틱 학습에 있어서는 그 단원의 수업만으로는 해답이 나오지 않는 새로운 질문을 안게 되어, 질문이 다른 학습기회나 또는 진로지도 등으로 이어져 탐구가 연계되고 깊어져 간다.

사람이 행복하다고 느끼는 것은, 환경에 따라 다르고 개개인의 가치관이 다르므로 비교한다는 것은 매우 어렵다. 게다가, 인간에게 필요한 것은 아프리카 아이들과 같이 살아가는 기쁨이나 마음의 풍요성과 일본과 같은 경제면에서의 풍요성이 없어서는 안 된다. 극단적인 일본과 아프리카는 각각 불행하다고 말할 수도 있다고 생각한다. 이러한 감상에서 볼 수 있는 차원은, 벌써 '토의 디베이트' 자체는 아니다. 오히려 '소크라테스적 대화', 즉 스스로의 선입견을 지적인 대화에 의한 음미를 통해서 열고, 그 무한히 열린 대답이 나오지 않은 탐구로 유도하는 것이다. 그것은 인지의 수준을 넘어서 소크라테스가 말한 '영혼에의 배려'로 깊어져 가는 것이다.

'마음의 교육'이나 '도덕교육'이 교과 학습과 다른 곳에서 독립하여 이루어지는 것이 아니라, 그것과의 '연계'에 있어서 이루어질 때, 얼마나 확대와 깊이를 가질 수 있을 것인가, 그것을 구체적으로 나타내는 실천사례라고 생각한다. 또 '삶의 기쁨'을 향해서, '마음을 정하는 기쁨'을 목표로 한 총합학습의 의의를 재확인할 수도 있다. 자신은 무엇을 '행복'하다고 생각하며 살아갈 것인가, 그러한 마음을 정한다는 것 등이다.

4) 개인과 인류공동체와의 '연계': 세계시민교육의 지향

존 밀러가 말하는 '개인과 커뮤니티와의 연계' 차원은 광범위에 미치는 것으로 학교, 지역 커뮤니티에 멈추지 않고 글로벌 커뮤니티(global community)까지를 포함한다.

근대 국민국가의 국익추구 논리에서는 대처할 수 없는 지구규모의 제반 문제가 국경을 넘어선 상호의존 관계가 깊어지는 속에서 생기게 된다. 또 일본에서도 다문화의 공생, 이질과의 공존의 과제는 더욱 중요해지고 있다. 교육을 국가 레벨에 가두어서 파악하는 것보다는 개인, 문화, 인류, 지구 등 다층적인 연계를 염두에 둘 필요가 있다. 그러한 공간적 수평적인 확대와 함께, 자기의 내면적 수직적인 깊이와 더불어 아이덴티티가 구해지도록 되어 있고, 그것은 인종교육에 있어서 임파워먼트(empowerment)의 강조 등에서 엿볼 수 있는 동향이다. 문화의 다양성과 인류적 보편성과의 양방을 모색하는 실천 예를 보면서 이러한 외적 확대와 내적 깊이를 통합해 가는 가능성을 탐색한다.

참고문헌

송민영(2006). **교육의 역사와 철학 시리즈 20/홀리스틱 교육사상**. 서울: 학지사.

成田喜一郎(1997). **中学校社会科授業/ディベートの理論と方法**. 明治図書. 116, 117.

ホリスティック教育研究會(1995). **ホリスティック教育入門**. 柏樹社. 138.

吉田敦彦(1999). ホリスティック教育論一日本の動向と思想の地平. (株)日本評論社.

GATE(1991). EDUCATION 2000/A Holistic Perspective. Atlanta. 7.

https://holistic-edu-care.jimdo.com/(日本ホリスティック教育/ケア学会)에서 2021년 5월 28일 인출.

Wilber, K. (1995). *Sex, Ecology, Spirituality: The Spirit of Evolution*. Shambhala Publications.

제5장

일본 세계시민교육의 내용분석과 전망

천호성(전주교육대학교)

1. 들어가는 말

미래시대를 만들고 살아가야 할 아이들에게 진정으로 필요한 역량이 무엇일까. 교육의 관점에서 볼 때 개인주의를 뛰어넘어 다양한 사람들과 함께 살아가는 세계시민성(global citizenship)을 갖추는 것이다. 세계시민교육은 이제 어디에서나 어느 국가에서나 중요한 교육의 목적이며 실천과제로 여겨지고 있다. 당연히 일본도 예외는 아니다.

일반적으로 세계시민교육은 시민교육의 범주를 글로벌 사회로 확대시킨 것이라고 볼 수 있다. 일본의 경우 세계시민교육은 시민교육과 국제이해교육으로 나누어서 진행되어 왔다. 시민교육은 사회과와 도덕교과에서 주로 다뤘고, 국제이해교육은 종합적인 학습시간에서 많이 다루어지고 있다. 이 장에서는 일본에서의 세계시민교육을 공교육 즉, 학교교육의 관점을 중심으로 검토하고자 한다.

사실 일본은 시민교육에 대해 특정한 교과만이 아니라 교과를 넘어 통합적이고 융합, 횡단적으로 진행되어야 한다는 점을 학습지도요령인 교육과정의 운영방침에 명확하게 제시하고 있다. 그러나 가장 핵심적인 내용은 '사회과'와 '종합적인 학습시간'에 다루어지고 있다. 일본에서도 사회과는 '민주시민의 자질함양'이라는 목표에 비추어 세계시민교육의 핵심교과로서 역할을 하고 있다.

한편 '종합적인 학습시간'은 글로벌 사회의 관점에서 21세기를 살아가는 학생들에게 '살아가는 힘(生きる力)'을 기른다는 것을 목적으로 2002년도부터 시행, 운영되고 있다. '종합적인 학습시간'의 운영사례로 제시된 주요한 내용 중의 하나가 국제이해교육이다. 따라서 일본의 세계시민교육을 이해하기 위해서는 교과를 넘어 융합교육으로서 '종합적인 학습시간'에 이루어지고 있는 국제이해교육도 함께 탐색할 필요가 있다.

2. 일본 세계시민교육의 전개와 내용

우선 시민과 세계시민이라는 용어에 대해 정리해 보자. 일반적으로 국가나 지역을 기준으로 시민이라는 용어를 사용하고 있으나 오늘날처럼 세계화 글로벌화 시대를 기준으로 세계시민이라는 용어를 사용한다. '시티즌십'이라는 측면에서 본다면 동일선상에서 다중적이고 복합적인 의미를 가지고 있다. 여기에서는 시티즌십(citizenship) 교육을 시민교육으로, 글로벌 시티즌십(global citizenship) 교육을 세계시민교육의 의미로 사용하고자 한다.

일본 문부과학성은 "글로벌 사회에서 특히 요구되는 능력"에 대해 글로벌화가 진행되는 사회에서는 다양한 사람과 관련하여 여러 가지 경험을 쌓아 가면서 "사회에서 살아가는 힘"을 몸에 익히는 과정을 중시한다. 구체적으로는 미래로 비약하기 위한 창조성이나 도전 정신, 강한 의지를 가지고 신속히 결단해 조직을 통솔하는 리더십, 국경을 넘어 사람들과 협동하기 위한 영어 등의 어학능력, 커뮤니케이션 능력, 다른 문화에 대한 이해, 일본인으로서의 정체성 등을 함양하는 것이 한층 중요하다고 지적하였다(文部科學省, 2017). 이러한 점을 근거로 하여 문부과학성에서는 초 · 중 · 고등학교를 통한 외국어 교육의 강화, 고교생의 해외 유학의 촉진, 슈퍼글로벌 하이스쿨(SGH)의 지정이나 국제 이해 교육을 추진함과 동시에 해외에서 배우는 아이나 귀국 · 외국인 학생 등에 대한 교육의 충실 또한 강조하고 있다.

특히 2017년 신학습지도요령에서 "국제사회에서 활약하는 일본인의 육성을 도모하기 위해서는 일본의 역사나 전통 문화, 국어에 관한 교육을 추진해 가는 것도 중요하다."고 지적하였다. 특히 일본의 언어, 일본지역 내의 주된 문화재나 연중행사의 이해, 일본의 향토 음악, 악기, 무도 등 일본 전통이나 문화에 대한 이해를 깊게 하는 학습의 충실을 강조하고 있다(文部科學省, 2017). 즉 세계를 배워가는 것에 앞서, 일본 자국의 전통과 문화에 대해 충실하게 학습해야 할 것을 강조하고 있다.

1) 시티즌십 교육의 전개와 동향

시티즌십에 대해서 문부과학성은 "평화롭고 민주적인 국가 · 사회의 형성자로서 필요한 공민적 자질"이라고 규정하고 있다(문부과학성, 2017). 시티즌십 교육(citizenship education)은 근년 국민국가의 유지 · 발전에 기여하는 "시민" 혹은 민주주의 사회를 담당하는 "시민"에게 요구되는 자질이나 능력을 육성하는 교육으로서 영국이나 미국 등 구미 국가뿐만 아니라 아시아 국가에서도 폭넓게 확산되고 있다. 특히 EU나 유럽평의회(Council of Europe) 등의 국제레벨의 조직에서는 시티즌십 교육에 대한 다양한 조사가 이루어지고 있으며, 국경을 초월한 Citizenship(시민성)의 육성 방향을 모색하고 있다. 최근에는 UNESCO가 2014년 ESD세계 대회에서 제창한 글로벌 시티즌십 교육(Global Citizenship Education: GCED)을 통하여 지속가능한 개발 촉진에 필요한 지식과 기술 습득을 겨냥한 포스트 2015 교육 목표로서 제언을 하고 있으며, OECD는 PISA 2018에서 세계에서 살아가기 위한 글로벌 역량의 하나로 '시티즌십'을 꼽았다.[1)]

1) UNESCO는 ESD(지속가능발전교육)를 통하여 "모든 학습자가 2030년까지, 특히 지속 가능한 개발과 지속 가능한 삶의 스타일, 인권, 여성의 평등, 평화와 비폭력 문화의 추진, 글로벌 시티즌십, 문화의 다양성과 지속 가능한 개발에의 문화 공헌의 이해를 위한 교육을 통해서 지속 가능한 개발 촉진에 필요한 지식과 기술을 몸에 익히도록 한다."라고 제시하고 있다(https://en.unesco.org/themes/education-sustainable-development).

OECD는 PISA 2018에서 '세계에서 살아가기 위한 글로벌 역량'으로서 글로벌 커뮤니케이션 능력, 문화 횡단적 상호적인 생각, 글로벌 사고와 다양성 존중의 시티즌십, 지역적 과제와 글로벌 과제와의 상호연관 됨을 제시하고 있다(http://www.oecd.org/pisa/aboutpisa/Global-competency-for-an-inclusive-world.pdf).

시티즌십 교육은 2002년 영국의 블레어 정권에서 '내셔널 커리큘럼(국민교육)'으로 탄생하였다. 이를 계기로 세계화와 고도 정보화 등의 현대적 과제를 같이하는 세계 각국의 주목을 받게 되었다. 시티즌십 교육이 세계적으로 주목받게 된 이유로 宮薗衛編는 다음 네 가지 점을 강조하고 있다(宮薗衛編, 2008: 90).

첫째, 냉전 구조 이후 세계화의 진전이다. EU의 활성화에 따른 사람들의 유동화에 의해서 자본이나 사람이 국경을 넘게 되고 자본은 싼 노동력을 찾아 개발도상국으로 흘러가고 노동력은 높은 임금을 찾아 선진국이나 도시지역으로 흘러간다. 한편, 국내에 거주하는 사람들이 반드시 그 나라의 '국민'이라고는 할 수 없는 상황이 생겨나고 있다. 특히 EU에서는 각각의 국가에 대한 귀속 의식과 함께 그것을 넘어선 EU에 대한 귀속 의식이 중층적 복합적으로 형성되고 있다.

둘째, 작은 정부로 이행에 따른 사회의 의사결정 과정에의 참여이다. 작은 정부에 있어서의 시민은 주어진 권리 주체 · 의무의 수익자 · 이행자로서 서비스를 소비할 뿐만 아니라 커뮤니티에 대한 귀속 의식을 가지고 그 운영에 능동적으로 참가하는 사회의 형성자, 행위 주체로서의 자질이나 능력이 요구되고 있다. 즉, 시민이 새로운 공공 공간의 창조에 기여해 가는 시대가 오고 있다. 또 커뮤니티 참가를 요구하는 현재의 정책은 행정에 대한 주민 참가의 대상이나 범위를 확장해 참가의 요청을 보다 광범위하게 넓히려고 하고 있으며, 행정 자체가 시민이 형성하는 커뮤니티에 대한 의존도를 높이려고 하고 있다.

셋째, 지식 기반 사회(knowledge-based society)의 도래이다. 21세기는 새로운 지식 · 정보 · 기술이 정치 · 경제 · 문화를 비롯한 사회의 모든 영역에서 활동의 기반으로서 비약적으로 중요성을 더한 시대라 불리고 있다. 그 특징으로서 지식에는 국경이 없고 세계화가 한층 더 강화되고 끊임없는 경쟁과 기술혁신이 이루어지고 있다. 지식의 진전은 종래의 패러다임의 전환을 수반하는 경우가 많아 폭넓은 지식과 유연한 사고력에 기초한 판단이 더욱 중요해져 새로운 지식이나 정보에 의거한 사회로 변모해 갈 것으로 예상된다. 이러한 사회에서는 자기책임을 다함과 동시에 국가나 지역·사회의 과제 해결에 주체적으로 참여하는 태도가 요구된다.

넷째, 젊은이들에게 나타나는 무력감이나 사회참여의 부족, 정치에 대한 무관심으로 젊은이의 정치적 무력감에 기인한 탈정치 현상이 현저하게 나타나는 투표율의 저하는 전 세계 많은 나라에서 볼 수 있는 현상이다. 특히 영국에서의 직접적인 계기는 '젊은이의 소외(youth alienation)'라고 불리는 여러 문제이다. 구체적으로는 젊은이의 정치적 무관심이나 낮은 투표율을 시작으로 학교의 무단결석, 폭력·범죄 행위의 증가 등, 여러 가지 부분에서 젊은이의 정치나 사회에 대한 소외감이 심각한 문제로 나타나고 있어 민주주의의 위기라고 말할 수 있다.

이와 같이 宮薗衛編는 세계 각국의 정치제도나 사회시스템이 달라도 현재 당면하고 있는 과제는 공통성을 가지고 있으며, 그 나라들의 제도나 습관·문화에 부합하는 '시티즌십'이 요구되고 있음을 지적하였다(坂井淸隆, 2018: 15 재인용).

한편 일본에서는 세계시민교육이라는 용어 대신 지구시민교육이라는 용어가 일반적으로 사용되기도 한다. 지구시민교육은 더 평화적이고 포괄적인 안전과 지속 가능한 세계의 실현을 위해 이론 학습과 체험 및 경험 모두를 통해 다음과 같은 능력을 기르는 것

표 5-1 **지구시민교육의 목표**

• 문화, 성별, 신앙 등의 차이를 존중하도록 하는 것 • 친밀한 것뿐만 아니라 세계의 움직임에 관심을 갖게 하는 것 • 글로벌 커뮤니티의 일원이라는 의식을 갖게 하는 것 • 지속 가능한 세계의 구축에 기여하는 것 • 자신의 충실한 활동이 사회에 어떤 영향을 미치고 있는지를 의식하도록 하는 것

출처: AFS日本協會(https://www.afs.or.jp/education/gced-agenda).

을 목표로 하고 있다.

2) 세계시민에 대한 정의와 시민교육의 내용

유네스코의 '세계시민교육(Education for Global Citizenship)'에 의하면 세계시민은 ① 보다 넓은 세계를 인식하고 세계시민으로서의 자신의 역할에 대한 감각을 가질 것, ② 다양성을 존중하고 그 가치를 실현할 것, ③ 보다 좋은 세계를 유지 · 발전시키려는 행동을 전개해 갈 것, ④ 자신의 행위에 대해 책임감을 가질 것 등의 요소를 갖춘 사람이라고 정의하고 있다(UNESCO, 2012).

세계시민교육은 오늘날 세계화와 다문화사회의 도래와 더불어 공동체로서 세계시민성에 강조점을 둔 형태로 등장하게 된 교육이다. 谷村綾子는 세계시민교육에 대해 "다양성의 수용과 타자의 인권에 대한 존중, 평화적인 수단으로서 공유하는 문제를 해결하기 위하여 타자와 협력하는 마음을 발달시켜 가는 것"이라고 정의하고 있다(谷村綾子, 2017: 48). 일반적으로 평화교육, 인권교육, 민주시민교육, 다문화교육, 문화다양성교육, 국제이해교육, 지속가능한 교육 등이 모두 세계시민교육과 연결되어 있다고 볼 수 있다.

따라서 일본에서 세계시민교육의 내용과 범위를 설정할 경우, 시민교육의 기본 내용을 포함하여, 지구시민교육, 국제이해교육, 다문화교육, 평화교육, 인권교육, 세계시민교육 등의 이름으로 전개되고 있는 내용을 그 범위로 정할 수 있다.

세계시민교육은 수용성과 다양성, 분쟁해결, 평화교육, 인권과 인권법, 시민으로서의 책임 등의 주제를 망라하는 것으로 이것들이 지역(Local), 국가(Nation), 국제(International)라는 각각의 범위 내에서 전개된다. 교과와 관련해서 말하면 가치교육이나 인권교육, 평화교육과 함께, 윤리, 역사와 지리, 공민과의 관련성이 매우 중시되면서 이루어지는 특징이 있다.

일본에서 세계시민교육은 지금부터의 시대를 살아갈 아이들이 반드시 갖추어야 할 자질과 능력으로서 세계시민성을 제창하고, 사회적인 포용을 지향하는 국제이해교육이었으며 이문화 공생교육이기도 하였다. 세계시민교육을 실시할 때의 커리큘럼은 홀리스틱 혹은 나선형 교육과정이 중시되면서 이루어졌다. 요컨대, 크로스 커리큘럼 예를 들어 교과 횡단적 수업, 종합 수업, 합과 수업 등을 지향해 왔다.

谷村綾子(2017)는 일본에서 시민성교육과 세계시민교육을 학교 커리큘럼에 도입하는 데 있어서 몇 개의 공통점에 주목해야 한다고 주장하였다. 첫째는 지식 중심형 학습으로부터 탈피해야 한다는 점이다. 즉, 실천적인 배움과 체험적인 배움으로부터 일상생활에서의 실천까지를 염두에 두어야 한다는 것이다. 소위 액티브 러닝(Active Learning)의 관점이 여기에 들어 있다고 보아야 한다. 둘째, 크로스 커리큘럼의 형태와 나선형 방식의 편성이다. 특히 크로스 커리큘럼에서는 역사와 지리교과와의 관련이 많이 지적된다. 세계시민교육은 단 하나의 교과로서 분절된 학습이 아니라 포섭적인 카테고리로서 몇 개의 주제를 교과 횡단적으로 학습하는 형태를 생각할 수 있다. 셋째, 오늘날 세계에서 벌어지고 있는 문제나 과제에 대해 주체적인 참가를 목표로 하는 일종의 교육목표의 공통성이라는 점이다. 한편, 문제해결에 연결될 수 있는 사고력을 함양하는 것은 시민성 교육에 있어서 특히 중시되어야 하는 점이라고 제안하고 있다(谷村綾子, 2017: 51). 실제 세계시민성 교육이라 함은 가치지향적인 영역으로 학생들에게 참여와 실천을 통해 배양할 수 있는 고등능력 중의 하나이다. 따라서 지식중심에서 탈피하여 생활영역에서 실천하는 액티브 러닝을 주장하며 문제해결력과 사고력을 강조한 谷村綾子의 지적은 매우 큰 의미가 있다.

3) 사회과의 목표에 제시된 세계시민교육

초등학교 각 학년의 목표 및 내용에 나타난 세계시민교육의 관련성을 구체적으로 보면 3학년의 경우 국제화에 대해서 배우고, 4학년은 국제교류라는 형태로 학습이 이루어진다. 5학년에서는 세계에 있어서 우리나라의 국토, 외국과의 관련성이라는 단원을 통해 세계시민교육활동이 전개된다. 6학년은 "우리가 국가의 장래를 담당하는 국민으로서의 자각과 함께, 평화를 바라는 일본인으로서의 세계 많은 나라의 사람들과 더불어 살아가는 것의 중요성에 대해서 자각하는 힘을 기른다."라는 학년 목표를 분명하게 제시하고 있다.

표 5-2 일본 초등학교 사회과 교육의 목표(학습지도요령, 2017년)

사회적인 시각 · 생각을 활용하여 과제를 추구하거나 해결하는 활동을 통해, 글로벌화하는 국제사회에 주체적으로 살아가는 평화롭고 민주적인 국가 및 사회의 형성자에게 필요한 공민(시민)으로서의 자질 · 능력의 기초를 다음과 같이 육성하는 것을 목표로 한다. (1) 지역이나 우리나라 국토의 지리적 환경, 현대 사회의 구조나 활동, 지역이나 우리나라의 역사와 전통과 문화를 통해 사회생활에 대해 이해하는 동시에, 다양한 자료나 조사 활동을 통해서 정보를 적절하게 알아보고 정리하는 기능을 몸에 익히도록 한다. (2) 사회적 사실과 현상의 특색과 상호 관련, 뜻을 다각적으로 생각하거나, 사회에 나타나는 과제를 파악하고, 그 해결을 위해 사회의 연관 방식을 선택 · 판단하는 힘, 생각한 것이나 선택 · 판단한 것을 적절하게 표현하는 힘을 기른다. (3) 사회적 사실과 현상에 대해서, 보다 좋은 사회를 생각하고 주체적으로 문제 해결하려는 태도를 기르며, 다각적인 사고와 이해를 통하여 지역사회에 대한 자부심과 애정, 지역 사회의 일원으로서의 자각, 우리나라의 국토와 역사에 대한 애정, 우리나라의 장래를 담당하는 국민으로서의 자각, 세계 여러 나라 국민과 더불어 사는 것의 중요성에 대한 자각 등을 기른다. (밑줄은 필자)

4) 종합적인 학습시간과 국제이해교육

일본에서의 세계시민교육은 1990년대를 기점으로 본격적으로 전개되었다. 시민성교육의 요소는 일본의 학습지도요령에서 중시되는 내용과 중복되는 내용이 많다. 특히 '종합적인 학습시간'에서 교과 횡단적 체험적인 문제해결학습이라는 목적과 합치되는 부분이 많다(谷村綾子, 2017).

학습지도요령에서 제시하고 있는 것처럼 '종합적인 학습시간'은 국제화, 세계화나 정보화를 비롯한 사회의 변화를 근거로 하여 학생들이 스스로 배우고 스스로 생각하는 힘 등 전인적인 삶의 힘을 기르는 것을 목표로 한다. 방법론에서는 교과 등의 영역과 범위를 초월하여 횡단적 · 종합적 학습을 실시하기 위해서 만들어졌고, 유토리(여유) 교육과 밀접한 관련성을 가지고 있다. 종합적인 학습시간의 구체적인 특징으로서 체험 학습이나 문제 해결 학습을 중시하고, 학교 · 가정 · 지역의 연대를 강조하고 있다. 교육내용으로서는, 국제 이해, 정보, 환경, 복지 · 건강 등이 학습 지도 요령에 구체적인 예시로서 제시되어 있다. 종합적인 학습시간에서 주로 다뤄지고 있는 주제 중에서 국제이해교육은 세계시민교육과 밀접한 관련을 맺고 있다고 볼 수 있다(フリー百科事典『ウィキペディア(Wikipedia)』). 그러나 종합적인 학습시간은 교과서도 없고 교육과정상의 시간확보만 되어 있을 뿐, 그 운영 면에 있어서는 단위학교에 전적으로 맡겨져 있기 때문에 국제이해교육이 세계시민성 교육에 어떻게 연결될 수 있는지에 관해서는 심도 있는 분석이 필요하다. 실제 종합적인 학습시간에 관한 선행연구에 의하면 운영상황에 따라 학교 간의 편차가 매우 심한 것이 문제점으로 지적되고 있다.

지금까지의 논의를 바탕으로 일본의 공교육, 즉 학교교육의 영역과 시민교육의 자리매김을 구조화하면 [그림 5-1]과 같다.

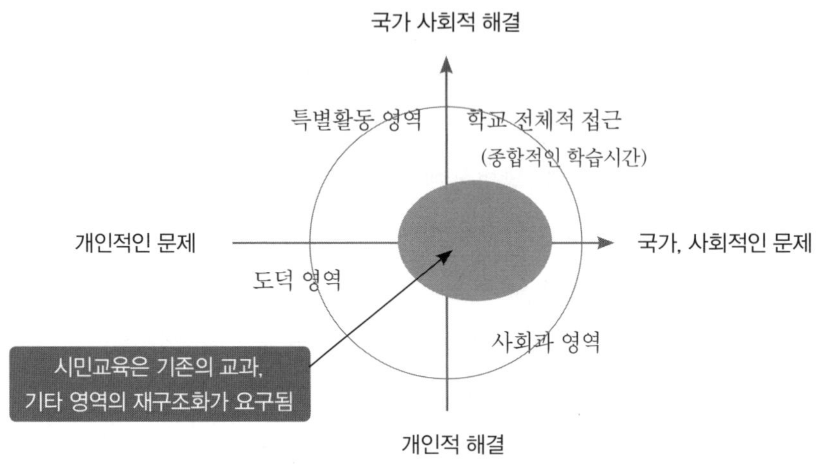

[그림 5-1] 일본 학교교육의 영역과 시민교육의 구조

3. 맺음말

국제연합 교육과학문화기구인 유네스코는 교육, 과학, 문화 등의 제 활동을 통해서 국제사회의 안전과 평화를 실현하는 것을 목적으로 노력해 왔다. 특히 평화, 개발, 인권이라는 세 가지 기둥을 축으로 '국제이해교육(Education for International Understanding: EIU)'을 제창하였고, 그 후 '지속가능발전교육(Education for Sustainable Development: ESD)'을 강조하였으며, 최근에는 새로운 가치교육으로서 '세계시민교육(Global Citizenship Education: GCED)'을 주창하였다.

교육의 가장 본질적인 목표와 내용 중의 하나가 시민교육이다. 세계가 초연결의 시대로 변화되고 있는 오늘날 세계시민교육의 중요성은 더욱더 강조되고 있다. 최근 일본 사회도 과도한 세계화와 초고도 정보화, AI 등 인공지능의 급속한 진전에 따라 다양하고 중대한 변화에 직면하고 있다. 이러한 변화는 가족이나 아이를 둘러싼 생활환경이나 사회적 환경을 크게 바꾸어 자기의 눈앞에 있는 현상에 단순히 대응하는 수동적인 상황을 종종 만들어 내고 있다. 다종다양한 정보가 인터넷 등의 가상공간에서 연결된 스마트폰이나 태블릿 등 여러 가지 방법에 의해서 밤낮으로 제공되어 그 결과 자신의 흥미가 있는 정보로 달려가는, 즉 자신에게 편리한 소재만을 도입하거나 자신의 편안한 커뮤니티 공간에만 파고드는 경향을 볼 수 있다. 게다가 지역 사회에서의 인간관계의 약화는 그곳에서 일어나는 사건에 무관심해지는 이른바 "지역은 있는데 커뮤니티는 없는" 현상으로 표출하고 있다. 이렇게 아이들의 환경을 둘러싸고 벌어지는 다양한 현상을 토대로 시민교육의 관점에서 보면 많은 과제가 노출된다.

위에서 기술한 것처럼 일본의 세계시민교육은 사회과를 중심으로 국제화, 국제교류, 국제이해, 평화교육 등을 통해 세계시민성이 강조되고 있으며, 종합적인 학습시간을 활용한 국제이해교육을 통해 세계시민교육을 횡단적·종합적으로 시행하고 있음을 알 수 있다. 오고은의 '한국과 일본의 세계시민교육 비교분석'이라는 교과서의 분석 연구에 의하면 일본의 경우 인지적 영역보다 사회 정서적인 영역에 많은 비중이 있음을 지적하였다(오고은, 2018: 1). 세계시민성의 실천적 측면에 사회·정서적 영역이 중요한 영향을 미친다는 것을 고려할 때 이는 매우 의미 있는 것으로 해석할 수 있다. 그럼에도 불구하고 여기에서 중요한 것은 세계시민교육이 실제 학교교육현장에서 어떻게 이루어지고 있는지 보다 상세한 분석과 연구가 필요하다. 단지 교과서나 교육과정에서 제시하거나 강조하는 것만이 아니라 실제교육으로서 어떻게 구현되고 있으며, 이것이 어떤 효과를 나타내고 있는지 보다 깊이 있는 분석이 필요하다.

미래사회는 국가 간의 갈등과 경쟁의 심화에도 불구하고 여전히 세계는 4차 산업혁명과 함께 초연결사회가 더욱 강화될 것이라는 점은 분명하다. 특히 자유무역뿐만 아니라 지구규모의 환경 · 빈곤 · 격차 · 인권 · 평화 · 개발 · 에너지 등 여러 가지 과제(글로벌 · 리스크)의 해결과 관련하여 국가 간의 이해와 상호협력 없이는 해결이 불가능한 문제들은 여전히 우리에게 커다란 숙제이다. 이제 지구촌에서 살아가는 한 사람 한 사람에게 지역시민, 국가시민을 넘어 세계시민으로서의 새로운 역할이 요구되는 것도 바로 이 때문이다. 특히 오늘날 코로나19의 세계적 유행으로 국제적인 연대와 협력이 무엇보다도 강조되고 실천되어야 할 상황을 고려해 보면 세계시민교육은 미래교육의 핵심이자 우리의 삶과 가장 가까운 생활밀착형 교육이 되어야 할 것이다.

일본의 세계시민교육 분석을 통해 알 수 있는 것은 일본이 세계시민교육이라는 이름으로 국제경쟁력과 애국심을 동시에 겸비한 국민육성을 목표로 하고 있다는 점이다. 국제적인 연대와 협력을 통해 상생해 가야 할 오늘날의 시대에 비추어 보면 일본은 세계시민교육을 통해 미래세대에게 글로벌사회의 과제해결에 더 주체적이고 적극적으로 참여하는 역량을 키우는 한편, 국제사회의 합의를 공유하는 세계시민육성이 필요하다.

참고문헌

오고은(2018). 한국과 일본의 세계시민교육 비교 분석: 중학교 사회 교과서 내용을 중심으로. 서울대학교 대학원 석사학위논문.

文部科學省(2017). 平成29・30年改訂 学習指導要領, 解説等.

谷村綾子(2017). 世界市民教育と総合的な学習時間のカリキュラム接合に関する検討. 千里金蘭大學紀要, 14, 47-53.

小林亮(2017). ユネスコの地球市民教育に関する心理学的分析. 玉川大學教育學部紀要, 2016, 1-18.

宮薗衛編(2008). 日本におけるシティズンシップ教育−社会科でいかにシティズンシップ教育を進められるか−. アジアのシティズンシップ教育, 90. 日本社会科教育学会. 明治図書.

坂井清隆(2018). 小学校社会科のシティズンシップ教育実践の研究. 西南学院大学大学院 人間科学研究科人間科学専攻 博士學位論文.

UNESCO(2012). Education for Global Citizenship.

http://www.mext.go.jp/

https://ja.wikipedia.org/wiki/%E7%B7%8F%E5%90%88%E7%9A%84%E3%81%AA%E5%AD%A6%E7%BF%92%E3%81%AE%E6%99%82%E9%96%93 에서 2020년 9월 30일 인출.

https://www.afs.or.jp/education/gced-agenda/에서 2020년 9월 30일 인출.

https://en.unesco.org/themes/education-sustainable-development

http://www.oecd.org/pisa/aboutpisa/Global-competency-for-an-inclusive-world.pdf

제6장

일본의 SDGs 이행을 위한 세계시민교육[1)]

이정희(광주교육대학교)

1. 일본의 세계시민교육과 SDGs

1) 세계시민교육과 SDGs

일본의 세계시민교육은 지속가능발전교육(ESD)이 환경교육을 필두로 국제이해교육, 개발교육, 평화교육 등을 포섭해 가는 형태로 발전해 오고 있다. 유엔(UN)은 2015년 9월 총회에서 지속가능발전을 위해 2000년에서 2015년까지 시행하였던 새천년개발목표(Millennium Development Goals: MDGs)를 대체할 새로운 목표로 지

1) 이 장은 '이정희(2020). 일본의 SDGs를 연계한 세계시민교육-국공립 IB 인정 소학교의 실천 사례를 통하여-. **한국일본교육학연구**, 25(2), 57-74'의 논문을 수정 · 보완한 것이다.

[그림 6-1] SDGs 17가지 목표(SDSN, 2019: 1)

속가능개발목표(Sustainable Development Goals: SDGs)를 채택하였다. SDGs는 인류가 2030년까지 공동으로 추진하고 달성해야 할 주목표로 [그림 6-1]과 같이 17개[2)]로 제시되고 있다.

이것은 지구 전체의 환경과 경제, 사회의 세 측면을 종합적으로 조화시켜 '단 한 사람도 소외시키지 않는다(Leave No One Behind)'는 포용성의 원칙 아래 빈곤·격차를 근절하는 등 지속가능한 세계를 실현하기 위한 종합적인 활동으로 개발도상국뿐만 아니라 선진국도 함께 대응해야 할 국제 사회의 보편적인 목표이다.

2) ① 빈곤 퇴치, ② 기아의 종식, ③ 건강과 웰빙, ④ 양질의 교육, ⑤ 양성 평등, ⑥ 깨끗한 물과 위생, ⑦ 모두를 위한 깨끗한 에너지, ⑧ 양질의 일자리와 경제 성장, ⑨ 산업, 혁신, 사회기반시설, ⑩ 불평등 해소, ⑪ 지속가능한 도시와 공동체, ⑫ 책임 있는 생산과 소비, ⑬ 기후변화 대응, ⑭ 해양 생태계 보존, ⑮ 육상 생태계 보존, ⑯ 정의, 평화, 효과적인 제도, ⑰ 목표를 위한 협력 강화

2) SDGs 이행을 위한 일본 정부의 노력: SDGs 액션플랜 2020

유엔에서 2015년에 '2030 어젠다'가 채택됨에 따라 일본 정부는 국내의 기반을 정비하기 위해 노력해 왔다. 2016년 5월에 추진본부(본부장: 총리, 부본부장: 관방 장관 · 외무 대신, 구성원: 전 각료)를 설치하고, 2016년 12월에 실시 지침을 책정, 2017년 12월 이후에는 SDGs 달성을 위한 정부의 주요 활동을 정리한 'SDGs 액션플랜'을 정기적으로 설정해 왔다(外務省, 2019: 2). 2019년 6월에 개최된 SDGs 추진 본부 제7회 회의에서는 '확대판 SDGs 액션플랜 2019'를 결정하였고 2020년에는 [그림 6-2]와 같이 SDGs 액션플랜 2020의 포인트를 제시하고 지원을 강화해 나가고 있다. 'SDGs 액션플랜 2020'을 살펴보면 다음과 같다.

- 일본은 풍부하고 활력 있는 '단 한 사람도 소외되지 않는(Leave No One Behind)' 사회를 실현하기 위해 개개인의 보호와 역량 강화에 초점을 둔 '인간의 안전 보장' 이념에 따라 세계의 '나라 만들기'와 '사람 만들기'에 공헌. SDGs를 강력하게 이행하고 있는 일본의 모습을 국제 사회에 드러낸다.
- 'SDGs 액션플랜 2020'에서는 개정된 SDGs 실시 지침에 따라 향후 10년을 2030년 목표 달성을 위한 '행동의 10년'으로 하기 위해 2020년에 실시하는 정부의 구체적인 노력을 담았다.
- 국내 실시 · 국제 협력 양 측면에서 다음의 세 가지 기둥을 중핵으로 하는 '일본의 SDGs 모델'의 전개를 가속화해 나간다(SDGs推進本部, 2019: 1).

지금까지 제시되어 온 일본의 액션플랜을 살펴보면 '인간의 안전 보장' 이념을 기반으로 하고 있다. 인간의 안전 보장이란 국가 안전 보장과는 다르며 공포(전쟁, 난민)와 결핍(사회, 의료)으로부터의 자유를 갈구하는 인간 개개인의 생존과 존엄에 초점을 둔 안전 보장의 개념이다. 일본은 1998년 당시 총리의 정책 연설 가운데 언급된 것을 계기로 이후 국제연합에서 기금이나 위원회를 창설하여 인간의 안전 보장에 선도적으로 임하고 있다. 이러한 생각은 인간 중심의 사회 개발을 목적으로 하여 책정된 MDGs, 그리고 그 이념을 계승하는 SDGs에도 반영되어 있다(慶應義塾大學 SFC研究所×SDG・ラボ 編, 2019: 53). 이와 같은 일본의 '인간의 안전 보장' 이념은 SDGs의 기본 이념인 '단 한 사람도 소외되지 않기'와 연계되어 있기 때문에 일본이 SDGs를 이행하는 데 큰 원동력이 되고 있는 것이다.

'SDGs 액션플랜 2020'에서는 [그림 6-2]에 나타난 바와 같이 '(I) SDGs와 연동하는 Society5.0의 추진' '(II) SDGs를 원동력으로 한 지역 조성' '(III) SDGs를 짊어질 차세대・여성의 임파워먼트'를 세 기둥으로 하는 일본의 SDGs 모델을 마련하여 국가를 주축으로 하는 SDGs 실현을 위해 노력하고 있다.

이와 같이 일본 정부는 전국에서 다양한 SDGs 실현을 위한 활동이 추진될 수 있도록 위에서 검토한 'SDGs 액션플랜 2020'을 기반으로 이해 관계자와 연계한 플랫폼을 만들고 SDGs를 적극적으로 구현하는 도시를 선정하는 등 다양한 노력을 기울이고 있다.

Ⅰ. 비즈니스와 이노베이션 ~SDGs와 연동하는 Society5.0의 추진~

비즈니스
- ▶기업 경영에 SDGs의 실천 및 ESD 투자를 후원
- ▶'Connected Industries'의 추진
- ▶중소기업의 SDGs 활동 강화를 위한 관계 단체 · 지역, 금융 기관과의 연계를 강화

과학 기술 혁신(STI)
- ▶STI for SDGs 로드맵 수립과 각국의 로드맵 수립 지원
- ▶STI for SDGs 플랫폼의 구축
- ▶연구 개발 성과의 사회 구현 촉진
- ▶바이오 전략의 추진에 의한 지속가능한 순환형 사회의 실현(바이오 이코노미)
- ▶스마트 농림 수산업의 추진
- ▶'Society5.0'을 지원하는 ICT 분야의 연구 개발, AI, 빅 데이터의 활용

Ⅱ. SDGs를 원동력으로 한 지역 조성, 강인하면서 친환경적이고 매력적인 마을 만들기

지역 조성의 추진
- ▶SDGs 미래 도시, 지역 조성 SDGs 민관 협력 플랫폼을 통한 민간 참여 촉진, 지방 조성 SDGs 국제 포럼을 통한 보급 전개
- ▶'지방 조성 SDGs 금융'을 통한 '자율적 호순환' 형성을 위해 SDGs에 노력하는 지역 사업자의 등록 · 인증 제도 등을 추진

강인한 마을 만들기
- ▶방재 · 감재, 국토 강인화 추진, 에너지 인프라 강화 및 그린 인프라의 추진
- ▶고품질의 인프라 추진

순환 공생형 사회의 구축
- ▶도쿄 올림픽 · 패럴림픽을 향한 지속가능성의 배려
- ▶'오사카 블루 오션 비전'실현을 위한 해양 플라스틱 쓰레기 대책 추진
- ▶지역 순환 공생권 만들기의 추진
- ▶'파리 협정 장기 성장 전략'에 근거하는 시책의 실시

Ⅲ. SDGs를 짊어질 차세대 · 여성의 임파워먼트

차세대 · 여성의 임파워먼트
- ▶일하는 방식 개혁의 착실한 실시
- ▶모든 분야에서 여성의 활약 추진
- ▶다이버 시티 · 베어리 프리의 추진
- ▶'차세대 SDGs 추진 플랫폼'의 안팎에서의 활동을 지원

'사람 만들기'의 중핵으로서의 보건, 교육
- ▶도쿄 올림픽 · 패럴림픽을 통한 스포츠 SDGs 추진
- ▶신학습지도요령에 입각한 지속가능한 개발을 위한 교육(ESD) 추진
- ▶Universal Health Coverage(UHC) 추진
- ▶도쿄 영양 정상회담 2020의 개최, 식생활 교육(食育) 추진

[그림 6-2] SDGs 액션플랜 2020의 포인트

출처: SDGs推進本部(2019: 1).

3) 일본의 SDGs 이행 성과 및 과제

국제기관으로부터 독립한 '지속가능한 개발 해결 네트워크(SDSN)'의 전문가들이 400페이지 이상의 '지속가능한 개발 보고서 2019'를 발간하였다.

〈표 6-1〉에 나타난 바와 같이 2019년에 달성도가 가장 높은 나라는 덴마크(85.2), 2위는 스웨덴(85), 3위는 핀란드(82.8), 4위는 프랑스(81.5)로 지속가능한 사회를 정책의 축으로 하고 있는 북유럽 여러 국가가 상위를 유지하고 있다. 일본 역시 15위(78.9)로 상위권에 있다고 할 수 있다. 그러나 아시아 최대 공적개발원조 공여국인 일본의 국제 정치 및 경제적 위상을 고려해 볼 때 만족할 만한 수준이라고 판단하기 어렵다.

표 6-1 2019 SDG 달성도 상위 20개국

순위	국가	점수	순위	국가	점수
1	Denmark	85.2	11	New Zealand	79.5
2	Sweden	85.0	12	Slovenia	79.4
3	Finland	82.8	13	United Kingdom	79.4
4	France	81.5	14	Iceland	79.2
5	Austria	81.1	15	Japan	78.9
6	Germany	81.1	16	Belgium	78.9
7	Czech Republic	80.7	17	Switzerland	78.8
8	Norway	80.7	18	Korea, Rep.	78.3
9	Netherlands	80.4	19	Ireland	78.2
10	Estonia	80.2	20	Canada	77.9

출처: SDSN (2019: 20)을 바탕으로 재구성함.

한편 일본의 2019 SDG 점수와 경향(Trend Dashboard)을 살펴보면 다음과 같다. 목표 '④ 양질의 교육'과 '⑨ 산업, 혁신, 사회기반시설'에 대해서는 높은 평가를 받고 있다. 그렇지만 '⑤ 양성 평등, ⑫ 책임 있는 생산과 소비, ⑬ 기후변화 대응, ⑰ 목표를 위한 협력 강화' 항목에서는 낮은 평가를 받고 있다. 그리고 '④ 양질의 교육, ⑥ 깨끗한 물과 위생, ⑧ 양질의 일자리와 경제 성장, ⑨ 산업, 혁신, 사회기반시설'의 4개 목표는 '달성에 가까움'이다. 그러나 '⑩ 불평등 해소'는 '감소'로 평가되고, '⑤ 양성 평등, ⑬ 기후변화 대응'에 대한 행동에서는 '정체'로 평가되고 있다.

이와 같은 결과를 통해 일본은 '⑤ 양성 평등'과 '⑬ 기후변화 대응' 목표 달성을 위한 노력이 과제로 남아 있음을 알 수 있다. 특히 '⑬ 기후변화 대응'은 〈표 6-1〉에서 달성도가 높은 국가 모두가 달성과 거리가 있는 것으로 나타나고 있기 때문에 전 지구적인 노력이 필요한 분야이다.

2. 교과서에 반영된 SDGs

2017년판 학습지도요령이 개정되는 데 앞서 중앙교육심의회 답신에는 '유치원, 소학교, 중학교, 고등학교 및 특별지원학교의 학습지도요령 등 개선 및 필요한 방책 등에 대하여'에서 "지속가능발전교육(ESD)은 차기 학습지도요령 개정의 기반이 되는 이념이다(中央教育審議會, 2016. 12. 21.: 240)."라고 밝히면서 ESD를 강조하였다. 이와 같은 영향으로 2020년부터 학교 현장에서 적용되는 사회과 교과서에는 SDGs 관련 내용이 적극 반영되어 나타나고 있다.

▲ 일본문교출판 6학년 사회과 교과서(池野範男他, 2020)

▲ 동경서적 6학년 사회과 정치 · 국제편 교과서(北俊夫他, 2020)

교과서에는 SDGs에 대한 지식뿐만 아니라 SDGs 달성을 위해 학생들의 일상생활 속에서의 실천, 행동과 연계될 수 있도록 구성하고 있다. 이와 같은 교과서 개정은 향후 학교에서의 SDGs 관련 교육과 이행을 더욱 촉진할 것으로 전망된다.

3. SDGs 이행을 위한 수업실천

1) 오이즈미소학교의 '탐구과'

SDGs를 이행하기 위해서는 무엇보다 학교교육의 역할이 중요하다. 여기서는 일본 국공립학교 최초의 IB(International Baccalaureate) 인정교인 동경학예대학 부속 오이즈미소학교(東京學芸大學附屬大泉小學校)의 커리큘럼과 그 실천 사례를 통해 세계시민성 함양을 위해 SDGs가 어떻게 연계되어 나타나고 있는지 살펴보기로 한다.

오이즈미소학교는 1966년에 유네스코스쿨에 인정된 이후 국제교육을 위한 교육과 연구 활동을 지속해 왔는데, 2017년부터는 문부과학성 연구개발학교 지정을 받아 '탐구과'를 신설하였다. '탐구과'는 글로벌 인재를 양성하기 위해 '사회과, 과학과, 생활과, 종합적인 학습시간'을 융합한 것으로 구체적으로는 〈표 6-2〉에 제시된 자질 · 능력을 함양함으로써 세계시민을 양성하는 커리큘럼을 구상하고 있다.

표 6-2 **탐구과를 통해 육성하는 자질·능력**

① 의미를 형성해 나가는 힘	가. 지금 있는 지식으로는 명확하지 않은 '탐구의 테마'의 의미를 생각하기 위해 자기 나름의 물음을 설정하는 힘 나. 물음을 밝히기 위해 시점 · 사고방식을 활용하여 정보 수집이나 정리 · 분석을 하고, 지식 · 기능을 익히는 힘 다. 만든 '탐구 테마'의 의미를 언어화하여 표현하는 힘	
② 스스로 학습을 해 나가는 힘	가. 자신의 학습이 단원에서 소중히 해야 할 시점 · 사고방식을 활용하여 진행하는 것을 의식하고, 학습 정도를 반성하거나 전망할 수 있는 힘 나. 자신의 학습이 협동이나 실천을 통해 이루어지고 있는지를 의식하고, 학습과정을 성찰하거나 전망을 가지는 힘	
③ 협동과 실천을 위한 태도	가. 친구들과 이야기 나누는 등 사람과의 관련이라는 협동을 중요하게 여기면서, 자기 나름의 의미를 형성하고자 하는 태도 나. '탐구 테마'에 대하여 자기가 할 수 있는 것을 발견하여 행동하고 실천하고자 하는 태도	
④ 6개의 가치관을 존중하는 태도	A: 자기다움의 존중	• 자신이 무엇인지를 생각하고, 자기답게 발상하고 행동하는 것을 소중하게 생각하는 가치관. 동료의 존재를 알고 자기 마음대로 하는 것이 아니라 자신의 행동에 책임을 지는 것을 중요하게 생각하는 '자기다움의 존중과 자기다움을 표현하는 것에 대한 책임'의 가치관.
	B: 사람의 다양성과 배경	• 사람의 다양성은 그 사람이 살아가는 자연환경과 대대로 축적해 온 역사의 영향을 받아 만들어져 간다는 것을 알고, 자신과 상대방을 알아가는 것이 중요하다고 생각하는 '사람의 다양성과 그 배경에 대한 이해'의 가치관.

④ 6개의 가치관을 존중하는 태도	C: 의사의 표현과 전달	• 상대방의 생각을 헤아리고, 상대방이 납득하는 형태로 자신의 의사를 표현하는 것이 중요하다고 생각하는 '의사 표현과 전달'의 가치관.
	D: 자연계의 구조와 활용	• 자연의 원리, 법칙을 밝히고 그것을 풍요로운 사회 만들기를 위해 활용하는 것을 중요하게 생각하는 '자연의 구조와 사회에 활용'의 가치관.
	E: 다양성이 살아 있는 사회	• 다양한 개인이 모여 만들어지는, 혼자서는 만들 수 없는 것을 살려 많은 사람에게 더 좋은 사회를 만드는 것이 중요한 '다양성이 살아있는 사회 만들기'의 가치관.
	F: 지구와의 공생	• 지구 환경에서 인간 이외의 생물과 함께 공생하면서 많은 생물이나 지구 전체가 풍부한 삶을 살아가는 것이 중요하다고 생각하는 '지구 공생'의 가치관.

출처: 東京学芸大学附属大泉小学校(2020: 5).

위의 〈표 6-2〉의 ①은 물음을 가지고 검증하는 학생, 답을 찾아내는 학생, 표현하는 학생과 관련된 것이다. ②는 자기 주도적 학습을 하는 학생과 관련된다. ①과 ②에 나타난 '시점 · 사고방식'을 활용하는 것과 표현하는 힘, 성찰, 반성과 같은 내용은 일본의 2017년판 학습지도요령에서도 강조되고 있는 것이다.[3] ③은 다양한 생각을 중요하게 여기는 학생, 실제로 행동하는 학생과 관련된다. ④는 국제사회에서 요구되는 가치관을 존중하는 학생과 관련된 것이다.

3) 이에 대한 구체적인 내용은 이정희(2019)를 참고하기 바란다.

표 6-3 **탐구과 F영역 단원 구성 예**

학년	탐구 테마(시수)	소재	함양하는 가치관
1	계절이 바뀌면 우리도 바뀐다(12)	나팔꽃 재배, 계절 변화, 다가오는 가을, 주변의 자연의 신비로움과 이용	주변의 자연을 접하여 계절과 함께 살아가는 생물과 자연을 알아가면서 주변의 자연을 이용하여 자신의 생활을 즐겁게 하는 것을 소중하게 여기는 가치관
2	우리는 생명과 수고를 먹고 있다(26)	콩 재배, 콩을 재배하는 사람들, 콩 가공, 콩을 가공하는 사람들	자신들이 먹고 있는 것이 생명 있는 것이라는 것, 반드시 사람의 수고가 들어간다는 점을 알고 소중하게 먹는 것이 중요하다는 가치관
3	지역의 미래는 우리들의 선택과 관련된다(30)	전기, 자석, 옛날과 오늘날의 도구, 네리마(練馬)의 생물 등	사람 생활의 풍족함만을 바라지 않고 모든 생물이 풍요롭게 살아가기 위해서는 동식물이 살기 좋은 환경을 고려한 지역 발전이 중요하다는 가치관
4	물에 흘려보내기×마음=○(45)	하수도의 구조와 물 재생 센터의 역할, 물 순환, 물과 인간이나 생물과의 관련, 물에 대한 사회적 문제	지구 환경을 소중하게 생각하면서 물을 활용하고 인간과 생물, 지구 전체가 풍요로운 삶을 영위해 나가는 것이 중요하다고 여기는 지구 공생의 가치관
5	우리는 물과 대지와 하늘과 함께 살아왔다(38)	환경, 토지 · 지형의 변환, 재해, 날씨 등	주위의 한정된 자원을 지키고 인간 이외의 생물과 함께 공생하면서 그 자원을 많은 사람과 함께 나누면서 풍요로운 삶을 지속하는 것이 중요하다고 여기는 가치관
6	지속가능한 사회의 추구는 소비와 보존의 균형의 추구(23)	전기(전력, 발전의 구조 등), 화석 연료, 재생가능 에너지, 생태(①생태계, ②자연보호 운동)	세계 전체의 동식물을 포함한 생태계를 유지하면서도 한정된 자원을 세계 사람들과 공유하고 한 사람 한 사람이 풍요로운 삶을 보내는 것이 중요하다고 여기는 가치관

출처: 東京学芸大学附属大泉小学校(2020: 9-10)을 토대로 재구성함.

특히 ④의 '6개의 가치관'을 바탕으로 한 '탐구 테마'는 〈표 6-3〉과 같이 국제 사회에서 요구되는 자질 · 능력을 기반으로 학년별로 계통적이며 체계적으로 교과 통합을 통해 함양할 수 있도록 조직하고 있다.

2) 단원 '우리들의 SDGs'의 개요

6학년 단원 '우리들의 SDGs'(수업자: D)는 F영역 '지구와의 공생' 가치관을 바탕으로 구성되어 있으며 탐구 테마는 다음과 같다.

탐구 테마 '지속가능한 사회의 추구는 소비와 보존의 균형의 추구'에 대하여 아래와 같은 의미를 담았다.

- 지속가능한 사회의 추구: 한정된 자원을 세계 사람들과 공유하는 것, 차세대(미래)에 남기는 것
- 소비와 보존의: (일상생활에서) 소비, 보존, 전기 에너지의 소비와 보존
- 균형 추구: 소비와 보존의 균형, 어느 쪽에 편중되면 어느 한쪽이 성립하지 않게 되는 모순, 균형을 추구하기 전에 자신이라도 해결할 수 있다고 하는 인식(지도안, 2020. 2. 1.)

단원 구성을 나타낸 〈표 6-4〉에 나타난 바와 같이 이 단원은 전반적으로 SDGs와 관련된 내용으로 구성되어 있으며, 특히 〈표 6-2〉의 F영역과 〈표 6-4〉의 3, 4번째 주제는 일본에서 SDGs 달성이 저조한 목표인 '⑬ 기후변화 대응'과 직접 관련된 내용이다.

표 6-4 '우리들의 SDGs' 단원 구성

순서(시간)	학습 활동
1(2)	오리엔테이션 • 탐구 테마에 대하여 알고 의미를 형성하기 • SDGs에 대하여 알고 조사하기 • 학습 목표(수행 과제)에 대하여 알기 • 루브릭을 확인하기
2(2)	'지속가능한 사회'와 'SDGs' 조사하기 물음: 지속가능한 사회란 어떤 사회인가?(특징) • 'SDGs' '지속가능한 사회'의 사전적 의미를 조사하거나 자기의 생각을 공유하기 • 지구 규모로 일어나고 있는 문제에 대하여 공유하기
3(6)	전기 에너지의 구조 알기 • 발전의 구조를 예상하고, 발전기를 분해하기 • 수동 발전으로 발광하는 전기 에너지의 소비를 비교하기 물음: 에너지 문제를 해결하기 위해서는 당신은 무엇을 할 수 있습니까?(책임) • 특징에서 발견한 과제를 해결하기 위한 노력에 대하여 생각하고 수행 과제에 임하기
4(2)	자신의 액션플랜과 다른 SDGs 목표와의 관련성을 발견하기 물음: 자신의 액션플랜과 다른 SDGs 목표와 어떤 관련이 있는가?(관련) • 에너지 문제를 해결하는 액션플랜을 바탕으로 세 관점에서 다른 SDGs의 관련을 생각하기
5(1)	탐구 테마에 대하여 의미 형성하기 • 개인적인 탐구 테마에 대하여 의미를 형성하기 • 친구끼리 의미에 대하여 이야기 나누고 생각을 심화하기
6(2)	다른 SDGs 목표에 대하여 알기 물음: 관련지은 목표에 관한 문제에는 어떠한 것이 있는가?(특징) • 관련지은 목표에 대하여 목표, 노력을 조사하기 • 액션플랜에 대하여 재구성하기

7(2)	**세계의 문제에 대하여 어떠한 노력이 이루어지고 있는지 조사하기(책임)** 물음: 그 문제를 위해 어떠한 노력이 이루어지고 있는가?(책임) • 나까무라 테츠씨의 노력에 대하여 알고 영향을 생각하기
8(2)	**액션플랜을 실행하고 성과를 반성하기** 물음: 행동으로 옮긴 결과는 어떠한 영향을 미치고 있는가?(관련) • 자신의 액션에 대하여 성찰하기 • 결과와 고찰을 정리하여 수행 과제를 수정하기
9(1)	**탐구 테마에 대하여 의미 형성하기(본시)** • 지속가능한 사회에 필요한 조건을 생각하기 • 개인적으로 탐구 테마에 대하여 의미 형성을 하기
10(1)	**평가를 받아 학습 정리하기** • 정리장에 학습 정리를 기록하고 공유하기

교사는 초등학교 6학년이라는 발달 단계를 고려하여 다음 세 가지를 육성하고자 하는 가치관으로 설정하고 있다.

- SDGs에 대한 이해를 심화함으로써 시야를 넓혀 문제를 다룰 수 있게 되고(세계적인 시야),
- 전기에 대하여 '에너지'를 체험적으로 학습함으로써 자원에 대한 문제의식을 가질 수 있다(문제의식).
- 수행 과제 '당사자 액션'에 임하면서 지구 규모의 문제도 자신이라도 해결할 수 있다고 생각할 수 있게 될 것이다(자기 일/당사자).

이상 검토한 바와 같이 일본에서는 SDGs 이행을 위한 정부 차원의 노력과 함께 SDGs를 도입한 교과서 및 커리큘럼 개발, 수업 실천을 통한 세계시민교육이 전개되기 시작하고 있음을 알 수 있다.

참고문헌

이정희(2019). 깊은 배움을 실현하기 위한 일본의 사회과 시점・사고방식. **사회과교육**, 58(3), 159-172.

이정희(2020). 일본의 SDGs를 연계한 세계시민교육—국공립 IB 인정 소학교의 실천 사례를 통하여—. **한국일본교육학연구**, 25(2), 57-74.

外務省(2019. 12. 20.). SDGs 実施指針改定版.

SDGs推進本部(2019). SDGsアクションプラン2020～2030年の目標達成に向けた「行動の10年」の始まり～.

慶應義塾大学 SFC研究所×SDG・ラボ 編(2019). SDGs白書2019. インプレスR&D.

東京学芸大学附属大泉小学校(2020). 新設科 探究科の創設創設—国際バカロレアＰＹＰの理念を取り入れたカリキュラムの開発—.

中央教育審議会(2016. 12. 21.). 幼稚園・小学校・中学校・高等学校及び特別支援学校の学習指導要領等の改善及び必要な方策等について(答申).

北俊夫他(2020). **新しい社会 6: 政治・国際偏**. 東京書籍.

池野範男他(2020). **小学社会６年**. 日本文教出版.

国際バカロレア機構(2016). PYPのつくり方: 初等教育のための国際教育カリキュラムの枠組み, http://www.ibo.org/contentassets/93f68f8b322141c9b113fb3e3fe11659/pyp-making-pyp-happen-jp.pdf에서 2020년 3월 17일 인출.

SDSN (2019). Sustainable Development Report 2019: Transformations to Achieve the Sustainable Development Goals, https://sdgindex.org/reports/sustainable-development-report-2019/:20에서 2020년 3월 15일 인출.

제7장

일본 대학 교양교육에서의 세계시민교육

공병호(오산대학교)

1. 일본 대학 교양교육의 변천

일본의 현행 「학교교육법」 제9장 제83조 1항에는 "대학은 학술의 중심으로서 널리 지식을 전수함과 더불어, 깊은 전문 학예를 교수 · 연구하고, 지적 · 도덕적 및 응용 능력을 전개하는 것을 목적으로 한다."라고 규정하고 있다.[1] 즉, 일본의 대학은 단지 전공과목의 학술적인 연구에 머무르지 않고 보다 넓은 교양교육을 통하여 훌륭한 사회인으로서의 소양을 육성하는 것을 목적으로 하고 있음을 알 수 있다.

1) http://www.kyoto-u.ac.jp/uni_int/kitei/reiki_honbun/w002RG00000944.html#e000001476에서 2019년 10월 12일 인출.

그러나 (구)문부성은 1991년에 이른바 대강화(大綱化) 정책을 실시하여 대학설치기준을 완화하였다. 즉, 졸업에 필요한 최저 단위 수 이외의 수업 과목을 각 대학의 자유재량에 맡기는 커리큘럼의 탄력화를 촉구한 것이다. 그 결과, 대학 1, 2학년을 교양교육으로, 3, 4학년을 전공교육으로 엄격히 구별해 온 종래의 대학교육의 관습으로부터 벗어나 학부의 1, 2학년 단계에서 조기 전공교육을 실시하는 풍조가 강해졌다. 많은 대학에서 교양(학)부를 폐지하고 전공교육의 충실이라는 방향으로 달리게 되었다. 그것은 교양교육 커리큘럼의 삭감과 그 연장선상에 있던 교양학부 해체를 의미함과 동시에, 담당 교원의 정리해고 등 대학에서의 교양과정의 붕괴를 초래하게 되었다.

원래, 대강화 정책은 "종래의 일반교양을 경시하는 것은 아니다."라는 문장이 삽입되어 있었지만, 이 단서조항만으로 교양교육 붕괴에 제동을 걸기에는 역부족이었다. 따라서 학부교육에 있어 전공교육으로의 전환은 각 대학에 대세로 작용했다. 그런데 대강화라는 이름 아래에서 일반교양을 소홀히 하던 대학은 고등교육의 대중화와 학생 가치관의 다양화 현상, 도덕심의 저하, 그리고 지식욕과 호기심이 희박해져 가는 가운데, 전문화된 학문연구 · 교육기관으로서의 역할도 충분히 완수할 수 없게 되었다. 커리큘럼 개혁 후의 새로운 전공교육은 종래의 '도움이 안 되는 일반교양'의 인식으로부터 '이해할 수 없는 도움이 되지 않는 전공교육'으로의 인식 변천을 초래하였던 것이다. 결국 대강화 정책에 의한 교양교육의 약화는 사회의 요구에 역행하는 위기적 상황을 낳았고, 학문에 대한 동기부여나 학제적(interdisciplinary)인 연구를 지원하는 '지'의 기반으로서의 교양의 붕괴를 초래하는 한 요인이 되었다고 할 수 있다.

대학평가학위수여기구(현재는 독립행정법인대학개혁지원 · 학위수여기구: 独立行政法人大学改革支援 · 学位授与機構)가 2001년에 일본의 전체 국립대학 95개교(대학원 대학, 단기대학은 제외)를 대상으로 교양교육에 관한 평가를 착수한 결과, 95% 이상이 개선이 필요한 것으로 평가되었다.

일본 대학에 있어 이러한 교양교육의 문제를 본격적으로 논의한 중앙교육심의회(中央教育審議会)의 답신(2002년 2월 21일) '새로운 시대의 교양교육의 모습에 대해(新しい時代における教養教育の在り方について)'에서는 대강화 이후 전공교육을 중시해 온 학부에 폭넓은 교양교육을 실시하도록 전환을 촉구하였다. 즉, "교양교육의 충실은 불가피하며, 질 높은 교육을 할 수 없는 대학은 도태된다."라고 엄한 문구로 경고하였다. 또한 답신은 이전의 교양교육으로의 단순한 회귀가 아닌 급격한 사회 변화에 대응할 수 있는 인재를 육성하기 위해, 전문분야의 테두리를 넘어 공통적으로 요구되는 지식이나 사고법을 구축하는 '새로운 시대'에 적합한 '새로운' 교양교육의 모색을 요구하였다. 답신에서는 그것을 '향후 목표를 확정하여 그 실현을 향해 주체적으로 행동하는 힘을 기르는 새로운 시대의 교양, 개인이 사회와의 관련 속에 경험을 쌓고, 체계적인 지식이나 지혜를 획득하는 과정에서 몸으로 익히는, 사물을 보는 방법, 생각, 가치관의 총체'라고 규정하였다.

동 답신에서는 변화가 격렬한 앞으로의 시대에 요구되는 교양의 요소를 종합적으로 파악하여 새로운 시대의 교양의 전체상을 '글로벌 시각, 역사적인 관점, 다원적인 관점에서 사물을 생각하고, 알 수 없는 상황이나 새로운 상황에 적절하게 대응해 나가는 힘'이라고 정의하였다. 또한 학생에게 사회나 다른 문화와의 교류 촉진을 중시하고 있다. 즉, 학생이 사회나 타문화와의 교류에 적극적으로 참가할 수 있도록 '각 대학에 있어, 사회공헌활동이나 자원봉사활동 등을 커리큘럼에 삽입하거나, 장기간의 인턴십을 실시하는 등 유연한 이수 제도'를 정비하는 것을 장려하고, '유학생 유입, 학생의 해외 파견 확충, 학생이 타문화나 그 배경에 있는 종교 등에 대한 이해가 깊어지기 위한 기회의 충실'을 제안하고 있다.

동 제안을 받아들여 각 대학에서 다양한 실천적인 대응이 있었는데 그 한 예를 들어 보면 다음과 같다.

〈시민성 함양 및 교양교육〉

교토의 3대학(교토공예섬유대학, 교토부립대학, 교토부립의과대학)은 새로운 시대의 요청에 따라 공동교양교육과정을 구축하고, 교양교육은 전공교육을 지원하는 폭 넓은 기초 지식의 획득뿐만 아니라 현대사회의 시민성 함양이라는 관점에 비추어 본 지식의 공통 기반과 인간성의 기초 만들기를 목표로 하였다. 구체적으로는 ① 다른 가치관과 관점을 가진 다른 사람과 협동하는 힘으로서의 커뮤니케이션 능력과 상대를 배려하는 마음, ② 스스로 문제를 발견하고 그것을 위해 노력하는 것과 동시에, 정답이 없는 문제에 대해서도 학제적 관점에서 다양한 견해를 가진 타인과의 대화를 통해 자신의 생각을 깊게 하고 해결을 향해 행동하는 능력, ③ 글로벌 차원에서 문화와 언어를 달리하는 다른 사람들과 교류하고 협력 능력을 갖춘 인재 육성을 목표로 하였다.

2. 일본의 교양교육 의미 재정의의 동향

일본의 대학교육에 대한 실학적 요청은 관 주도의 고등교육 정책에 따른 이노베이션 인력과 글로벌 인재 육성에 나타나 있다. 종래의 유학생 정책은 유학생의 수용에 있었지만, 2010년경 산·학·관을 연계한 글로벌 인재육성 강화의 주장으로 변화했다. '산학인재 육성 파트너십 글로벌 인재육성위원회'의 보고서(産學人才育成パートナーシップグーバル人材育成委員會, 報告書-産學官でグローバル人材の育成を-2010. 4)에 의하면, 일본 기업이 특히 아시아 신흥국에 진출하여 시장을 획득하는 등, 아시아의 성장을 내수로 받아들여 나갈 수 있을지가 앞으로의 일본의 운명을 좌우하는 포인트가 될 것이라며 글로벌적으로 활약할 수 있는 인재획득이 기업에 있어서 급선무라고 지적하고 있다. 동 보고서는 글로벌 인재가 갖추어야 할 능력으로 사회인으로서 기초력을 갖추고, 외국어(특히 영어)에 의한 커뮤니케이션 능력을 가짐과 동시에 이문화(異文化) 이해·활용력을 제시하였다.

이러한 흐름을 수용하여 2010년에 문부과학성 안에 글로벌인재육성추진회의(グローバル人材育成推進會議)를 설치하고, 경쟁적 자금에 의한 글로벌 인재 육성 사업을 실시함으로써 고등교육의 국제화 전략에 문부과학성이 관여하게 되었다. 당시까지만 해도 국제 전략과 교육·연구를 접목하는 전체적인 이미지를 가지고 있지 않았던 일본의 대학이 글로벌 교육과 국제 전략을 통합하여 급격한 사업 전개를 추구하게 된 것이다(鈴木雅久, 2018).

한편, 2010년에 일본학술회의(日本学術会議) 일본전망위원회(日

本の展望委員会)의 지의 창조 분과회(知の創造分科会)에서는 '21세기의 교양과 교양교육(21世紀の教養と教養教育)'이라는 보고서[2)]를 통해 향후 추구해야 할 교양교육의 방향성과 대학에서의 과제에 대해서 제언을 하였다. 일본전망위원회의 지의 창조 분과회는 그 발족 이유를 다음과 같이 설명하고 있다.

> 현대사회는 인간, 자연과 사회에 관한 과학기술의 끝없는 발전을 통해 방대하게 집적되고, 또한 끊임없이 증가하는 '지식'을 매개로 존재하고 활동하고 있다. 이러한 '지식'의 증가는 '지식'의 격렬한 전문적 분화와 체계의 불투명화를 수반하고 있지만, 인류가 직면한 현재의 문제를 인식하고 미래의 방향을 모색하기 위한 종합적인 '지식'의 모습이 무엇인지 지금 강력하게 요구되고 있다. 21세기의 세계 전망을 개척하기 위해 인간 · 자연 · 사회와 관련하여 인류가 공유해야만 할 '지식'이란 무엇인가? '지식'의 전

2) 일본학술회의는 지금까지 '일본의 계획(2002년 9월)' '일본의 과학 기술 정책의 요체(2005년 4월)'를 정리하는 등 과학자의 관점에서 사회 · 학술의 모습에 관한 제언을 해 왔다. 이러한 것을 발전 · 지속시켜 일본의 학술 분야 발전 방향 및 그것을 기초로 한 인류적 과제에 부응하기 위한 연구의 자세 등 일본의 학술 연구의 방향 · 장기 전망을 제시하기 위해, 2008년 4월에 '일본전망위원회(日本の展望委員會)'를 설치하고 심의를 진행했다. 일본전망위원회는 2009년 11월 26일 '제4기 과학기술기본계획에 제시하는 일본학술회의 제언(第4期科學技術基本計畫への日本學術會議の提言)'을 정리하여 종합과학기술회의(總合科學技術會議)에 제출했다. 또한 10~20년 후의 학문의 모습과 그 추진 정책에 대한 장기적인 고찰을 '일본의 전망—학술에서의 제언 2010(日本の展望—學術からの提言2010)'으로 정리하여, 2010년 4월 5일 제157차 총회에서 채택하였다. 아울러 '일본의 전망—학술에서의 제언 2010'의 내용을 뒷받침하는 것으로, 13개의 주제 · 분야별 작업분과회 제언 및 31개의 분야별 위원회보고를 정리하여 공표했다. 본 보고서는 '지의 창조 분과회:현대시민사회에서의 교양과 교양교육—21세기 리베럴 아트의 창조(知の創造分科會: 現代市民社會; における&教養と教養教育—21世紀のリベラル・アーツの創造)'의 보고이다.

> 문적 분화와 엄청난 발전을 근본적으로 이해할 수 있는 기초적인 '지식'은 무엇인가? 전 분야를 포섭하는 학술의 지평에서 이를 파악하려는 시도가 필요시되고 있다. 21세기의 리베럴 아트의 창조(21世紀のリベラル・アーツの創造)는 그런 과제이다.

다음에서는 보고서의 내용 중 이 장의 주제인 세계시민교육과 관련된 내용을 중심으로 필자가 요약, 정리하고자 한다.

3. '21세기의 교양과 교양교육'에 있어서 세계시민교육

⊙ 들어가며: 현상 및 문제점

글로벌화가 진행되는 21세기 초의 현재 지구 환경・생태계 파괴의 위험성이나 지역 분쟁 및 테러, 신형 감염증, 금융 위기 같은 문제 등 예측할 수 없는 어려움이 인간 국가, 인류사회를 엄습하고 있다. 한편, 세계 각국은 글로벌 경제경쟁 속에서 자국의 풍요 유지・향상을 도모하고, 각각의 사회 내에서의 여러 가지 대립이나 빈곤・차별 등을 해결하면서 다문화 공생・다민족 공생과 지역문화・사회의 활성화를 지속적으로 확보하고 촉진한다는 과제나, 이들 과제에 대한 적절한 대응과 활력 있는 풍요로운 시민사회의 전개를 도모하는 과제에 직면해 있다.

세계 각국과 인류사회가 공통으로 직면하고 있는 이러한 현대의 다양한 문제와 과제는, 그것들에 대응할 수 있는 지식・지성・교양의 향상을 절실히 요구하고 있다. 그 지식・지성・교양이란, 이질적인 것(개인 · 민족 · 국가나 종교 · 문화)의 사이에서 상호 신뢰와 협력 · 협동을 촉진하고, 그러한 문제나 과제의 성질 · 구조를 판별해 합리적이고 적절한 해결 방법을 구상하고 실행해 나가는 기반이 된다. 그러나 그 기반이 되어야 할 교양은 저하되고 있다고 여겨지며, 그 재구축이 매우 중요한 과제라고 지적되고 있다.

대학은 이 교양의 형성을 핵심적인 역할의 하나로 발전해 왔다. 그 역할은 '리버럴 아트(liberal arts)'를 핵으로 하는 교양교육(liberal education)으로 개념화되어, 전문교육과 더불어 대학교육의 핵심적 요소로 여겨져 왔다. 그러나 20세기 중반 이후, 사회의 복잡화 · 유동화와 학문 연구의 고도화 · 전문 분화와 대학교육의 대중화가 진행되는 가운데 대학에서의 교양교육은 흔들리고 되묻기를 반복해 왔다. 그 흔들림과 재조정은 세계화의 진전과 그에 따른 복잡 · 다양한 문제나 과제의 중대성이 자각됨에 따라 중요성이 더욱 부각되어, 그 재구축은 대학교육의 질 보증 · 질 향상이라는 과제와 함께 이제는 세계 공통의 과제가 되고 있다.

이상과 같은 시대상황과 현대사회의 제 과제를 바탕으로 교양과 대학의 교양교육 방식에 대해 검토하고, 그 재구축 가능성에 대해 제언하는 것이 본 보고서의 목적이다.

⊙ 세계화 시대의 특징과 과제

글로벌화가 진행되는 21세기 초 현재 지구 환경 · 생태계 파괴의 위험성이나 지역 분쟁 및 테러, 신형 감염증, 금융 위기 같은 문제 등 예측할 수 없는 어려움이 인간 국가, 인류 사회를 엄습하고 있다. 미국발 금융위기가 세계경제를 혼란에 빠뜨렸듯이, 현대는 로컬(국가적)한 문제가 글로벌(전 지구적)한 문제가 되는 시대이다.

한편, 세계 각국은 글로벌 경제경쟁 속에서 자국의 풍요유지 · 향상을 도모하고, 각각의 사회 내에서의 여러 가지 대립이나 빈곤 · 차별 등을 평화적으로 해결하면서 다문화공생 · 다민족공생과 지역문화 · 사회의 활성화를 지속적으로 확보하고 촉진하는 과제에 직면해 있다. 그러한 글로벌한 문제나 과제에 대해 국제 · 국내수준에서 적절히 대응하기 위한 국제적인 협력 · 협동과 글로벌 · 스탠다드(세계적인 기준이나 규범)의 확대가 중요시되지만, 한편으로 글로벌 · 스탠다드에 따라서 로컬 · 스탠다드(국내기준)를 획일적으로 재편하는 것이 반드시 적절하다고는 말할 수 없는 시대이기도 하다.

이처럼 21세기는, 세계화와 현지화가 서로 영향을 주고받으면서 동시에 진행하는 '글로컬화 시대'인 것이다. 여기에서 세계화는 글로벌 협력 · 협동에 의해서 대처 · 해결해야 할 문제의 증대, 사람 · 물건 · 돈(자본) · 문화의 글로벌 이동교류 · 상호의존의 확대, 문화규범의 글로벌한 파급 · 표준화 등이 진행되는 것이다. 한편, 현지화란 세계 각국의 자율성과 문화적 전통을 서로 존중하면서 평화적으로 공생해 나간다는 글로벌 합의 · 규범하에 각국이 각각 자국 사회의 여러 문제를 해결하고 풍요로운 문화의 전개와 경제 · 사회의 활력 유지 · 향상을 도모하는 움직임을 말한다. 세계화 시대라고 일컬어지는 현대는 이러한 '글로컬화 시대'이기도 하므로, 글로벌한 상황과 과제에 대응할 수 있는 풍부한 교양, 즉 글로벌한 과제나 로컬한 과제에 적절히 대응할 수 있는 유연하고 창조적인 지성 · 지혜 · 실천적 능력이 요구되는 것이다. 그리고 그러한 풍부한 교양을 기를 수 있도록 교육 · 대학 교육의 충실과 다양한 실행을 하는 것이 중요하다.

⊙ 시민사회의 과제와 시민적 교양의 형성

현대사회에서 점점 심각해지는 다양한 문제나 과제에 적절히 대응하고 그 평화적인 해결을 도모해 나가려면, 그러한 문제나 과제의 해결을 위한 다양한 노력에 참여 · 협동하는 지성 · 지혜 · 실천적 능력의 형성과 이러한 다양한 노력을 뒷받침하고 추진하는 기반으로서의 시민사회의 전개가 중요하다. 이를 위해서는 다음 세 가지 공공성을 활성화하는 것이 중요하다. 첫째, 집합적 의사결정 과정(정치)의 개방성 · 투명성(정보 공개 · 정보 공개)이 확보되고, 그 과정에 충분한 시민 참가가 있을 것(시민적 공공성), 둘째, 다양한 문제나 과제를 자신들의 협력 · 협동에 의해 해결 · 달성해야 할 것으로서 수용하고, 그 협력 · 협동에 참가하는 활력 있는 문화가 숨쉬고 있을 것(사회적 공공성), 셋째, 사회의 모든 성원이 그 존엄을 존중받고, 안전하고 풍부한 문화적 · 사회적 생활을 누릴 권리 · 사회적 생활을 누릴 권리(정치적 공공성)가 그것이다. 그리고 현대처럼 다양화 · 복잡화 · 유동화하는 사회에서는 이 3개의 공공성 활성화와 그 담당자가 될 수 있는 시민으로서의 교양(시민적 교양)의 형성이 절실하다. 본 보고에서는, 이상과 같은 세 개의 공공성으로 연결되어 가는 지성 · 지혜 · 실천적 능력을 '교양'의 핵이 되는 것으로 파악하고자 한다.

⊙ 21세기의 교양과 교양교육의 과제

미래를 향해 어떠한 선택을 해 나갈 것인지를 모색하는 가운데 다양한 모순이나 곤란을 내포하는 문제도 생기고 있다. 지구환경 문제는 인류의 존재기반을 위태롭게 하는 문제로 근대 이후의 진보 · 발전에 대한 기존 관념을 흔들고 지금까지의 정치 · 경제 · 문화 · 문명의 위상에 대한 재검토와 재편을 앞두고 있다. 세계화의 진전은 정치 · 경제 · 문화나 사회생활의 제 측면에 여러 가지 중대한 영향을 미치고 있지만, 그 중요한 측면의 하나로서 근대 이후 그러한 기반이 되어 온 국민국가의 틀과 경계를 흔들고, 세계질서와 국가 간의 관계 재편을 앞두고 있다.

이상과 같은 여러 가지 중대한 변화와 문제가 서로 중복되는 가운데 사람으로서의 방식 · 삶의 방식, 사회의 방식, 인간관계 · 집단관계 · 국가관계나 인간과 자연과의 관계 방식에 대하여 또다시 의문이 제기되고 있다. 사회의 모습이나 정치 · 경제 · 문화 · 문명의 위상에 대하여 재검토되고 있다. 그 위상을 지지하고 리드해 온 지식의 본래의 의미에 대해서도 다시 의문이 제기되고 있다. 그리고 그 일련의 의문의 하나의 중심으로서 교양의 의미가 재음미되고 있다고 말할 수 있을 것이다.

여러 변화 문제들이 중복되면서 20세기까지의 사회와 '지식'의 의미가 재검토되고, 재편 · 재구축이 요구되어지고 있다는 사실은 21세기의 교양교육의 과제인 동시에 앞으로 교양 교육을 생각하는 데 핵심적인 중요 사항이라 해도 좋을 것이다.

⊙ 21세기에 기대되는 교양: 학문 지(智)·기법 지(智)·실천 지(智)와 시민적 교양

21세기에 기대되는 교양, 대학교육을 통해서 키울 것이 기대되고 있는 교양은 현대 세계가 겪고 있는 여러 변화의 특성을 이해하고, 당면한 문제나 과제에 대해서 생각하고 탐구하며, 이들 문제나 과제의 해명 · 해결에 임해 갈 수 있는 지성 · 지혜 · 실천적 능력이라 해도 좋을 것이다. 그 다면적 · 중층적인 지성 · 지혜 · 능력을 여기에서는 다음과 같이 제언한다.

첫째, 그 다면적 · 중층적인 지성 · 지혜 · 능력을, 학문 지, 기법 지, 실천 지라는 세 가지 지와 시민적 교양을 핵으로 하는 것으로서 파악한다. 이들 세 가지 지식과 시민적 교양은 내용과 기능의 차원에서도 교육 · 학습활동 차원에서도 부분적으로 서로 겹치지만 개념적으로는 다음과 같이 구별할 수 있다. 학문 지는 학문 · 연구 성과로서의 지식의 총체이며, 그 학습을 통해 형성되는 지이다. 그것은 복잡한 현실과 언설(연구를 포함)을 분석적 · 비판적으로 검토 · 고찰하는 동시에 여러 문제를 자신에 관한 문제로 생각하고 자신의 삶과 생각을 자성하는 지식이기도 하다. 기법 지는 미디어의 활용, 다종다양한 정보 · 자료의 편집, 수량적 추론, 자국어 · 외국어, 학술적인 문장 작성 능력(academic writing), 언어적 · 비언어적 양면에서의 표현 능력 · 커뮤니케이션 능력 등을 구성요소로 하는 지로, 학문 지와 다음 실천 지의 학습 · 형성 및 활용의 기초가 되는 것이다. 실천 지는 일상의 다양한 장면에서 실제로 활용 · 발휘(실천)되는 지로, 시민적 · 사회적 · 직업적 활동에 참가 · 협동하고, 공감 · 연대하며, 동시에 스스로의 모습 · 생활방식 · 행동방식을 자성하고 조정해 나가는 지이다. 현대의 대학에는 이 세 카테고리의 지식을 풍부하게 키우는 것, 그리고 이를 위한 풍부한 배움의 기회와 여러 활동의 장을 제공하는 것이 기대되고 있다고 해도 좋을 것이다.

둘째, 특히 현대적 과제로서 '시민적 교양'의 재구축과 형성의 중요성에 주목할 필요가 있다. 그것은 전후 일본의 신제대학이 시작되면서 도입된 일반교육(협의의 교양교육)의 '민주적 시민 육성'이라는 목표와도 근원적으로 연결되는 것이다. 그리고 또 그로부터

약 60년 후의 중앙교육심의회 답신 '우리나라의 고등 교육의 미래상'(2005년)에서 '21세기형 시민'이라는 말을 활용하여 그 육성을 목표로 새로운 교양교육의 구축을 요청한 것과도 공통되는 것이다. 이 '시민적 교양'의 핵으로 먼저 말한 세 개의 공공성, 즉 근원적 공공성에 시민적 공공성, 사회적 공공성, 정치적 공공성에 대한 이해를 높이고 그 실현을 위한 여러 활동이나 프로젝트에 참여하고 연대 · 협동하는 소양과 자세를 기르는 것이 중요하다.

대학교육 · 교양교육에서는 이들 세 개의 공공성을 염두에 두고 그 실현을 지향하며, 그 실현을 위한 활동이나 프로젝트에 참가하고 협동하는 데 필요한 학문 지 · 기법 지 · 실천 지를 키워 나가는 것, 그것을 핵으로 하는 '시민적 교양'을 키워 나가는 것이 중요하다.

참고문헌

青木宗也, 示村悦二郎(1996). **大学改革を探る**. 大学基準協会.

井門冨二夫(1985). **大学のカリキュラム**. 玉川大学出版部.

海老原治善外(1989). **近 · 未来大学像の探求**. 東海大学出版会.

佐藤 学(1996). **カリキュラムの批評**. 世織書房.

清水畏三, 井門冨二夫(1997). **大学カリキュラムの再編成**. 玉川大学出版部.

鈴木雅久(2018. 1.). 日本におけるグローバール人材育成のこれから, ウェブマガジン. **留学交流**, 82.

竹内洋(2003). **教養主義の没落: 変わりゆくエリート学生文化**. 中公新書.

中央教育審議会答申(2002. 2. 21.). 新しい時代における教養教育の在り方について.

羽田貴史(2016). 大学における教養(教育の過去 · 現在 · 未来). **東北大学高度教養教育 · 学生支援機構紀要**, 2, 47-60.

産學人才育成パートナーシップ人才育成パートナーシップグローバル人材育成委員會 `報告書一産學官でグローバル人材の育成を一, 2010. 4.

満都拉, 大学における教養教育の今日的意味について, https://berd.benesse.jp/koutou/topics/index2.php?id=4409에서 2019년 4월 21일 인출.

中央教育審議会答申, 我が国の高等教育の将来像, 2005年 1月 28日, http://www.mext.go.jp/b_menu/shingi/chukyo/chukyo0/toushin/attach/__icsFiles/afieldfil e/2013/05/27/1335580_001.pdf에서 2019년 4월 21일 인출.

日本学術会議日本の展望委員会知の創造分科会, 21世紀の教養と教養教育, 2010年 4月 5日, http://www.scj.go.jp/ja/info/kohyo/pdf/kohyo-21-tsoukai-4.pdf에서 2019년 4월 27일 인출.

日本学校教育法, http://www.kyoto-u.ac.jp/uni_int/kitei/reiki_honbun/w002RG00000944.html#e000001476에서 2019년 10월 12일 인출.

제**8**장

일본 소카대학의 세계시민교육[1)]

신현정(중부대학교)

1. 들어가는 말

학자마다 견해의 차이가 있을 수 있지만 일반적으로 세계시민교육이라 함은 세계시민(global citizen)을 길러 내기 위한 교육, 또는 세계시민성(global citizenship)을 함양하기 위한 교육을 의미한다. 일반인들 사이에 통용되는 세계시민 혹은 세계시민성의 개념은 국가를 초월하여 성립된 세계정부에서 얻어진 법적 신분, 혹은 그 신분이 가지는 특성을 의미하기보다는 오히려 휴머니즘을 이데올로기로 하는 지구사회의 일원, 그 일원으로서의 책무성을 의미하는

1) 이 장은 '신현정, 전민호(2020). 소카대학의 세계시민교육에 관한 연구. **한국일본교육학연구**, 25(2), 21-36'의 일부를 발췌 · 수정한 것이다.

경향이 높다. 이러한 세계시민교육의 목표는 세계화로 인하여 전 지구적인 도전과제와 이슈에 대한 이해 그리고 이러한 도전과제에 대한 효과적인 대응 방안을 교육으로 모색하고자 하는 것이다.

송민경(2014)은 지금까지의 여러 선행 논의를 종합하여 세계시민의식을 "국가정체성(national identity)을 넘어서 인류와 세계의 상호의존적 관계를 이해하고, 전 지구적 이슈와 문화에 대한 복합적인 문제를 이해하고자 하는 동기와 태도, 세계적 · 지역적 행동에 대한 책임감과 소통능력, 참여적 행동의 실천의지를 갖춘 능력/역량(송민경, 2014: 487)"으로 정의하였다.

세계는 최근 COVID-19의 국제적 확산을 통해 초국경 협력의 필요성을 절감하고 있다. 이처럼 세계 간 상호연관성이 증대되면서 세계시민교육에 관한 가치와 필요성에 대해서는 국제사회가 이미 충분히 공감하고 있는 상태이다. 그런 점에서 "국민국가의 '컨테이너'에서 벗어나 새로운 형태의 시민사회의 출현과 그에 걸맞은 새로운 형태의 교육이 필요하다는 점에서 세계시민교육의 발현을 구성하는 사상적, 실천적 토대는 마련되어 왔다(김진희, 허영식, 2013: 159)."

그러므로 이제는 각 나라마다 세계시민교육을 어떻게 인식하고 실천할 것인지에 대한 실제적 고민이 절실한 상황이다. 그럼에도 불구하고 한국의 학계 및 교육현장에서는 아직까지 세계시민교육에 대한 명확한 개념 정의조차 찾아보기 힘들다. 그 이유 중 하나가 바로 세계시민교육이 가지는 개념의 포괄성일 것이다. 다시 말하자면 현재 세계시민교육은 학술적 담론에서 정책적 담론까지 매우 광범위한 범위에서 논의되고 있기 때문에 다양한 이데올로기적 프레임의 적용이 가능하다. 그러므로 세계시민교육의 개념에 오해와 편견이 개입할 여지는 더욱 높아진다. 이러한 세계시민교육의 모호한 정체성으로 인해 그 실천을 기획하는 측이 세계시민성에 대해 어떤 인식을 가지느냐 하는 것은 세계시민교육의 방향성을 결정하는 가장 중요한 요소가 된다.

그렇다면 가까운 이웃나라 일본은 세계시민성을 어떻게 인식하고 있으며, 또한 세계시민교육을 어떻게 실천하고 있을까 하는 호기심을 바탕으로 본 연구는 출발하였다. 이 장에서는 일본 대학의 세계시민교육에 대한 개념 및 실천, 그리고 그 교육적 함의를 고찰함으로써 한국의 세계시민교육 실천에 유의미한 시사점을 도출해 보고자 한다.

2. 연구의 대상 및 방법

1) 연구대상

일본 사립대학 중 세계시민교육이 가장 체계적이고 효과적으로 운영되고 있는 대학 사례 연구를 위해 본고에서는 다음의 세 가지 선정기준을 설정하였다. 첫째, 대학의 건학이념이나 인재상이 세계시민 육성을 지향하고 있는가? 둘째, 세계시민을 육성하기에 적합한 교육프로그램을 지속적으로 운영하고 있는가? 셋째, 세계시민교육을 위한 대학의 교육적 인프라가 잘 구축되어 있는가? 등이다. 본고에서는 위의 세 가지 기준을 충족하는 대학으로 이케다 다이사쿠(池田大作)가 1971년 도쿄도(東京都) 하치오지시(八王子市)에 설립한 소카대학(創価大學)을 선정하였다.

우선 소카대학의 건학이념이 "① 인간교육의 최고학부가 되어라, ② 새로운 大문화 건설의 요람이 되어라, ③ 인류의 평화를 지키는 요새가 되어라" 등의 인류 보편적 가치인 세계평화를 지향하고 있다. 또한 소카대학은 교육목표를 '창조적 세계시민 육성'에 두고 있고 세계시민을 양성하기 위한 다양한 교육프로그램을 지속적으로 운영해 왔으며, 이에 더해 세계시민 육성을 위한 대학 행정 체계의 정비 및 개혁을 최근 수년에 걸쳐 단행해 왔다.

덧붙이자면 소카대학은 2014년 일본의 문부과학성으로부터 '슈퍼글로벌대학 창성지원사업(SGU)'의 글로벌화 견인형(牽引型) 대학으로 지정받았다. '슈퍼글로벌대학 창성지원사업'이란 "일본 고등교육의 국제경쟁력 향상을 목적으로 해외 우수 대학과의 협력과 대학 개혁에 의해 철저한 국제화를 추진하는 세계 수준의 교육 연구를 실시하는 최고대학과 국제화를 견인하는 글로벌 대학에 대해 제도 개혁과 함께 중점 지원을 목적으로 하는 사업이다(문부과학성 홈페이지)." 지원대상 대학 선정이 ① 국제화 관련 지수, ② 거버넌스 지수, ③ 교육의 개혁적 대처 지수 등을 종합하여 이루어지는 만큼 소카대학의 글로벌화를 위한 기본적 인프라는 구축되어 있다고 보아도 무방할 것이다.

물론 '슈퍼글로벌대학 창성지원사업'에 선정되었다는 사실만으로 소카대학이 일본의 세계시민교육을 선도한다고 단정할 수는 없다. 그러나 '슈퍼글로벌대학 창성지원사업' 선정보다 본고에서 더 주목한 부분은 소카대학의 슈퍼글로벌화 추진전략이다. 소카대학은 이 사업에서 평화와 지속 가능한 번영을 선도하는 '세계시민교육' 프로그램을 통해 인간교육의 세계적 거점을 구축한다는 전략이다. 즉, 소카대학은 창조적 세계시민양성 교육을 통해 슈퍼글로벌대학 창성(創成)을 도모하고 있다는 것이다. 지금까지 기술한 내용을 종합해 볼 때 소카대학의 세계시민교육 실천사례 연구는 일본 고등교육기관의 세계시민교육 실태를 조망할 수 있는 작은 단초가 될 것이다.

2) 연구방법

세계시민교육 사례연구를 위해서는 우선 세계시민교육의 정체성에 해당하는 세계시민성(Global Citizenship)에 대한 다양한 견해들을 정리해 보고 재구조화해 보는 노력이 필요하다. 왜냐하면 앞서 기술한 바와 같이 세계시민성에 대한 인식 태도에 따라 그 실천방식이 전혀 다른 양상으로 전개될 수 있기 때문이다. 그러므로 세계시민교육을 도모함에 있어 무엇보다 중요한 첫 단계는 세계시민성에 대한 개념규정이라고 할 수 있다. 본고에서는 소카대학의 세계시민교육 사례를 통해 일본 고등교육에서 통용되고 있는 세계시민성의 개념인식과 세계시민교육의 역량인식에 대해 고찰해 보고자 한다.

지금까지 히터(Heater)나 포크(Falk)를 필두로 많은 학자에 의해 세계시민성 개념에 관해 다양한 담론들이 제시되어 왔다. 그 중에서 존슨(Johnson)은 세계시민성 개념에 대한 기존의 담론들은 정리하여 정치적 관점(Political global citizenship), 도덕적 관점(Moral cosmopolitan global citizenship), 경제적 관점(Economic cosmopolitan global citizenship), 비판적 · 탈식민주의 관점(Critical · post-colonial global citizenship) 등 대략 4개의 관점으로 요약하였다(Johnson, 2010: 19). 이 연구는 복잡다난한 세계시민성 개

표 8-1 **세계시민성 담론의 다양한 관점**

세계시민성 담론의 범주	주요 개념 및 핵심어	주요 학자
정치적 관점 (Political global citizenship)	세계정부, 제도주의적 세계시민성, 코스모폴리탄 민주주의	칸트(Kant), 롤즈(Rawls), 헬드(Held), 히터(Heater)
도덕적 관점 (Moral cosmopolitan global citizenship)	보편적 인권에 기반한 세계시민성, 세계시민의 도덕과 윤리, 상호책무성	칸트(Kant), 누스바움(Nussbaum), 아피아(Appiah), 센(Sen)
경제적 관점 (Economic cosmopolitan global citizenship)	자본주의적 세계공동체, 글로벌 경쟁력, 기업의 사회적 책무성	프리드만(Friedman), 스미스(Smith), 하이예크(Hayek)
비판적 · 탈식민주의 관점 (Critical · post-colonial global citizenship)	탈식민주의, 구조 개혁, 변혁과 해방을 위한 전지구적 연대	프랑크푸르트학파(Frankfurt School), 그람시(Gramsci), 프레이리(Frerie)

출처: Johnson (2010)을 참조하여 재구성.

념 담론을 일목요연하게 정리하여 분석함으로써 세계시민교육의 실천 준거로 활용할 수 있다고 판단된다.

지금까지 세계시민성 함양을 위한 역량교육에 대한 논의는 주로 학교교육을 중심으로 이루어져 왔다. 시민성의 요소를 명시적인 교육내용에 반영함으로써 가시적인 세계시민역량 함양을 도출하려는 경향성 때문이다. 세계시민역량에 관한 연구로는 교육정책 방향으로서 시민교육을 논한 브랜슨(Branson, 1998)이나 사회과 교육과정 속에 반영된 헤게모니를 논한 오스본(Osborne, 1997) 등이 있지만 이 중에서 브릭스(Briks)의 다섯 가지 세계시민역량(지적 · 인지적 역량, 감성적 역량, 심미적 역량, 사회적 역량, 도덕적 역량) 분류가 교육과정 연계 면에서 볼 때 주목할 만하다. 이에 본 연구에서는 상단의 '세계시민성에 대한 담론 범주(Johnson, 2013)'와 하단의 '세계시민역량 개념(Briks, 1997)'을 일본 대학의 세계시민교육 현황을 파악하는 분석틀로 활용하고자 한다. 즉 소카대학이 지향하는 세계시민성이 〈표 8-1〉의 네 가지 세계시민성 담론 중 어떤 관점을 견지하고 있는지, 또한 소카대학의 세계시민교육이 〈표 8-2〉의

표 8-2 **Briks의 세계시민역량 개념**

세계시민역량	하위 영역
지적 · 인지적 역량	글로벌 · 전체주의적 사고방식 글로벌 포지셔닝 이문화 인식과 수용 공동체 관찰 및 정치적 행동 대안적 미래 개발 성찰
감성적 역량	변화에 대한 인내 연민, 공감, 이타성 전체로서의 공동체와의 공감
심미적 역량	문화적 다양성에 대한 감사 창의적 역량과 공동체 문화 발전의 이해
사회적 역량	지구촌 의사소통기술 타인과의 연결 및 네트워킹 합의 도출 평화와 협상 자연에 대한 존중
도덕적 역량	문화적 분석을 위한 틀 개발 상호작용적 담론에서 가치의 의미 수립 타인에 대한 존중 보다 큰 공공선에 대한 기여

출처: Briks (1997: 151-232) 참고하여 재구성.

다섯 가지 세계시민역량 중 어느 요소에 중점을 두고 있는지를 규명해 보고자 하는 것이다.

3. 소카대학 사례분석

1) 세계시민상과 세계시민교육의 목표

소카대학이 지향하는 구체적인 세계시민상은 무엇인가? 소카대학의 교육목표는 2023년 인간교육의 세계적 거점을 구축하기 위해 평화와 지속 가능한 번영을 선도하는 '세계시민'의 배출에 있다고 천명한 바 있다. 소카대학의 세계시민상은 새로운 가치를 창조한다는 의미의 대학명인 소카(創価)에 걸맞은 '창조적 세계시민'에 두고 있으며 창립자인 이케다 다이사쿠(池田大作)는 세계시민의 요건에 대해 다음과 같이 언급하였다.

> 모든 인류가 서로 이해하기 위해 지혜의 차이를 두려워하지 않고, 또한 부정하지 않으며, 다른 문화를 가진 사람들을 존중하고 이해하려고 노력하며, 또 그런 경험을 성장의 양식으로 삼는 용기 · 상상력에 풍부한 공감을 표하고 자신을 둘러싼 환경을 넘어 다른 곳에서 고통받고 있는 사람들과 같이 아파할 수 있는 자비(소카대학 홈페이지 WLC)

세계시민에 대한 이케다식 접근은 세계시민성 담론의 도덕적 관점에 해당하는 것이라고 할 수 있다. 그러나 소카대학은 '창조적 세계시민'이 되기 위한 실제적인 핵심역량을 지력(知力)과 인간력(人

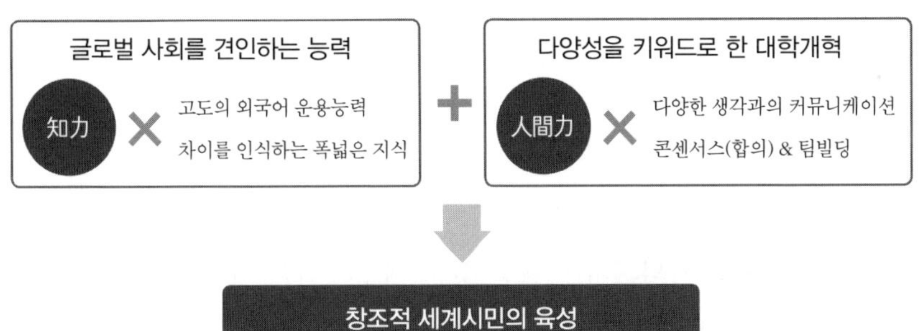

[그림 8-1] 소카대학의 인재상

출처: 소카대학 홈페이지를 참고하여 재구성.

間力)으로 설정하고, 세계시민교육의 중심 내용을 외국어 기반의 커뮤니케이션 능력 배양에 두었다.

[그림 8-1]이 의미하는 바는 소카대학이 글로벌 사회를 견인하는 지력의 토대를 고도의 외국어능력으로 인식하고 있다는 사실이다. 이는 일본에서 세계시민교육의 리더 역할을 하고 있는 글로벌 4대학(와세다대학, 국제교양대학, 국제기독교대학, 리츠메이칸아시아태평양대학) 역시 소카대학과 크게 다르지 않다. 현재 일본의 글로벌 4대학은 세계시민의식, 다양성을 바탕으로 한 커뮤니케이션 능력(외국어 역량), 문제해결능력을 배양을 목적으로 한 글로벌 교육프로그램을 운영하고 있다. '글로벌 4대학 지원사업'의 심화형 사업이라고 할 수 있는 '슈퍼글로벌대학 창생지원사업'에 선정된 대학 역시 가장 중점을 두는 교육은 영어를 중심으로 한 커뮤니케이션 역량 교육이다.

특히 글로벌 4대학이면서 '슈퍼글로벌대학 창생지원사업'의 Top형 대학인 국제교양대학은 국제사회에서 공헌하는 인재 양성을 위해 일본어수업을 제외한 모든 수업을 영어로 진행하고 있다. 다시 말해 영어 능력이 수반되지 않으면 학점 이수 자체가 불가능한 교육시스템인 셈이다. 이들 글로벌 대학의 공통점은 국제사회에 기여할 인재 양성을 목표로 외국어교육에 총력을 기울이고 있다는 점이다. 국제사회에 기여하는 인재란 인류가 당면한 문제를 해결하고자 하는 의지와 역량을 갖춘 세계시민을 의미한다. 그럼에도 불구하고 많은 일본의 글로벌 대학은 세계시민(global citizen)이 되기 위한 글로벌화 교육을 외국어교육(특히 영어교육)과 동일시하는 경향을 나타내고 있다.

일본의 세계시민교육을 '아이덴티티 교육'으로 규정한 고바야시 료(小林亮, 2018: 64)는 세계시민교육이 진정한 아이덴티티 교육이 되기 위해 필요한 세 가지 기준을 제시했다. 첫째는 지구촌 곳곳에서 일어나는 문제를 자신의 문제로 인식하는 '자기 참여(self involvement)', 둘째는 지구촌 문제를 해결하고자 하는 '적극적인 태도', 셋째는 자신을 둘러싸고 있는 집단과의 연결을 긍정적으로 파악하려는 '집합적 자존감(collative self-esteem)'이 그것이다. 고바야시의 기준은 모두 유엔(유네스코)이 제안한 '지속가능발전교육(ESD)'과 맥을 같이 하는 것이다.

소카대학이 지향하는 세계시민교육 역시 유엔의 아카데믹임팩트(UN Academic Impact: UNAI)의 활동과 깊은 관련이 있다. UN홍보국(DPI)이 담당하고 있는 UNAI는 "반기문 전 UN 사무총장 주도로 2010년 11월에 설립된 유엔의 공식 프로그램(e-대학저널, 2020년 3년 5일)"이다. 현재 전 세계적으로 1,400여 개 대학이 참가하고 있으며 한국에서는 한동대학교를 필두로 약 60여 개 대학이, 일본에서도 소카대학을 비롯한 70개 이상의 대학이 참여하고 있다(UNAI 홈페이지).

참고로 한국 UNAI는 2015년 11월 30일 의결된 유엔총회결의문 A/C.2/70/L.24에 따라 세계시민교육의 증진과 성장을 선도하고, 지식격차를 줄이며, 유엔의 핵심원칙과 활동의 이해를 촉진하는 데 기여하는 것을 목적으로 하고 있다(UNAI Korea 홈페이지). 이를 실현하기 위해 한국 UNAI는 세계시민교육의 미션을 GRACE(세계적 책임감 기반의 심화시민교육; Globally Responsible Advanced Citizenship Education)으로 설정하였다. 반면 일본 UNAI는 UNAI의 10원칙을 바탕으로 연간 최소한 1회 이상의 '지적 분야의 사회적 책임(Intellectual Social Responsibility)'을 목표하고 있다(UNAI Japan 홈페이지). 참고로 UNAI의 10원칙을 살펴보면 다음과 같다(UNAI Japan 홈페이지).

UNAI는 다음의 10가지 원칙을 지지하고 촉진하기 위해 노력한다.

- 원칙 1: 유엔 헌장의 원칙을 추진하고 실현한다.
- 원칙 2: 탐구, 의견, 연설의 자유를 인정한다.
- 원칙 3: 성별, 인종, 종교, 민족을 불문하고 모두에게 교육의 기회를 제공한다.
- 원칙 4: 고등교육에 필요한 기술 · 지식 습득의 기회를 모든 사람에게 제공한다.
- 원칙 5: 세계 각국의 고등교육제도를 통해 능력을 육성한다.
- 원칙 6: 일반인들의 세계시민의식을 고양한다.
- 원칙 7: 평화 및 분쟁 해결을 촉구한다.
- 원칙 8: 빈곤 문제를 해결한다.
- 원칙 9: 지속가능성을 추진한다.

- 원칙 10: 이문화 간의 대화와 상호 이해를 촉진하고 불관용(不寬容)을 제거한다.

소카대학은 2014년 12월에 UNAI에 가입하여 참여 대학 중 가장 활발한 활동을 하고 있다. 그 실례로 UNAI Japan 홈페이지에 게재된 대학별 2020년 활동내역을 보면 소카대학이 타 대학에 비해 그 실천 사례가 월등히 많은 것을 확인할 수 있다. 특히 소카대학은 UNAI 10원칙 중에서도 원칙 6~원칙 10까지의 다섯 가지 원칙을 중심으로 세계시민교육을 실천하고 있으며 그중에서도 원칙 10[이문화 간 대화와 상호 이해를 촉진하고 불관용(不寬容)을 제거]의 실천에 많은 노력을 기울이고 있다. 이처럼 소카대학의 UNAI 활동 목표는 다양한 생각을 가진 사람들과의 원활한 커뮤니케이션을 통해 국제 문제에 대한 해결책을 모색하는 데 있다. 이것을 브릭스의 5대 세계시민역량 개념에서 보면 합의 도출을 위한 지구촌 의사소통기술, 즉 사회적 역량에 해당한다고 할 수 있다.

한편, 한국에서 UNAI 활동을 가장 활발하게 추진하고 있는 대학은 2011년 UNAI 글로벌 허브대학으로 지정된 한동대학교이다. 한동대학교는 설립 초기부터 "Why Not Change the World?"의 정신을 바탕으로 이웃을 섬기겠다는 '사랑'과, 문제를 지혜롭게 해결할 수 있는 '창의력'을 갖춘 인재를 배출함으로써, 지역사회와 국가, 나아가 전 세계 발전에 기여하는 것을 목표해 왔다. 특히 세계시민교육의 일환으로 현장의 문제와 이웃의 필요에 관심을 가지고 주도적으로 문제를 발견하고 해결할 수 있도록 이 시대의 중요한 과제들을 10대 프로젝트로 정리하고, 이를 바탕으로 한 교육 및 연구를 활성화하고 있다. 즉 유네스코에 세계시민 육성을 위한 UNAI

10대 원칙이 있다면 한동대학교에는 '세상을 바꾸는 10대 프로젝트'가 있는 셈이다. 지속가능한 발전을 지향하는 한동대학교의 10대 프로젝트 세부 항목은 다음과 같다(http://www.handong.edu/).

〈세상을 바꾸는 10대 프로젝트〉

- 01: 지역발전 프로젝트(Regional Revitalization Project)
- 02: 통일한국 프로젝트(United Korea Project)
- 03: 아프리카 개도국 프로젝트(Africa · Developing Countries Project)
- 04: 창업 활성화 프로젝트(Entrepreneurship Project)
- 05: 스마트 파이낸싱 프로젝트(Smart Financing Project)
- 06: 차세대 ICT · IoT · AI 프로젝트(Next Generation ICT · IoT · AI Project)
- 07: 차세대 자동차 및 로봇 프로젝트(Next Generation Car and Robot Project)
- 08: 지속가능한 에너지 · 환경 프로젝트(Sustainable Energy · Environment Project)
- 09: 차세대 의식주 프로젝트(Next Generation Life Project)
- 10: 건강 · 복지 프로젝트(Health · Welfare Project)

한동대학교의 10대 프로젝트의 내용을 종합해 볼 때, 브릭스의 5대 세계시민역량 개념 중 지적 · 인지적 역량, 그중에서도 특히 '대안적 미래 개발'에 중점을 두고 있다는 사실을 확인할 수 있다. 한국의 한동대학교와 일본의 소카대학은 신앙을 바탕으로 한 세계시민의 육성을 위해 UNAI 활동을 적극적으로 실천하고 있는 대학이라는 점에서 공통점이 있지만 중요시하는 세계시민역량 면에서는 다소 차이를 나타내고 있다는 사실을 발견할 수 있다.

지금까지 기술한 내용을 볼 때 한국에서의 세계시민성 담론이 주로 도덕적 관점에서 이루어지는 경우가 많은 것에 비해, 일본 대학에서의 세계시민성 담론은 도덕적 관점과 경제적 관점이 일정 부분 혼재되어 있다고 할 수 있다. 다시 말해 소카대학 등의 글로벌화 추진 대학들이 대내외적으로 표방하는 세계시민교육의 목표는 세계시민의 도덕과 윤리, 상호책무성이라고 하는 도덕적 관점을 지향하는 듯 보이지만, 정작 세계시민교육의 내용면에서 보면 학습자의 외국어 역량을 비롯한 의사소통능력, 문제해결능력 등의 글로벌 경쟁력 강화를 통한 경제적 관점에 초점을 맞추고 있는 것이다. 이는 소카대학을 비롯한 일본 대학의 세계시민성에 대한 실제적 개념 인식은 도덕적 관점이 아니라 경제적 관점에 치우쳐 있음을 보여 준다.

2) 소카대학의 세계시민교육 프로그램

소카대학은 창립 50주년이 되는 2020년까지의 중장기 계획으로 2010년에 소카대학 '그라운드 디자인'을 설계하였고 이를 토대로 2012년에 문부과학성의 '글로벌인재육성추진사업' 대학에 채택된다. 이 사업의 수주는 소카대학이 글로벌교육 중심 대학으로 성장하는 중요한 기점이 되었다. 이 사업을 통해 소카대학은 ① 해외수학 체험기회의 확대, ② 유학지원체재의 확충, ③ 영어학습 프로그램의 확충, ④ 외국인 유학생 입학 확대, ⑤ 학사과정 수업과목의 영어화 추진, ⑥ 교직원 국제화 등 글로벌교육의 기반을 구축했다

(소카대학 홈페이지).

이후 소카대학은 '글로벌인재육성추진사업'의 성과를 바탕으로 4개 부분(GM, GL, GA, GC)에 걸쳐 대대적인 개혁을 단행하였다. 그 첫째는 학생 파견 · 유입 확대를 통한 캠퍼스의 글로벌화(Global Mobility), 둘째는 '창조적 세계시민'을 육성하는 학부교육 프로그램의 글로벌화(Global Learning), 셋째는 대학의 운영체제 · 결정수속의 글로벌화(Global Administration), 넷째는 인간교육의 세계적 거점 형성(Global Core)이다(소카대학 홈페이지). 4G개혁의 세부 내용을 정리하면 다음과 같다.

- GM영역: 개발도상국(아프리카 포함)을 포함하는 다양한 지역의 대학과 교류를 확대함으로써 일본인 학생 전원을 해외에 파견하고 해외유학생을 정원의 15%까지 수용하였다. 이를 위해 기숙사, 장학금, 학점인정제도 등의 지원체제를 확충하였다. 이러한 노력의 결과로 소카대학은 2020년 5월 말 현재 세계 62개국 225개의 대학과 교류하고 있다.
- GL영역: 학부공통과목에 '세계시민교육 과목군'을 설치하여 전 학부 공통과목은 영어로 수강하게 하고 전 학부의 영어 트랙화를 본격적으로 전개하기 위해 어학교육 체제와 토플 등에 의한 외국어 평가를 강화하였다.
- GA영역: 외국인 교원을 확대하고 관리직으로 등용하여 다양한 FD · SD 프로그램을 전개하고 사무교원의 어학능력 향상을 위한 연수 및 해외파견을 실시하고 있다.
- GC영역: '글로벌 코어센터'를 설치하고 '국제평화학 연구과'를 대학원에 개설하였다.

이처럼 소카대학은 GM, GL, GA, GC의 4G 대학개혁을 통해 세계시민교육의 새로운 선두주자를 꿈꾸고 있으며, 그 노력을 인정받아 '슈퍼글로벌대학 창성지원사업' 2018년 중간평가에서 5단계 중 최고 등급인 'S'등급을 받았다(문부과학성). 이후 창립 50주년을 기념하여 2030년 창립 60주년까지의 중장기 계획인 '그라운드 디자인 2.0'을 추가로 수립함으로써 4G(GM, GL, GA, GC) 대학개혁에 더욱 박차를 가하게 된다.

4G(GM, GL, GA, GC) 대학개혁 중 GL 영역을 보면 소카대학이 세계시민교육을 표방하면서도 실제로는 영어교육 중심의 글로벌교육에 치중하고 있었음이 더욱 분명해진다. 앞에서도 언급한 바 있지만 한국의 세계시민교육 담론이 주로 국제이해교육이나 다문화교육을 중심으로 전개되고 있다면, 일본의 세계시민교육 담론은 글로벌 경쟁력 강화를 중심으로 전개되는 양상을 보이고 있는 것이다. 다시 말해 소카대학이 추진하고 있는 세계시민교육(global citizenship education)은 글로벌교육(global education) 중심에 시민교육(citizenship)이 가미된 형태의 일본식 세계시민교육에 다름 아니다.

3) 소카대학의 세계시민교육 프로그램

소카대학이 전 학부 공통으로 실시하고 있는 글로벌교육 프로그램으로는 ① 글로벌 랭귀지센터, ② 글로벌리더 칼리지, ③ 글로벌 시티즌십 프로그램을 들 수 있다. 글로벌 랭귀지센터인 WLC (World Language Center) 프로그램은 세계시민의 육성을 위해 유학이나 해외연수를 준비하는 재학생들에게 제공되는 프로그램으로 영어 클래스와 제2외국어 클래스로 구분된다. 대략 영어를 비롯하여 15개 국어 이상의 언어학습을 제공하고 있다. 또 다른 글로벌 교육과정으로는 English Medium Program(EMP)이 있다. EMP는 유학생 · 일본인 학생 모두 영어 수업만으로 졸업할 수 있는 코스의 총칭으로 소카대학에는 현재 11코스가 개설(2019년 시점)되어 있으며 전공과목뿐만 아니라 일반과목도 영어로 수강할 수 있다. 이렇게 함으로써 유학생도 일본어의 벽을 느끼지 않고 전문 분야의 학위를 취득할 수 있고, 일본인 학생은 유학생과 함께 영어로 배우는 학문의 세계를 체험할 수 있다. 또한 EMP 과목과 일본어로 진행되는 과목을 유연하게 조합하여 이수할 수도 있어 자신의 어학 실력에 맞추어 전문적인 학문에 도전할 수 있다.

글로벌리더 칼리지(GLC)는 ① 스스로 생각하는 능력, ② 사물의 본질을 꿰뚫어 보는 역량, ③ 협조역량, ④ 표현역량, ⑤ 장래를 구상하는 능력, ⑥ 학습역량 등의 6분야의 역량을 함양하는 교육과정이다. GLC 프로그램은 사회에서 활약하고 있는 졸업생이 강사로 활동한다는 점, 수강생의 대학생활을 지원하는 멘토-멘티 제도를 운영한다는 점, 시대 변화 대응을 콘셉트로 연 2회 강좌내용에 대한 학습 성찰을 실시하여 꼭 필요한 지식을 선택적으로 제공하는 탄력적인 강좌운영을 실시한다는 점이 특징이다.

세계시민을 육성하기 위한 글로벌 시티즌십 프로그램(GCP)은 미래 국제사회(국제기업, 국제협력기관 등)를 무대로 활약하고 싶거나 해외 대학원에 진학하고 싶은 학생, 혹은 국가 공무원이나 국내 대기업을 목표로 하는 강한 의지를 가진 학생을 대상으로 지혜, 용기, 자비의 세 가지 요건을 갖춘 지구시민을 육성하는 프로그램이다. 즉, 세계를 지향하고 세계의 평화와 인간의 행복을 염원하는 마음인 스피릿(Spirit, 정신), 그것을 실현하기 위한 다양한 기술(Skill, 기술 · 방법)과 서비스(Service, 봉사 · 공헌)의 3S를 갖춘 인재를 육성하는 교육이다. GCP는 향후 국제 사회 등에서 활약할 어학력과 전문성을 가진 인재 양성을 위해 기존의 교육과정과는 완전히 다른 과목을 제공하는 프로그램으로 다음의 다섯 가지 특징을 가지고 있다.

- 각 학부에 소속한 채로 참여할 수 있는 학부 횡단형 프로그램
- 철저한 영어교육으로 세계적 수준의 영어 실력을 양성하고 장학금 혜택(반환 불필요)에 의해 전원 해외 연수 참가
- 사회 시스템을 해독하는 힘과 수리능력 트레이닝
- 독자적인 세미나를 통해 글로벌 무대에서 활약할 인재 육성
- 4년간 소인수제에 의한 세심한 지도와 '건학정신'의 심화

GCP프로그램의 성과는 대개 프로그램 개시 전과 후의 영어능력과 학습능력의 향상도 수치로 표현된다. 이는 소카대학이 세계시민교육의 개념을 남들보다 뛰어나고 우월한 능력을 가진 피교육자에 대하여, 그 능력을 개발하려는 일종의 수월성 교육이자 글로벌 무한경쟁에서 살아남기 위한 역량교육으로 인식하고 있음을 보여준다. 이는 과거 우리나라 김영삼 정부 시절, 세계화를 국가 경쟁력 강화와 같은 개념으로 인식했던 것과 유사한 경향성을 가진다. 이처럼 세계화를 유용성이나 효율성이라고 하는 경제적 관점에서 접근하게 될 경우, 세계시민교육이 개인의 글로벌 경쟁력 강화를 지향하는 것은 어쩌면 지극히 당연한 귀결일 것이다.

소수의 글로벌 대학을 제외하고 일본의 고등교육기관에서 '도덕

적 관점의 세계시민교육'이 활발히 전개되기 어려운 원인으로 몇 가지 문화 심리적 추론이 가능하다. 그중 하나는 일본인이 타인의 문제, 다시 말해 지구촌 여기저기서 발생하는 다양한 문제를 자기 자신의 문제로 인식하는 것이 다른 나라 국민들에 비해 조금 더 어렵다는 사실이다. 왜냐하면 일본은 외부와 내부를 철저히 구분하는 섬나라 근성의 문화가 전통적으로 뿌리 깊게 자리 잡고 있는데다 타인의 문제에 관심을 표하거나 왈가왈부하는 것을 오랫동안 터부시해 온 나라이기 때문이다. 더욱이 자신의 속마음을 좀처럼 솔직하게 드러내지 않는 일본 문화의 독특한 성향인 '다테마에(建て前)와 혼네(本音)' 역시 그 원인 중 하나로 지적될 수 있다. 그 밖에도 세계시민교육을 주창한 반기문 전 유엔 사무총장에 대한 일부 일본 우익 학자들의 미묘한 반감 역시 일본에서 세계시민교육이 활성화되지 못한 또 다른 요인이 되었을 가능성도 있다. 이와 같은 심리적 차원의 세계시민교육에 대한 연구는 추후 과제로 남겨두고자 한다.

4. 맺음말

지금까지의 연구 결과를 토대로 소카대학이 실시하고 있는 세계시민교육은 존슨(Johnson)의 세계시민교육 담론의 범주에서 보면 경제적 관점에 치중되어 있고, 브릭스(Briks)의 세계시민역량적 관점에서 보면 사회적 역량을 중시하는 글로벌 교육이라고 결론지을 수 있다. 그러므로 소카대학의 세계시민교육은 표면적으로 내세우고 있는 창조적 세계시민을 양성하는 교육이라기보다는 학습자들의 글로벌 경쟁력 강화를 위한 역량교육에 가깝다고 할 수 있다. 이러한 일본의 역량 중심 세계시민교육은 그 목적성보다는 콘텐츠 자체에 치중하는 경향으로 이어질 위험성이 있다. 그리고 결과적으로 일본의 세계시민교육을 통해 양산되는 세계시민 혹은 세계시민성의 교육성과는 휴머니즘에 입각한 세계시민교육의 성과와는 질적으로 다른 결과를 맞이하게 될 수 있을 것이다.

결론적으로 소카대학의 세계시민교육 실천은 세계교육(global education) + 시민성(citizenship)으로 치환해서 접근하는 방식을 취하고 있으며, 이는 세계시민교육이 일본에서 어떤 방식으로 인식되고 있는지의 실제를 보여 준다. 즉 소카대학에서는 세계시민교육을 영어 중심의 커뮤니케이션 교육에 사회정의, 권리와 책무성이라고 하는 시민성 교육을 일정 부분 가미한 형태로 인식하고 있는 것이다. 이것은 현재 일본 고등교육기관에서 세계시민교육이 글로벌교육과 거의 동일시되는 경향을 보이고 있고, 대학교육에서 상당히 영향력 있는 교육 트렌드로 자리매김하고 있다는 사실을 보여 주는 실례 중 하나이다.

이러한 현상은 지속가능한 발전과 성장을 위해 전 세계가 함께 지켜야 할 국제사회의 약속으로 UN이 제시한 17가지 지속가능발전목표(SDGs)에도 부합하지 않는다. 이제 일본은 하루빨리 자국 이익 중심의 세계관에서 벗어나 선진국이라고 하는 국제적 책무성을 인식함으로써 지구촌을 위협하고 있는 빈곤문제나 환경문제와 같은 세계 문제 해결을 위한 세계시민교육에 앞장서야 할 것이다. 그러기 위해서 일본 대학의 세계시민교육부터 폭넓은 국제 이해를 바탕으로 SDGs에 걸맞은 세계시민교육으로 자리매김할 수 있기를 진심으로 기대한다.

또한 COVID-19와 같은 절체절명의 세계적 재난 앞에 선 우리 인류도 진정한 세계시민교육의 방향성에 대해 다시 한번 숙고의 시간을 가져야 할 것이다. 이제 우리가 지향해야 할 세계시민교육의 방향은 인류가 직면하고 있는 위기에 대해 지구적 연대를 통해 극복해 나가려고 하는 범지구적 책임의식을 배양하고 실천하는 교육으로 거듭나야 한다. 그러므로 추후에는 미래 지구사회가 직면하게 될 다양한 문제를 예견하고, 다각도로 그 문제들을 분석하여 해결책을 모색할 수 있는 세계시민교육 프로그램에 대한 이론적·실천적 연구가 더욱 체계화되어야 할 것이다.

참고문헌

김진희, 허영식(2013). 다문화교육과 세계시민교육의 담론과 함의 고찰. **한국교육**, 40(3), 155-181.

성열관(2010). 세계시민교육 교육과정의 보편적 핵심 요소와 한국적 특수성에 대한 고찰. **한국교육**, 37(2), 109-130.

송민경(2014). Global Citizenship(지구시민성)에 관한 연구. **청소년학연구**, 21(12), 483-512.

윤성혜(2017). 대학생용 세계시민의식(Global Citizenship) 척도 개발. 이화여자대학교 대학원 박사학위논문.

小林亮(2018). 高等教育における地球市民教育(GCED)および持続可能な開発のための教育(ESD)の課題と可能性について. **学士課程教育機構研究誌**, 7, 47-73.

Branson, M. (1998). The role of civic education: A forthcoming Education Policy Task Force position paper from the Communitarian Network. Center for Civic Education.

Briks, H. (1997). Global citizenship and higher education (Doctoral dissertation). University of Toronto, Toronto, Canada, 151-232.

Johnson, L. (2010). Towards a Framework for Global Citizenship Education. Presented at Education and Citizenship in a Globalizing World. University of London, Institute of Education. 19th-20th November 2010. Retrieved 10 April 2015, from http://journal.koseiu.or.kr/archive/view_article?pid=jeiu-15-3-141, http://www.ioe.ac.uk/about/documents/About_Overview/Johnson_l.pdf에서 2021년 5월 15일 인출.

Osborne, K. (1997). Citizenship education and social studies. In I. Wright & A. Seaf (Eds.), *Trends & Issues in Canadian Social Studies*. Vancouver: Pacific Educational Press.

대학저널, http://www.dhnews.co.kr/news/articleView.html?idxno=119478에서 2021년 5월 15일 인출.

문부과학성, https://www.mext.go.jp/a_menu/koutou/kaikaku/sekaitenkai/1360288.htm에서 2021년 5월 15일 인출.

소카대학 슈퍼글로벌대학 창성지원사업 전략 디지털북, https://www.soka.ac.jp/assets/static/special/digital_book/TGU-Pamph_V1/5/index.html#zoom=z에서 2021년 5월 15일 인출.

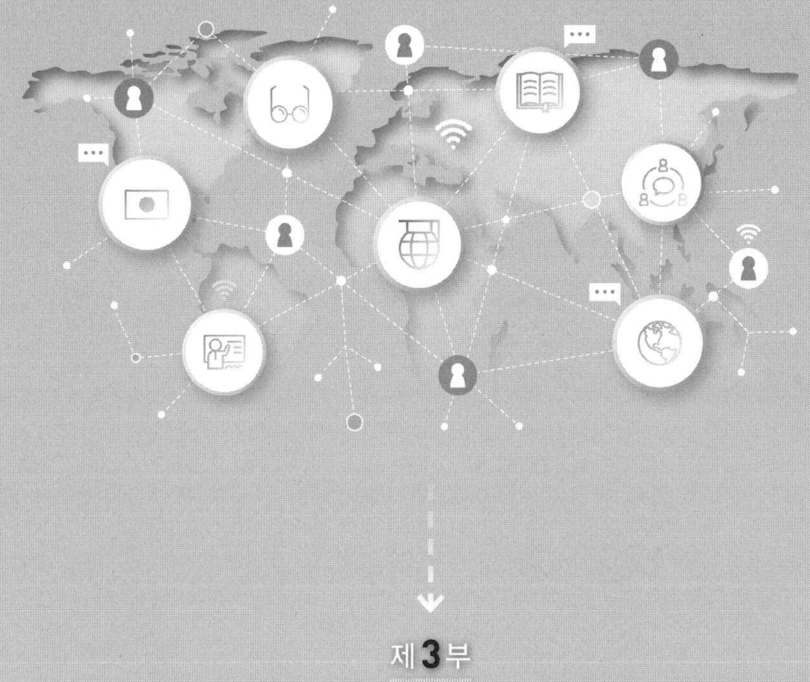

제3부

지역, 국가와 함께하는 세계시민교육

제9장

일본 문부과학성의 주권자 교육 현황과 시사점[1)]

조규복(한국교육학술정보원)

1. 세계시민교육과 주권자 교육

세계시민교육은 주권자 교육이라고 말할 수 있다. 왜냐하면 ① 시민성이란 민주주의 사회 구성원으로서 자립적으로 판단하고 정치와 사회의 공적인 의사결정에 능동적으로 참가하는 자질(Kodama, 2015)이고, ② 국제화 정보화 속에서 교통과 정보통신 등의 발달로 우리의 일상생활과 지역 안에서도 글로벌한 관점과 태

1) 이 장은 '조규복(2019). 일본 문부과학성의 주권자 교육 현황과 시사점. 한국일본교육학회 2019년 학술대회발표자료집; 조규복(2020). 일본의 모의선거교육 팩트체크와 시사점. 한겨레신문[시론] ; 조규복(2020). 일본의 만 18세 주권자 교육 ① 최근 3년의 시행착오와 시사점, ② 주권자 교육과 디지털 시민성 교육의 연계. 에듀인뉴스'의 자료를 재구성 및 추가 발전시킨 것이다.

도 등이 필수가 되었기 때문이다. 관련하여 총무성(2011)은 '상시계발사업에 관한 연구회 최종보고서'에서 주권자 교육에 대해 '국가와 사회의 문제를 자신의 문제로 바라보고 스스로 생각하고 판단해서 행동하는 주권자를 육성하는 것'이라고 설명하고 있다. 즉, 세계시민교육은 지구(글로벌) 위에서 주권자가 되기 위한 교육이라고 말할 수 있다. 신종코로나 바이러스와 같은 전염병과 온난화와 같은 기후문제 그리고 중국과 미국의 무역분쟁 및 일본 등 주변국과의 영토와 역사문제 등은 국제 업무를 하는 일부 특정한 직업군에게만 연관되는 것이 아니라 남녀노소 모든 사람에게 직간접적으로 영향을 미치고 있다. 만일 세계적 관점과 태도가 빠진 시민성 교육이 있다면 그 자체가 불완전하고 위험한 것이라고도 볼 수 있다.

우리나라의 선거권 연령이 만 19세에서 만 18세로 낮추어졌고, 2020년 4월 국회의원선거에 생일이 지난 고등학교 3학년 학생들이 투표하였다. 관련하여 2020년 1월과 2월에 고등학생의 주권자 교육 혹은 선거교육 및 그 방안 등에 대한 다양한 논쟁이 대중매체 등을 통해 펼쳐졌다. 그러나 신종코로나로 인해 개학이 한 달 이상 연기되면서 학교에서 주권자 교육을 준비하거나 수업에 반영할 기회도 없이 지나가 버렸다. 학생들에게 주권자로서의 시민성을 실제적으로 함양할 수 있는 교육기회뿐만 아니라 주권자 교육을 추진하고 그 시행착오와 장단점 등을 점검하여 보완할 수 있는 기회도 건너뛰어 버렸다.

이러한 시점에 향후 계속 실시될 선거를 앞두고 다시 한번 우리나라보다 5년 먼저 선거 연령을 18세로 낮춘 일본의 주권자 교육을 검토하고 과제를 정리하여 개선방안을 모색할 필요가 있다.

2. 일본 정부의 주권자 교육

1) 주권자 교육의 정책 흐름

이를 위해 먼저 일본 정부의 주권자 교육에 대한 주요 정책흐름을 살펴보고자 한다. 1947년에 일본은「교육기본법」제18조(현재는 14조)에 "양식 있는 공민으로서 필요한 정치적 교양은 교육상 존중받지 않으면 안 된다"라는 문장이 포함되며 주권자 교육의 법제도 환경을 마련하였다. 이어서 1948년에 문부과학성은 중학교 3학년과 고등학교 1학년용 사회과 교과서『민주주의』를 제작하여 학교 교육 안에서 민주주의 교육을 도모하고자 하였다. 참고로 이 책은 복간되어 판매되고 있으며 지금 읽어도 손색이 없을 정도로 내용이 진보적이며 구체적이다. 그 개요를 소개하면, 상하 2권으로 제작되었으며 상권은 1~11장으로 하권은 12~17장으로 구분되며 각 장의 제목은 다음과 같다.

- **상권**: 1장 민주주의의 본질, 2장 민주주의의 발달, 3장 민주주의 관련 제도, 4장 선거권, 5장 다수결, 6장 눈뜬 유권자, 7장 정치와 국민, 8장 사회생활에서의 민주주의, 9장 경제생활에서의 민주주의, 10장 민주주주와 노동조합, 11장 민주주의와 독재주의
- **하권**: 12장 일본에서의 민주주의 역사, 13장 신헌법에 나타난 민주주의, 14장 민주주의를 배우는 방법, 15장 일본 여성의 새로운 권리와 책임, 16장 국제생활에서의 민주주의, 17장 민주

주의가 가져온 것

이 중에 주권자 교육과 가장 관련 있는 장은 14장 민주주의를 배우는 방법이라고 볼 수 있으며 이것은 총 5개의 파트(민주주의를 배우는 방법, 학교교육의 쇄신, 교육 기회균등과 신교육 방침, 민주주의 교육 실천, 교우회, 교외활동)로 구성되어 있다.

이 내용 안에는 '야구경기 규칙을 익히는 것만으로는 절대 야구를 잘할 수 없다'는 비유(지식전달중심 주권자 교육의 위험성 지적)와 '학교도 사회의 축소판으로 민주주의를 경험할 수 있는 중요한 장소'라는 언급 그리고 '교사–학생 간 민주적인 관계와 동아리와 학생회(교우회) 및 교외활동을 통한 민주주의 교육'을 설명하고 있다. 특히 14장 304쪽에 담겨 있는 마지막 2개 절은 그 핵심을 담은 것으로서 번역하여 소개한다.

> 중요한 것은 민주주의 공동생활을 학교 안에서 그리고 학교 밖에서 실제 체험하여 진정한 민주주의 정신을 몸으로 익히는 것이다. 요즘 청소년도 만 20세가 되면 선거권을 부여받아 가장 중요한 국가의 정치에 참여하게 된다. 의사가 되어 사람의 생명을 책임지거나 기술자가 되어 정밀한 기계를 운전하기 위해서는 학교를 나와서도 충분한 훈련을 쌓을 필요가 있고 그러한 여유도 있다. 그러나 민주주의만은 만 20세가 되기까지 그 정신을 진실로 몸으로 익히지 않으면 안 된다. 매년 새로 선거권을 얻는 수백만의 젊은이들이 민주정치의 바른 운용을 구분하는지가 국가 정치에 선악 양쪽으로 큰 영향을 미칠 것이다. 학창시대에 민주주의 실천이 얼마나 중요한지는 그것을 생각하는 것만으로도 잘 알 수 있다. 현재 학교에 다니고 있는 청소년 모두가 지금 바른 민주주의를 배울 수 있는지의 여부는

> 20년, 30년 후 일본의 운명을 좌우한다. 일본이 평화롭고 아름다운 국가로 재건되어 세계의 교화에 공헌할 수 있는지 없는지의 열쇠는 여기에 있다. 매일매일의 학교생활, 그것을 자유롭고 밝은 인간존중의 정신과 각자 책임을 자각한 사람들 간의 협력과 질서를 가지고 관철해 나가야 한다.

그러나 이러한 진보적인 민주주의 교육은 안착되지 못했던 것으로 보인다. 왜냐하면 1940년대 말부터의 정치교육을 둘러싸고 문부과학성과 일교조(일본교직원조합) 사이에 갈등이 발생하며, 문부과학성은 교사들의 정치교육을 제한하기 위해 1954년「교육이법」등을 제정하면서 학교를 정치로부터 거리를 두도록 하였기 때문이다.「교육이법」을 통해 정치성격을 가지는 시위행진이나 집회에 공립학교 교직원이 참가하거나 학생의 참가를 유도하는 행위를 규제하고 이를 어길 시 징계처분이 가능하게 되었다.

그 후, 1960년대에는 대학교와 고등학교에 학원 분쟁이 발생하고 대학생과 고등학생들의 정치활동이 심해지면서 1960년 6월 문부과학성은 '고등학교 학생들에 대한 지도체제 확립에 대해'라는 정책문서를 통해 '외부의 부당한 세력'으로 인해 고교의 '학생회나 학생 등이 정치활동에 휘말리지 않도록 교직원이 일체가 되어 학생들의 지도체제를 확립할 것'을 지침으로 전달(통달)하기에 이른다. 이를 통해 학교교육과 정치의 거리두기 혹은 학교의 정치적 중립성은 더욱 곤고해지면서 지금에 이르는 것으로 볼 수 있다. 그 후에 이루어지는 세계시민교육과 주권자 교육에서 정치성이 빠지거나 과민하게 다루어지는 것도 이러한 1950~1960년의 사회배경을 통해 이해할 수 있다.

그 후에 다시 세계시민교육 관련 정책이 거론된 것은 2004년 경제산업성으로부터이다. 경제산업성은 '사회의 계층화와 분열의 정책적 함의'라는 조사연구를 추진하여 사회 계층화와 분열이 커지는 문제를 언급하고 그 해결방안으로 시민성 교육의 가능성을 제시하며 2006년에 '시민교육선언'을 발표하였다. 이를 바탕으로 2011년에 총무성은 '상시계발사업에 관한 연구회'의 최종보고서에서 '사회에 참가하고 스스로 생각하고 판단하는 '주권자 교육'을 강조하며 사회참가 촉진과 정치적 리터러시 향상을 도모하였다.

그리고 이러한 움직임이 탄력을 받아 선거권 연령 저하로까지 이어진 사건(?)이 발생한다. 2014년경에 당시 야당 쪽에서 주장해 왔던 18세 선거권을 아베 총리가 법제도 검토 후, 2015년에 2016년부터 인정되도록 법제도를 개정한 것이다. 이러한 처리 배경에는 당시 야당도 주장하였듯이 선진국 수준에 맞게 18세 고등학생에게 선거권을 부여하며 고령화 시대에 청소년들의 의견이 정치에 반영되도록 하는 취지도 있다고 볼 수 있겠다. 그러나 다른 한편 일본의 '헌법개정'을 위해 필요한 국민투표 과반수 찬성을 얻기 위한 포석이라는 주장도 있다.

2015년 6월에 선거권 연령이 만 20세 이상에서 만 18세 이상으로 낮아지면서 총무성과 선거관리위원회 및 '밝은 선거추진협회'에서 젊은 세대의 선거참여를 촉진하는 활동을 추진하며 홍보 동영상도 제작하였는데, 예를 들어 '우리들이 주역, 새로운 단계로, 주권자 교육'이 있다([그림 9-1] 참조).

이와 관련하여 문부과학성은 2015년 선거권 연령 저하를 전후하여 (총무성과 함께) 주권자 교육 관련 부교재(〈표 9-1〉 참조)와 가이드라인 제작 및 수업사례와 수업모델 등을 발굴하고 안내하였다.

그리고 이러한 3~5년간의 법개정과 주권자 교육 추진과정을

[그림 9-1] 총무성의 주권자 교육용 동영상

출처: https://youtu.be/Y_8G2UyFX0s

검토한 보고서가 총무성과 문부과학성에서 공개되었다. 총무성은 2017년에 '주권자 교육 추진에 관한 전문가 협의회'를 통해 최종보고서를 발표하여 주권자 교육의 과제와 나아가야 할 방향에 대해 정리하였다. 그리고 문부과학성은 2019년에 '주권자 교육 추진회의'의 배부자료를 공개했는데 이 안에 Kodama(2019)와 Kurihara(2019) 등 주권자 교육 전문가들의 주권자 교육의 과제와 비판이 담겨 있다.

표 9-1 일본 문부과학성과 총무성의 주권자 교육 부교재 목차

부교재 제목: 우리들이 만들어가는 일본의 미래
1. 들어가며 미래를 짊어질 우리 ~ 책임 있는 한 표를 ~
2. 해설편 (1) 유권자가 된다는 것 (2) 선거의 실제 (3) 정치의 구조 (4) 연령별 투표율과 정책 (5) 헌법 개정 국민 투표
3. 실천편 (1) 학습 활동을 통해 생각하기 (2) 대화와 토론의 방법 –기법의 실천 ① 토론으로 정책 논쟁을 해 보자 –기법의 실천 ② 지역 과제를 찾는 방법 (3) 모의 선거 –모의 선거 ① 미래의 도지사를 선택하자 –모의 선거 ② 실제 선거에 맞춰 모의 선거를 해 보자 (4) 모의 청원 (5) 모의 의회
4. 참고 사항 (1) 투표와 선거 운동 등에 대한 Q & A (2) 학교에서의 정치적 중립 확보 (3) 조사해 보자

이러한 시행착오 등에 대한 성찰은 그 후 주권자 교육 정책에 소극적으로라도 반영되고 있는 것으로 판단된다. 최근 문부과학성은 2022년 교육과정 개정 시기에 맞춰 '공공'이라는 주권자 교육을 포

표 9-2 **일본 문부과학성의 학교급별 주권자 교육 교육과정의 목표**

	법과 규정	정치와 경제	자발적 자치적 활동 이해
초등학교	• 일본헌법에서의 국민으로서의 권리와 의무(사회) • 법과 규정 의의(도덕)	• 지방공공단체와 국가 정치 활동(사회) • 일본 농업, 수산업, 공업생산, 정보산업	• 학급활동, 학생회 활동(특별활동) • 학교행사에서의 봉사활동(특별활동)
중학교	• 현대 사회를 보는 관점과 사고방식(사회) • 인간 존엄과 일본헌법의 기본원칙(사회) • 법과 규정 의의, 규율 속 안정된 사회 실현(도덕) • 공정, 공평, 사회정의, 사회참여, 공공 정신(도덕)	• 민주주의와 정치참가(사회) • 시장 움직임과 경제(사회) • 국민 생활과 정부 역할(사회) • 세계평화와 인류 복지 증대(기술가정) • 일상 속 소비생활과 환경 • 환경을 배려한 소비생활(기술가정)	• 학급활동, 학생회활동(특별활동) • 학교행사에서의 봉사활동(특별활동)
고등학교	• 공공 공간에서의 인간과 삶의 방식(공민) • 공공 공간에서의 기본원리(공민)	• 현대 민주정치와 정치참가 의의(공민) • 현대 경제사회와 경제활동(공민) • 현실사회의 여러 문제(공민) • 생활 경제 계획과 소비(가정) • 평생 생활설계(가정)	• 동아리 활동, 학생회 활동 • 학교행사에서의 직업체험과 봉사활동(특별활동)

출처: 문부과학성(2019).

함하는 새로운 과목을 준비하며 학교급별 교육과정 목표를 정리한 바 있는데 이 안에 학생의 학습활동과 내용 안에 정치적 구체성이 보강된 것으로 보인다(〈표 9-2〉 참조).

2) 일본 주권자 교육 정책의 시행착오 정리

총무성과 문부과학성이 각각 2017년과 2019년에 공개한 주권자 교육 관련 전문가 협의회 보고서와 회의자료 안에는 주권자 교육의 현황과 과제가 정리되어 있다. 2017년의 총무성 보고서는 각 전문가의 의견 등을 모아 정리한 보고서이기 때문에 어느 정도 내용이 순화되어 있었지만, 2019년의 배부자료는 각 전문가들의 목소리를 그대로 공유한 것이라서 보다 직접적으로 비판하는 내용이 담겨 있다. 예를 들어, 2017년 총무성 보고서 작성을 위한 Kodama(2017)의 회의 배부자료에는 일본의 주권자 교육을 야구경기로 예를 들면서 야구 규칙만 배우고 정작 야구를 해 보지 않아서

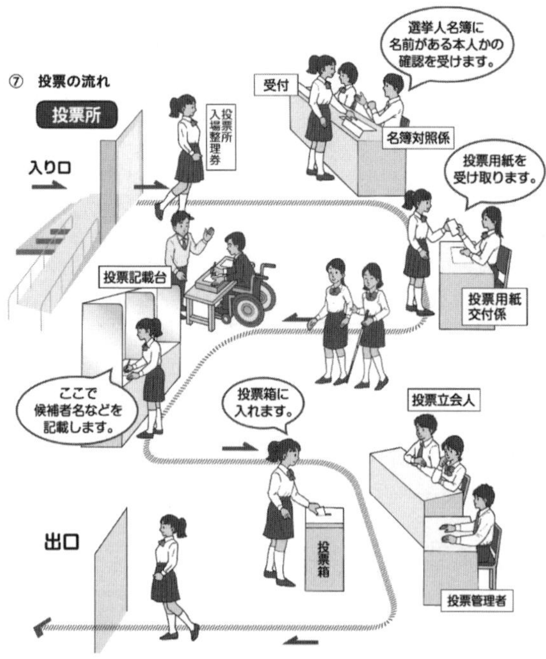

[그림 9-2] 문부과학성과 총무성의 주권자 교육용 부교재의 삽화(선거의 흐름)

결국 야구에 대한 흥미를 떨어뜨리고 정작 야구를 잘 하지도 못하게 된다고 비판한 바 있다. 즉, [그림 9-2]와 같은 투표 절차에 대한 교육이 필요하지만 그 자체가 주권자 교육의 핵심은 아니라는 주장이다. 참고로 이런 비유적 비판은 1948년에 문부과학성이 제작한 중등학교용 교과서『민주주의』의 제14장 안에 기입되어 있는 것이다.

두 개의 보고서 안에 어떤 주권자 교육 정책이 과제(문제)이고 어떤 방안(관점)으로 극복 가능한지를 살펴보기로 한다.

(1) 총무성(2017)의 '주권자 교육 추진에 관한 전문가 협의회' 최종보고서

이것은 선거권 연령 저하 이후 추진된 선거교육에 대해 정부 차원에서 검토한 최초의 정책보고서로 보인다. 여기에는 주권자 교육의 네 가지 과제와 세 가지 개선방안이 정리되어 있다. 먼저 네 가지 과제는 다음과 같다.

- **학교의 정치 중립성 문제:** 일본도 우리나라처럼 학교와 교원의 정치중립성에 대한 법규정이 있기 때문에 주권자 교육이 주로 피상적인 지식습득과 체험학습이 되어 학생들이 토론하거나 의사결정하는 수업이 부족했고 특히 장애학생 대상의 교수방법에 대한 준비가 미흡했음.
- **선거관리위원회의 주권자 교육의 문제:** 선관위에 의한 출장수업을 통해 실제 투표관련 소품(투표소, 투표용지 등)을 활용하여 모의적으로 체험하여 흥미를 높이는 효과가 있지만 선관위의 전담인력이 부족하고, 특히 선거기간 중에는 선거 준비로 대

부분의 인력이 투입됨으로써 주권자 교육이 충분히 이루어지지 못함.

- **외부 기관과의 주권자 교육의 문제:** 외부의 관련 단체와 전문가 등을 학교에 초대하여 수업을 하는 것은 효과적이지만, 실제 학교에서 외부 전문가를 찾아서 의뢰하기 위한 정보와 이를 지원하는 교육청 등의 지자체 부서가 학교의 정치적 중립성의 문제로 충분히 지원하지 못하는 경우가 많음.
- **18세와 19세의 투표율 격차:** 19세의 투표율이 18세에 비해 9% 정도 낮은 이유에 대해 고교 졸업 후 주권자 교육의 기회가 줄어들고 부재자투표의 신청 절차의 복잡함 등이 언급됨.

이러한 과제에 대한 해결방안들을 제시했는데 이를 세 가지로 정리하면 다음과 같다.

- **지속적인 투표 참여 주권자 육성:** 고등학교만이 아니라 유치원과 초등학교에서부터 사회의 여러 가지 현상들에 대해 지식습득과 체험만이 아닌 스스로 생각하고 판단하여 행동할 수 있도록 학교급별로 교육할 필요가 있음. 지역의 대표를 선출하는 것의 중요성과 학교 학생회 그리고 현실의 정치문제에 대한 토론, 국회(시구)의원 및 정당관계자의 정책설명을 듣거나 소통하는 기회 등을 가지는 것을 제안함. 특히 장애학생을 위해 장애 특성 등을 고려한 수업과 수업사례 공유가 중요함.
- **계획적이고 조직횡단적인 대응:** 4년에 1회씩 진행되는 국회의원 선거와 3년에 1회씩 진행되는 참의원 선거 전에는 모의선거교육을 도입하지만, 선거가 없는 연도 혹은 기간이 많이 남아 있

을 경우에는 현실의 정치문제 등에 대해 정책토론을 할 수 있음. 지역과제에 대해서는 지자체의 의원과 담당 직원을 초빙하기 위해서 의회사무국 등의 협조를 받거나 실제 의회를 방청하는 것도 지역 내 정치를 체험하는 효과적인 수단이 될 수 있음.

- **외부 전문가 초빙**: 전국의 주권자 교육 관련 전문가 인력풀을 확보하고 우수 수업 사례와 추진 사례를 수합 공유할 필요가 있음. 한정된 선관위 직원 수를 고려하여 공통된 교육자료를 공유하거나 학급 간 및 학교 간 일정을 맞춰 인원부족 문제를 해소하는 준비와 노력이 필요함. 직접 오지 못하더라도 학생들의 질문 등에 대해 소통할 수 있는 창구를 확보할 필요가 있음.

(2) 문부과학성의 '주권자 교육 추진 회의(2019년 9월 17일)' 배부자료

문부과학성의 2019년 9월 17일에 개최된 주권자 교육추진회의의 배부자료 중 Kurihara(2019)와 Kodama(2019)는 다음의 네 가지 비유로 주권자 교육의 시행착오를 비판하고 있다.

- **순차해설**: 주권자 교육과 직간접적으로 관련된 내용(개념, 절차 등)을 순차적으로 설명하는 것.
- **소꿉장난**: 주로 모의선거와 모의재판을 두고 하는 표현으로서 해당 모의활동에 현실성과 구체성이 담보되지 않는 것.
- **던지기**: 교사가 교과와 연계하거나 관련 자료를 분석하여 수업을 구성하는 것이 아니라 선관위와 외부 전문가에게 넘겨서 수업을 진행하는 것.

- **중립성**: 18세 고등학생의 유권자로서의 권리와 학교의 정치 중립성 확보가 상충되거나 양자가 충분히 조화를 이루지 못하는 것. 구체적으로 다음의 「교육기본법」 제14조 2항이 과도하게 우선시되며 1항이 제한되는 것.
  - 제14조 1항: 양식 있는 공민으로서 필요한 정치적 교양은 교육상 존중되지 않으면 안 된다.
  - 제14조 2항: 법률에 정한 학교는 특정 정당을 지지하거나 반대하기 위한 정치성 교육과 기타 정치 활동을 해서는 안 된다.

Kodama는 일본을 대표하는 정치교육학자로서 총무성과 문부과학성의 관련 협의회에 단골로 참여하고 있는데 그가 항상 강조하는 것이 정치 리터러시, 그중에서도 영국의 정치교육학자 Crick(2000)의 정치리터러시 개념도이다. 즉, 평소에 정치와 사회 문제를 생각할 수 있는 학습체험이 필요하다. 그 학습체험 안에서 학생들이 '서로 다른 가치관이 대립하는 경우의 논쟁적 문제에서 쟁점을 어떻게 이해할 것인가' 이것이 주권자의 정치 리터러시 함양의 핵심이고, 이를 위해 필요한 지식과 책임감 및 행동을 [그림 9-3]과 같이 정리한 것이 Crick(2000)의 개념도이다.

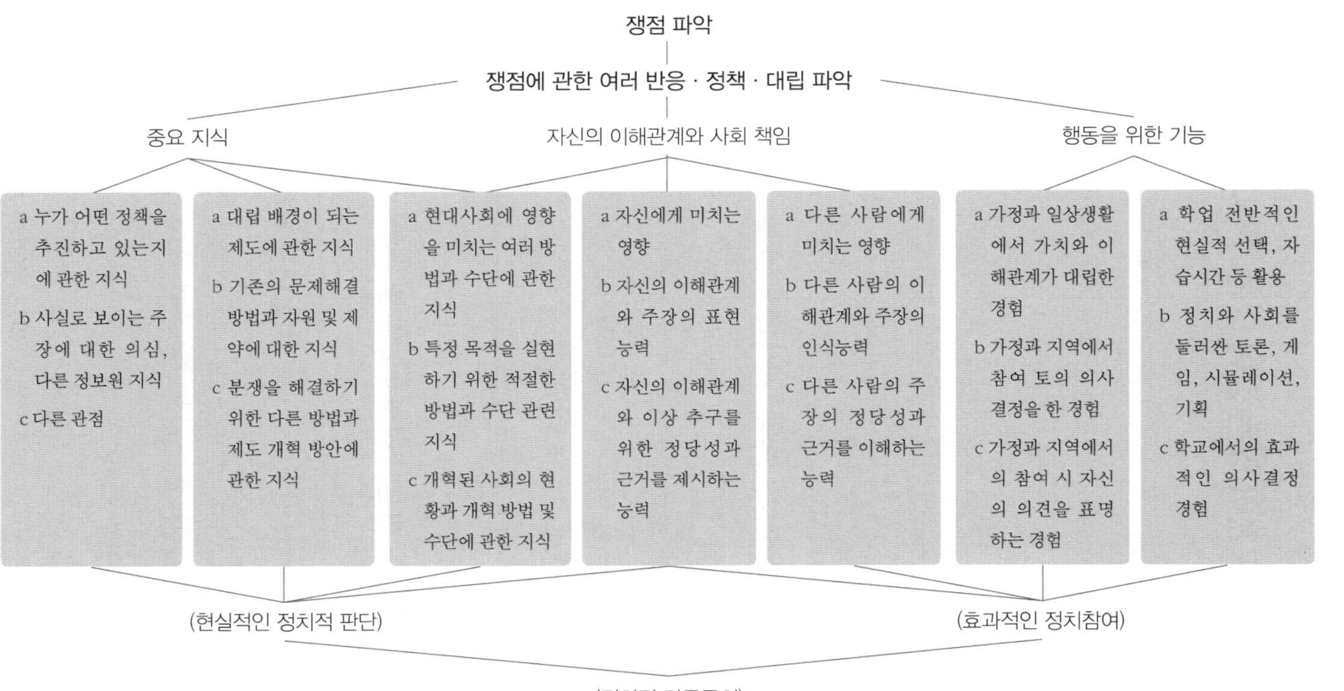

[그림 9-3] 정치 리터러시 개념도

출처: Crick (2000).

3. 쟁점과 토론이 있는 깊이 있는 주권자 교육

일본 문부과학성(1947)의 『민주주의』 교과서가 있다면 우리나라에는 오천석 박사(1946)의 『민주주의 교육의 건설』이 있다. 분량은 상대적으로 적고 문체도 약간 거칠지만 민주교육에 대한 교육내용과 방법을 언급한 구체성 면에서는 시사하는 바가 더 크다고 말할 수 있다(이 장은 일본의 시민성교육과 관련된 것으로서 오천석 박사의 『민주주의 교육의 건설』에 대한 자세한 내용은 생략함). 그리고 일본의 일교조는 우리나라로 연결하자면 전교조가 되겠고, 일본 대학생의 1960~1970년대 학생운동은 우리나라의 1980~1990년대의 것으로 대응 지어 볼 수 있다. 그 결과 우리나라 역시 당시 군사독재 등의 정치 아래에서 일본처럼 해방 직후에 뿌려진 학교에서의 민주주의 교육은 뿌리를 내리지 못하고 정치와 거리를 두면서 중립성을 강조하는 지금에 이르게 되었다고 볼 수 있다.

한일 양국은 이러한 공통된 배경 위에 최근 주권자 연령 저하 그리고 이를 계기로 다시 주권자 교육의 내용과 방법이 주목을 받고 있고, 우리나라는 일본의 시행착오를 참고하여 답습하지 않아야 한다.

다시 한번 일본의 선거연령 이후 추진된 주권자 교육에 대한 총무성과 문부과학성 그리고 동경대학 Kodama 교수 등이 언급한 시행착오와 반성의 결과를 정리하면 다음과 같다. 선거의 방법과 의미 등에 대한 지식을 습득하고 모의로 체험하는 등의 교재와 선관위 초빙수업 등은 학생의 관심을 높이는 효과가 있을지라도 그것은 피상적일 가능성이 크다는 것, 그리고 주변의 현실 속에서 진행되고 있는 정치현상에 대해 다양한 정보와 관점 등을 바탕으로 토론하고 판단한 후 '행동'하여 직간접적으로 학교와 지역의 등의 정치와의 연관성을 체득하지 못한다면 결과적으로 이상의 네 가지 주권자 교육의 한계와 문제(순차해설, 소꿉장난, 던지기, 중립성)가 발생할 수 있다는 점이다. 그리고 주권자 교육의 핵심적 요소 중 하나는 현실의 정치문제에 대한 다양한 관점을 바탕으로 토론과 논쟁 그리고 이를 통해 학생 스스로 판단하고 행동할 수 있는 교육이라는 점이다. 사실 이것은 일본과 한국의 1940년대에 발간된 민주주의 교과서(교재)에 이미 언급된 내용이기도 하다.

또한 어떤 문제에 대해 정보를 수합하고 토론하여 판단하고 실행하는 것은 협력적 문제해결학습의 전형이라고 볼 수 있는데, 이와 관련된 수업이 최근 문부과학성이 학교교육 혁신의 중심 키워드(주체적 · 협력적 깊은 학습)와 '액티브 러닝'이라는 정책과도 일맥상통한다고 볼 수 있다. 일본의 액티브 러닝과 주권자 교육과의 연계에 대해서는 이정희(2018)가 정리한 바 있다. 즉 일본 총무성(2015)의 주권자 교육의 네 가지 절차와 두 가지 주권자 교육 수업 사례 등을 통해 액티브 러닝과 연관됨을 설명하고 이 중 총무성의 '지역의 과제'를 중심으로 하는 주권자 교육의 네 가지 수업 단계를 소개하였다.

- **기초 정보를 정리하기:** 자방자치단체의 홈페이지나 통계 정보를 참조하여 인구와 면적, 재정 상황 등을 정리하기
- **초점 정리하기:** 일상생활에서 착안한 것에서부터 특정 분야에서 착안한 것으로 좁혀 나가기
- **지역의 정치 상황을 알기:** 행정의 기초 정보(행정 발행 광보지, 지

역의 장기 계획), 의회의 기초 정보(의회 발행 정보지, 의회 의사록)

- **정리**: 관심을 둔 정치 상황의 현황에 대한 평가, 관심을 둔 것이 미래에 어떻게 될지, 어떤 것을 의식하면서 살아야 하는지 정리하기

총무성(2017)의 ICT활용 교육 수업가이드 자료에 실린 수업 사례 중에는 전임 도의회 의장에게 화상회의(스카이프)로 '지방의회', '정치활동비, 정치와 돈', '18세 선거권' 세 가지에 대해 질문하고 그 답변 기록을 소재로 학생 간에 논의를 하며 재정리 후, 교내 신문의 기사로 게재하는 것이 포함되어 있다. 이것은 일본의 액티브 러닝이 주권자 교육에 반영된 사례로 볼 수 있다.

또한 주권자 교육이 세계시민교육이고, 최근 OECD에서도 21세기 미래역량으로 에이전시(Agency)로서의 역량을 강조하는 것도 이러한 시민성 및 정치성과 무관하지 않다.

이렇듯 주권자 교육은 앞으로 나아가야 할 학교교육의 방향 그리고 미래교육 관련 정책과도 맞닿아 있음을 시사한다. 따라서 주권자 교육은 문제해결학습이라는 방법과 정보리터러시 등의 역량 함양뿐만 아니라 교육과정 측면에서도 보다 세심한 관심과 재구성 등이 필요하다고 말할 수 있다. 그래서 한발 더 나아가면 범교과와 비교과뿐만 아니라 주요 교과수업 안에서의 보다 깊이 있고 지속적인 세계시민교육(수업)이 모색될 필요가 있다. 작년부터 필자 본인의 주요 업무 중 하나가 '사이버울림'이라는 사이버폭력예방을 위한 교사용 교재를 20~30명의 중·고등학교 교사들과 함께 제작하여 에듀넷의 '도란도란' 홈페이지에 올리고 있다. 중·고등학교 6개 교과(국어, 사회, 도덕, 영어, 체육, 기술가정)의 국가교육과정에서

사이버폭력 관련 내용과 요소(대인관계 등 포함)를 추출하여 재구성하였다. 이처럼 주권자 교육도 주요 교과의 교육과정과 연계하여 교재를 제작하고 '교과연계 주권자 교육' 수업사례를 발굴 · 공유하는 작업도 가능할 것이다.

참고문헌

오천석(1946). 민주주의 교육의 건설. 국제문화공회, 42-54.

이정희(2017). 일본의 액티브러닝을 통한 주권자 교육. 한국일본교육학회 2017년 연차학술대회, 33-44.

문부과학성(1947). 민주주의(상)(하).

문부과학성(2019). 학교에서의 주권자 교육 관련 최근 동향에 대해서. 주권자 교육 추진 회의(2019년 9월 17일) 배부자료.

일본 교육기본법 제14조 제1항, 제2항, http://www.japaneselawtranslation.go.jp/law/detail/?id=2442&vm=04&re=01

총무성(2011). 상시계발사업에 관한 연구회 최종보고서, "사회에 참가하고 스스로 생각하고 판단하는 주권자를 위한 새로운 단계 '주권자 교육'으로".

총무성(2015). 주권자 교육용 동영상 '우리들이 주역, 새로운 단계로, 주권자 교육', https://youtu.be/Y_8G2UyFX0s

총무성(2017). 주권자 교육 추진에 관한 전문가 협의회 최종보고서.

Crick, B. (2000). Essays on Citizenship. Continuum

Kodama, S. (2015). 시민성 교육 커리큘럼, 커리큘럼 이노베이션: 새로운 배움의 창조를 향해서. 동경대학교육학부 커리큘럼 이노베이션 연구회, 동경대학출판회.

제10장

일본의 지역사회 NPO 활동과 함께하는 세계시민교육: 환경, 인권, 다문화, 국제개발협력 사례

이성한(고신대학교)

1. 들어가는 말

일본은 1995년 한신·아와지(阪神·淡路)대지진을 계기로 NPO의 역할이 주목받았고, 'NPO 연구포럼' 등 소규모 연구 네트워크가 조직되었다. 'NPO'는 'Non-Profit Organization' 또는 'Not-for-Profit Organization'의 약칭으로 다양한 사회 공헌 활동을 수행하고 단체 구성원에게 수익을 분배하는 것을 목표로 하지 않는 단체의 총칭이다. 이러한 특정 비영리 활동은 불특정·다수의 이익에 기여하는 것을 목표로 한다. 1998년 3월 19일 특정비영리활동촉진법(NPO法)이 가결, 성립되고 같은 해 12월 1일 NPO법인제도가 시행되었다(https://www.npo-homepage.go.jp).

특정비영리활동법인(NPO법인)이란 특정비영리활동촉진법에 근거한 법인격을 취득한 법인이다. NPO법인을 설립하려면 법률에 정한 서류를 첨부한 신청서를 관할 기관에 제출하고 설립의 '인증(認證: 닌쇼우)'을 받는 것이 필요하다. 단, NPO란 법인격의 유무에 관계없이 다양한 분야(복지, 교육, 문화, 마을 만들기, 환경, 국제협력 등)에서 사회의 다양한 요구에 응하는 중요한 역할을 하는 단체의 총칭이다. 3년 후인 2001년 10월 1일에는 '인정(認定: 닌테이)특정비영리활동법인제도[인정(認定)NPO법인제도]'가 창설되었다[내각부, 特定非營利活動促進法(NPO法)의 경위].

'인정특정비영리활동법인제도'는 NPO법인의 활동을 지원하기 위한 기부금 제도로서 기부자에 대한 세제우대조치로서 세제 혜택을 주는 제도이다. 이전에는 국세청 장관이 인정을 하는 제도였지만, 2011년 법 개정으로 인해 2012년 4월 1일부터 관할청이 인정하는 새로운 인정제도로 바뀌었다. NPO법인 가운데 실적판정기간(직전 2년간의 사업)에서 일정기준을 만족하고 관할기관의 인정을 받은 법인은 인정특정비영리활동법인(인정NPO법인)이 된다.

또한 2016년 법 개정으로 2017년 4월 1일부터 설립 후 5년 이내의 NPO법인을 대상으로 하는 특례인정NPO법인제도가 있다. 이것은 설립 후 5년 이내의 NPO법인 중 운영조직 및 사업활동이 적절하고 특정비영리활동의 건전한 발전기반을 가지고 공익증진에 이바지할 것으로 전망되는 요건에서 특례인정을 1회에 한하여 받을 수 있는 제도이다. 특정비영리활동법인의 '인정' 수의 추이는 2011년 개정 법 시행 이후 급격히 증가하고 있으며, 앞으로도 꾸준히 증가할 것으로 예상된다.[1)]

1) 인증과 인정은 별개이다. 인증은 닌쇼우(認證)로 1998년 NPO법 제정으로 인증NPO

활동분야별 정관에 기록된 특정비영리활동법인의 종류는 다음과 같다. 이 자료는 2020년 9월 30일까지 인증을 받은 51,029법인에서 집계한 것이다. NPO의 활동영역은 20가지로서 대표적 활동유형은 다음과 같다(npo-homepage.go.jp/about/toukei-info/ninshou-seni).

표 10-1 **정관에 기재된 비영리 단체 활동유형(2020. 9. 30.)(내각부 NPO)** (복수 응답)

	활동유형	법인 수
1	보건의료 또는 복지 증진을 도모하는 활동	29,896
2	사회교육 진흥 활동	24,742
3	지역사회발전촉진을 위한 활동	22,627
4	관광진흥을 도모하는 활동	3,643
5	농, 산, 어촌 또는 산과 산악지역 진흥을 도모하는 활동	2,947
6	과학, 문화, 예술 또는 스포츠의 진흥을 도모하는 활동	17,855
7	환경 보전을 위한 활동	13,269
8	재난 구호 활동	4,403
9	지역 안전 활동	6,248
10	인권의 옹호 또는 평화 활동 추진을 도모하는 활동	8,609
11	국제협력 활동	9,835
12	성별평등사회 형성 촉진 활동	4,729
13	아동의 건강한 양육을 도모하는 활동	23,516
14	정보화 사회의 발전을 도모하는 활동	5,757
15	과학 기술의 진흥을 도모하는 활동	3,081

법인에 해당하는 용어이며, 인정은 닌테이(認定)로 2001년 특정비영리활동법인제도의 창설로 시행된 기부자에 대한 기부금 세제상의 우대조치를 받을 수 있는 인정NPO법인을 지칭하는 용어이다. 2020년 10월 말 인증(닌쇼우: 認證)법인 수는 51,042, 인정(닌테이: 認定)법인 수는 1,177개소(인정 1,144건, 특례인정 33건)이다.

16	경제활동 활성화를 위한 활동	8,917
17	직업능력개발 또는 고용기회 확충을 지원하는 활동	13,167
18	소비자 보호를 도모하는 활동	2,957
19	앞의 각 조항에 기재된 활동을 수행하는 단체의 운영 또는 활동에 관한 연락, 조언 또는 원조 활동	23,282
20	도도부현 조례 또는 지정 시 지정된 활동	283

보건, 의료 또는 복지 증진을 위한 활동(법인 수: 29,896개소), 사회교육 진흥활동(24,742개소), 아동의 건전한 발달을 촉진하는 활동(23,516개소), 앞의 각 조항에 기재된 활동에 종사하는 조직의 운영 또는 활동에 관한 커뮤니케이션, 조언 또는 지원을 위한 활동(23,282개소), 지역사회 발전 촉진을 위한 활동(22,627개소), 과학, 문화, 예술 또는 스포츠를 진흥하기 위한 활동(17,855개소), 환경을 보존하기 위한 활동(13,269개소), 직업능력 개발 또는 고용기회 확대 지원 활동(13,167개소) 등이 있다.

2. 일본의 지역사회 NPO 활동과 세계시민교육

지속가능발전목표 혹은 지속가능개발목표(SDGs)는 2001년 제정된 밀레니엄개발목표(MDGs)의 후속으로 2015년 9월 유엔정상회의에서 채택된 '지속가능발전을 위한 2030 어젠다'에 기재된 것으로서 2030년까지 지속가능하고 더 나은 세계를 목표로 하는 국제목표이다. 17개의 목적과 169개의 목표로 구성되어 있으며, "지구상의 누구도 떠나지 않는 것"을 주제로 제시한다. 이것은 개발도상국뿐만 아니라 선진국 자체가 다루는 보편적인 것으로서 일본에서도 적극적으로 활동하고 있다(JAPAN SDGs Action Platform).

일본정부는 2015년 SDGs가 채택된 후, 이행을 위해 2016년 5월, 'SDGs 홍보 본부'를 설치하고, 국내 시행과 국제 협력의 양면에서 앞장서서 작업하는 시스템을 갖추었다. 또한 본부에 따라 행정, 민간부문, NGO · NPO, 지식인, 국제기구, 각종 단체 등 다양한 이해관계자들에 의해 구성된 'SDGs 추진 원탁회의'에서 대화를 거쳐, 같은 해 12월, 향후 일본의 도전 지침이 되는 'SDGs 실행 지침'을 결정하였다(https://www.mofa.go.jp/mofaj/gaiko/oda/sdgs/effort/index.html).

SDGs는 지역이나 사회, 국가나 세계가 가지는 다양한 과제의 해결에 대한 목표나 조직이다. 여기에서 ESD의 의미는 지역이나 사회, 국가나 세계의 여러 가지의 과제해결을 위하여 ESD라는 교육으로서 개입하는 것이다(https://www.agastudy.info/esd-sdgs/).

세계는 환경, 빈곤, 인권, 평화, 개발이라는 여러 가지의 문제가 있다. ESD는 Education for Sustainable Development의 약자로 "지속가능발전교육"이다. ESD는 사회나 세계의 다양한 측면을 종합적으로 학습하는 교육을 말한다.

ESD는 이러한 현대 사회의 과제를 자신의 문제로 파악하고 가까운 곳에서부터 다루어 나감으로서 '세계적으로 생각하고' '지역적으로 행동'(think globally, act locally)하며 이러한 과제를 해결하는 새로운 가치와 행동을 창출하고, 이를 통해 지속가능한 사회를 창조하는 것을 목표로 하는 학습과 활동이다(https://www.mext.go.jp/unesco/004/1339970.htm).

ESD는 지속가능한 사회를 만들어가는 역군을 키우는 교육이다. 따라서 환경, 평화, 인권 등 ESD의 대상이 되는 다양한 과제에 대한 도전을 기반으로 하며, 환경, 경제, 사회, 문화의 각 측면에서 학제 간, 종합적으로 다루는 것이 중요하다.

ESD의 목표는 모든 사람이 질 높은 교육 혜택을 누리며 지속가능한 발전을 위해 요구되는 원칙, 가치관 및 행동이 모든 교육과 배움의 장으로 접어드는 것, 환경, 경제, 사회 측면에서 지속가능한 미래가 실현될 수 있는 그런 가치관과 행동의 변혁을 가져오는 것이다.

ESD가 기르고자 하는 힘은 지속가능한 개발에 관한 가치(인간의 존중, 다양성의 존중, 비독점성, 기회 균등, 환경 존중 등), 체계적인 사고력(문제와 현상의 배경에 대한 이해, 다면적이고 종합적인 사고력), 대안의 사고력(비판력), 데이터와 정보 분석 능력, 의사소통 능력, 리더십 향상이다(문부과학성, https://www.mext.go.jp/unesco/004/1339970.htmESD, Education for Sustainable Development, 2020).

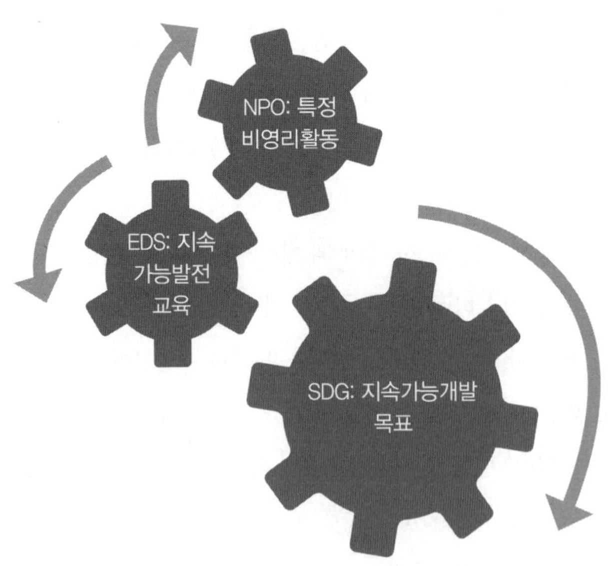

[그림 10-1] SDG, EDS, NPO의 관련성

서언에서 밝힌 바와 같이 일본의 NPO란 다양한 사회 공헌 활동을 수행하고 단체 구성원에게 수익을 분배하는 것을 목표로 하지 않는 단체의 총칭이다. 수익을 목적으로 하는 사업을 하는 것 자체는 인정되지만, 사업에서 얻은 수익은 다양한 사회공헌 활동에 충당하게 된다. [그림 10-1]에서와 같이 ESD는 지역사회의 NPO 활동과의 관련성은 매우 밀접하다. NPO는 법인격의 유무를 막론하고 다양한 분야(복지, 교육, 문화, 마을 만들기, 환경, 국제협력 등)에서 사회의 다양화 된 요구에 부응하는 중요한 역할을 할 것으로 기대되기 때문이다(https://www.npo-homepage.go.jp/).

3. 일본 지역사회 NPO 활동에 있어서의 세계시민교육의 사례

환경, 인권, 다문화, 국제개발협력 NPO의 세계시민교육의 사례를 소개한다.

1) 환경: 기후 네트워크 NPO

활동내용은 다음과 같다.

(1) 국제적인 구조

- 유엔협상회의(Conference of the Parties: COP) 등에 참여한다. 1997년 지구온난화방지 교토회의 이후 유엔협상회의 등에 지속적으로 참석하며 협상을 감시하고 있다.

- 국제 체제에 관한 캠페인을 벌인다. 온난화 협상에서 NGO의 입장에서 제안을 다루고 있으며, 국제 협상을 전진시키기 위한 캠페인도 전개하고 있다.
- 기후 네트워크는 CAN과 협력하여 각국 정부에 전략적으로 작용한다. CAN(The Climate Action Network, 기후 행동 네트워크)은 기후 변화에 종사하는 120개국 이상 1,300개의 NGO로 구성된 네트워크이다.

표 10-2 **특정 비영리 활동 법인 기후 네트워크**

단체명	특정 비영리 활동 법인 기후 네트워크
소재지	교토부 교토시 중경구 다카쿠라 쓰네조 우에르 다카쿠라 빌딩 305호
URL	http://www.kikonet.org
대표자명	아사오카 미에
설립 연월일	1998년 4월. 인증 연월 1999년 11월
유급직원 수	상근 7명, 비상근 2명
활동분야	지구온난화 방지
활동의 목적과 취지	이산화탄소와 같은 온실가스 배출을 시민의 입장에서 감축하고 기후변화 협약 및 국내 대책에 실효성 있는 배출 감축을 통해 기후변화 및 지구온난화 방지를 수행하는 것을 목표로 한다.
문의처	문부과학성 평생학습정책국 평생학습추진과 민간교육사업 진흥실

(2) 일본의 온난화 대책 추진

- 기후변화와 에너지 정책 제언: 에너지 절약과 재생 에너지 도입

으로 온실 가스의 대폭 감소가 가능하다는 것이 밝혀졌다. 중장기 정책 시나리오를 제시한다.

- **일본 정부의 정책 평가**: 지구온난화 대책 추진을 위한 법률과 에너지 · 온난화 관련 계획 동향을 따라 그 실효성과 과제에 대해 분석하고 있다.
- **정보 공개 및 데이터 분석**: 정부에 에너지 사용량과 온실가스 배출량에 대한 데이터 정보 공개 청구를 실시하여 데이터 분석을 수행한다.
- **개별 정책 및 조치**: 에너지 절약, 재생 에너지 및 연료 전환을 위한 구체적인 정책 제안을 하고 있다.
- **정당 · 의원 정책평가(선거 관련)**: 국정선거에서 각 정당의 공약을 평가 분석해 선거 전에 유권자에게 보여 주고 있으며 국회의원이나 선거 후보자의 정책도 평가한다.
- **기업 활동 모니터링**: 기업 활동에 의한 온실가스 배출에 대해 모니터링하고 평가, 제언을 실시한다.
- **다른 나라의 정책 사례**: 기후변화 정책과 에너지 절약, 재생 에너지 정책에 관한 타국의 정책에 대해 소개한다.

(3) 탈탄소 지역 조성 및 인재 조성 확대

- 탈탄소 지역 만들기
- 인재 육성 네트워크 구축
- 지역 내 정책 바꾸기
- 지자체 환경정책 컨설팅 · 강사 파견

(4) 사례

- 온난화 방지 교육 활동: 교토시 환경정책국 지구온난화 대책실 등과 연계해 어린이용 환경가계부 '어린이 친환경 라이프 챌린지(こどもエコライフチャレンジ)'를 실시하고 있다. 출장 강의에 의한 사전학습회 이후 여름방학 숙제로 에코라이프 과제를 실시하고, 여름방학 종료 후 복습수업을 진행하며 겨울방학에도 진행하고 있다. 2010년에는 교토 시내 초등학교 전교 177개교의 참여가 있었다. 또 전시 부품, 종이연극(紙芝居), 계발용 전시판(패널) 등 대상과 목적에 맞는 온난화 방지 교육 프로그램을 학교와 온난화센터, 공공기관을 대상으로 개발 · 제공하고 있다. 그 외 다른 단체와 연계한 사업 등 폭넓은 교육활동을 벌여 온난화 문제의 중요성을 참여한 아이들에게 전달하고 있다.
- 탈탄소(脱炭素) 지역 조성과 인재양성
- 국제교섭 참여 · 일자리를 중심으로 정책제언 · 조사연구, 기업 배출량 분석, 지역 온난화 방지활동 지원, 지자체 환경정책에 대한 자문, 세미나, 심포지엄 개최, 연수 · 학습회의 코디, 강사 파견 등
- 전국 네트워크 조직, 지구온난화방지활동추진센터 등과 연계

사진 출처: https://www.kikonet.org/?cat=50

한 활동으로 타 단체와 공동 주최로 자연에너지 보급을 위한 인재 육성과 네트워크 조성을 목적으로 참여체험형 학교인 '자연에너지학교 · 교토'(自然エネルギー學校 · 京都)를 열고 있다.

2) 인권: 아동라인지원센터 NPO

아동라인지원센터는 문제 해결을 목표로 하지 않으며 어린이의 '감정'을 듣는 것을 중요시한다. 아이들에게 '마음의 장소 (こころの居場所)'가 될 수 있도록 활동한다(https://childline.or.jp/supporter/cl_center#a01).

프리 다이얼에서는 월요일부터 토요일 16시부터 21시까지 무료로 전화를 받는다. 2009년도에 프리 다이얼로 착신한 수는 매일 약 700건, 연간 240,000건 이상에 이른다. 이 중 대화가 성립된 전화는 약 80,000건으로 남자가 56.4%, 여자가 39.2%이다. 연령대별로 유아는 0.3%, 초등학생은 19.1%, 중학생은 17.2%, 고등학생은 33%, 연령미상은 30.5%이다.

상담자는 1일 2교대부터 3교대제로 전화 응대하고 있으며 전업주부나 취업 중인 직장인, 남성, 학생 등 다양하다. 상담원이 가능한 한 편안한 상태에서 아이의 마음을 청취할 수 있도록 지원하는 '보조원'(상담원의 총괄 · 보좌)을 상담자와 함께 배치하고 있다. 만약 상담원이 학대와 같은 무거운 이야기를 청취할 경우, 보조원과의 회의를 통해 상담원이 혼자서 전화를 받지 않도록 배려한다. 전국 각지의 아동라인에서는 교육청과 아동상담소, 의료기관을 비롯해 어린이에 관한 활동을 하고 있는 NPO 등에도 요청하며 '어린이 발달권보장'을 위한 지역 네트워크 조성을 펼치고 있다.

표 10-3 **아동라인 지원센터**

단체명	인정NPO법인 아동라인지원센터(チャイルドライン支援センター)
소재지	162-0065 도쿄도 신주쿠구 스미요시초 8-5바시코포 2층
URL	http://www.childline.or.jp
대표자명	키요카와테루키(清川輝基)
설립연월일	1999년 1월. 인증일 2001년 5월 17일, 인정 취득일 2009년 3월
유급직원 수	상근 5명
주요 활동분야	–아동라인에 대한 사회적 인식 제고를 위한 캠페인 사업 –아동라인 설립 운영 지원 사업 –제언 · 사회기반 정비사업
활동의 목적과 취지	고민을 가진 아이들의 목소리를 듣고 자립을 돕는 '아동라인'의 중요성에 대한 사회적 인식을 높이고, 각지에서 '차일드라인'을 설립 · 운영하는 단체에 지원, 조언을 실시해 어린이권리협약이 보장하는 어린이의 제 권리를 실현하기 위한 사회기반 마련에 기여하는 것
활동 소개	전국 각지의 아동라인 실시단체에서는 아동상담소 소장 및 정신과 의사 등 전문가를 초청해 어린이를 둘러싼 환경에 대해 학습하는 강습과 전화를 받은 경우를 가정한 실천역할놀이 등을 포함해 10~20강좌를 지속적으로 개최해 상담원을 양성하고 있다.
활동사진	
문의처	문부과학성 평생학습정책국 평생학습추진과 민간교육사업진흥실

표 10-4 **2019년도 전화 건수**

	2019년도	하루 건수
발신 수	436,047건	1,211건
착신 수	181,196건	503건
전화를 건 인원 수	220,249명	602명
연결된 비율	82.3%	
대화 성립	50,084	139건

출처: https://childline.or.jp/supporter/cl_center

3) 다문화 인권옹호 평화추진: 다문화 상생센터 오사카 NPO[2)]

'다문화상생센터'는 1995년 1월 17일 한신·아와지대지진을 계기로 고베에서 활동을 시작했다. 오사카·교토·효고·히로시마·도쿄와 지역을 시점으로 2006년부터 각 지역의 거점이 독립해 지역에 뿌리내린 활동을 전개하고 있다. 언어와 습관, 제도적 차이 등에서 일본인과는 다른 어려움에 처한 외국인 이재민들에게 15개 언어로 전화 상담과 소식지 발급 등의 지원을 진행한다.

2) 위 NPO법인은 2018년 3월 31일자로 활동이 종료되었으며, 2018년 4월 이후부터는 NPO법인 오사카아동다문화센터(おおさかこども多文化センター), 자원봉사자단체 웨스트 리버 인터내셔널 커뮤니티(西淀川インターナショナルコミュニティー), 일반재단법인 다이버시티연구소(一般財団法人ダイバーシティ研究所)에서 계승하여 활동이 지속된다.

표 10-5 **다문화 상생센터 오사카**

단체명	다문화 공생센터 특정 비영리 활동 법인 '다문화 상생센터 오사카'
소재지	532-0011 오사카부 오사카시 가와구 니시나카지마 4-6-19 기카와 빌딩 5A
URL	http://www.tabunka.jp/osaka/
대표자명	다무라 타로(田村太郎)
설립 연월일	1995년 1월. 인증 2000년 8월
유급직원 수	상근 1명, 비상근 1명
활동의 목적과 취지	국적, 문화, 언어 등의 차이를 넘어 서로를 존중하는 '다문화 상생'의 이념에 의거 재일외국인과 일본인 모두를 향해 '다문화 상생'을 위한 사업을 창조하고 실천하는 것
활동 소개	다문화 아동 학습 지원
	사진출처: http://tabunka.jp/osaka/
문의처	문부과학성 평생학습정책국 평생학습추진과 민간교육사업 진흥실

(1) 다문화 아동 학습 지원 실시

다민족상생인권교육센터, 관심 교원들, 단체가 협동해 외국인 중학생을 대상으로 학습지원을 실시하는 '새터데이 클래스(토요반)'를 실시하고 있다. 국적에 의한 차별 없는 기본적 인권 실현 · 다문화 어린이 학습지원교실인 '새터데이 클래스'는 외국인 중학생을 대상으로 주로 영어, 수학 교과를 맨투맨으로 지도한다(월 2회). 2010년에는 문화청으로부터 외국인 자녀에 대한 일본어 지도자 양성 강좌를 수탁했다.

(2) 포럼 · 세미나 개최

2007년에는 다문화 상생에 임하는 사람들이 한자리에 모여 '다문화 상생 전국포럼'을 개최했다.

2011년에는 지자체 국제화협회의 다문화 상생 담당자 연계 추진사업 '오사카의 다문화 어린이 교육을 생각하는 담당자 연계회의'를 주최했다.

그 외, 외국인을 위한 한자교실, 다문화 직장 만들기를 위한 강좌(오사카시와의 협동) 등 다양한 강좌 · 세미나 · 연수 개최 및 강사 파견 등에 나서고 있다.

- 다문화 상생에 관한 세미나, 강연 개최
- 다문화 상생 전국포럼 2007(2006년도 사업)
- 간행물 '재해 시 도움이 된다! 통역 · 번역 자원봉사 핸드북'
- '다문화 어린이 노래집' '다문화 공생 키워드 사전'

타 지역 다문화상생센터를 비롯해 유사 활동을 하는 타 단체, 재단 등과 긴밀한 연계를 도모한 활동을 펼치고 있다.

(3) 조사 및 시책 제안

- '다문화 상생에 대한 지자체의 노력에 관한 현재 상태' 조사
- '외국인 연수생 및 기술 실습생의 수용에 관한 의식 조사 및 일

터 점검 도구 개발 및 사사가와(笹川) 평화재단' '인구 변동의 신조류에 대한 대처'

- 불황으로 인한 고용 상황 악화로 곤경에 처한 브라질인에게 정보 제공을 목적으로 포르투갈어 휴대 사이트 '브라실'넷, 헬로워크 등 고용상담 창구에 대한 정보 · 고용, 경제동향 뉴스 · 지역 상담기관 소개
- 고용 및 생활정보 칼럼 제안

4) 국제개발협력: Table For Two(TFT)

'TABLE FOR TWO'(TFT, '두 사람을 위한 식탁')는 일본과 개발도상국의 아이들이 식사를 나누는 개념이다. 세계 약 75억 명 중 약 10억 명이 기아와 영양실조 문제로 고통받는 반면, 20억 명 가까이가 비만 등 식사로 인한 생활습관병을 가지고 있다. TFT는 세계적으로 일어나고 있는 식사의 불균형을 해소하고 개발도상국과 선진국 양측의 사람들의 건강을 동시에 개선하는 임무를 수행하고 있다(https://jp.tablefor2.org/).

(1) 법인 소개

표 10-6 **Table For Two**

단체명	특정 비영리 활동 법인 TABLE FOR TWO International
URL	https://jp.tablefor2.org/
설립연도	2007년 10월 24일
인정NPO법인	동경도 인정(NPO法人制度): 2015.1.4
대표이사	고구마 마구사(小暮 真久)
이사	구로마쓰, 미테리(黒松 敦) 사토, 토시지(佐藤 俊司), TMI 종합 법률 사무소, 파트너 변리사. 마키 다쓰토(牧 辰人) SCS-Invictus, 공인 회계사.
감사	와타나베신행(渡辺 伸行) TMI 종합 법률 사무소(TMI総合法律事務所) 파트너변호사.
활동 소개	출전: https://jp.tablefor2.org/about/

(2) TABLE FOR TWO의 특징

세계인의 건강을 동시에 개선한다는 특징을 가진다. 첫째, 지원하는 측과 지원받는 측면의 양측에 장점이 있다. 개발도상국의 아이들과 일본이 동시에 건강해질 수 있는 메커니즘이다. 둘째, 언제라도 누구라도 참여한다. 대상이 되는 정식이나 식품을 구입하고 먹는 것만으로도, 평소의 식사를 통해 쉽게 시작할 수 있다. 셋째, 아이디어에 따라 적용이 가능하다. 예를 들어 '비만 예방에는 신체를 움직이는 것도 소중하다'는 관점에서 스포츠를 통한 대처도 하고 있다.

TFT는 동 아프리카에 위치한 우간다, 르완다, 탄자니아, 케냐, 말라위 및 동남아시아의 필리핀 6개국에서 학교 급식 프로그램 및 텃밭 및 농업 생산성 향상 프로그램을 지원한다. 학교급식 프로그램 지원지역 선정에 있어서는 다음의 세 가지를 기준으로 평가하며 선택하고 있다. 극심한 빈곤과 영양 불량이 심각한 문제로 대두되고 있는 지역, 정치적 상황이 안정되어 있는 곳, 급식 사업의 관리 및 보고 체제가 정비되고 있는 곳이다.

(3) 사업내용

- **학교급식**: TFT가 배달하는 급식은 국가마다 다르며, 가능한 한 그 지역에서 채취할 수 있는 재료를 사용하고 어린이들이 더 많은 영양을 섭취할 수 있도록 배려한다. 예를 들어, 반다마을의 아이들이 먹는 급식은 사탕수수가루와 옥수수, 콩 분말에 비타민과 설탕을 넣고 끓인 폴리지(죽)이다. 급식시간이 되면 500ml의 죽이 들어간 컵이 배식된다. 죽을 받은 아이들은 마지막 한 알, 한 방울까지 남기지 않고 먹는다.
- **FARM 텃밭 만들기**: 아프리카에서는 학교 텃밭과 지역 텃밭을 설치하는 지원을 하고 있다. 농업생산성 향상을 위한 지도를 실시해 어린이들과 농가의 지식 향상에 노력하고, 학교 · 가정에서 필요한 식량을 자급자족하게 되는 것을 목표로 하고 있다. 텃밭은 이 지역에 열려 있으며 지역 농민들이 모여 새로운 농법과 부가가치가 높은 채소 재배 방법을 배우는 자리가 되고 있다. 그리고 수확량이 증가함에 따라 학교 급식 비용의 외

부 지원 비율이 낮아지고 메뉴도 다양해진다.

4. 과제

유네스코는 2016년 9월 글로벌 교육모니터링에 대한 연차 보고서(Global Education Monitoring: GEM)를 작성 · 발간하였다. 이 보고서는 현재 인류와 지구가 직면하고 있는 글로벌 위기현상을 해결하기 위해 교육이 중요한 역할을 해야 하며, 인류 미래를 위해서 교육혁신을 통해 상생할 수 있는 전략을 갖추어야 함을 강조한다. ESDGs는 SDGs가 추구하는 세계를 만들어 갈 사회 구성원 양성에 있어서 ESD가 핵심역할을 할 것임을 강조하고, 오는 2030년까지 ESD사업 전략의 초점을 SDGs 이행 초점에 맞추고 있다(유네스코 한국위원회, 2018).

ESD(지속가능발전교육)는 1992년 유엔환경개발회의에서 제안한 기후변화협약, 유엔생물다양성협약, 유엔사막화방지협약 등을 실천하기 위한 교육, 훈련, 홍보에서 비롯되었지만, 일본 정부가 구상하는 지속가능발전교육(ESD)은 세계 시스템에서 드러나는 환경, 빈곤, 인권, 평화, 개발 등의 과제를 지구촌 과제로 인식하고, 일본의 국가 정책으로서 실천하는 '세계시민교육'이다(윤종혁, 2019).

일본의 ESD는 유네스코가 제안한 지속가능개발목표 2030 전략을 거의 그대로 계승하여 본격적으로 실천하고 있다. 즉, 국내 교육 실천은 주로 유네스코학교를 중심으로 전개하며, 개발도상국에 대한 교육협력전략은 국제이해와 세계시민을 결합하는 지속가능발전교육을 적용한다. 유네스코, 유럽과 한국 등을 중심으로 활발하게 추진되고 있는 세계시민교육은 일본 내에서는 '지속가능발전교육(ESD)'으로 환원된 셈이다(윤종혁, 2019).

본문의 NPO의 사례소개의 결과, NPO의 향후 과제로는 인정 NPO · 특수인정법인은 인재확보나 교육(69.1%), 수입원의 다양화(67.4%)가 있다. 또한, 기업 등과의 연계에 관해서도 인정 · 특수인정법인은 사업 등 및 기업 등의 사원의 기부접수(74.7%), 기업 등에서의 조성금신청 · 접수(59.0%), 행정에의 기대(경제적 지원면 이외)가 있다. 이것은 인정을 받지 않은 법인, 인정 · 특수인정법인 공통적으로 요구되는 사항이다. 그리고 공공시설 등 활동장소의 무상제공과 시민기업 등이 법인의 활동정보를 얻을 수 있는 구조 등의 환경정비가 요구되고 있다(内閣府, 2018).

참고문헌

박명순, 김현경 역(2012). **아동을 위한 세계시민교육**. 서울: 학지사.

사토 요시유키(2002). **NPO와 시민사회: 결사론(association)의 가능성**. 서울: 아르케.

송민영(2017). NPO의 지역 교육력. 한국일본교육학회 편. **일본의 지역 교육력 이해와 실제**(pp. 65-81). 서울: 학지사.

심미경, 정진은(2018). **아동을 위한 세계시민교육**. 서울: 박영 스토리.

유네스코 한국위원회(2018). 유네스코 지속가능발전교육 공식프로젝트인증제.

윤종혁(2019). 일본의 지속가능개발교육(EDS): 세계시민교육(GCED)의 쟁점. 일본에서의 세계시민교육과 전망. **한국일본교육학회 제131차 연차학술대회자료집**, 31-39.

문부과학성(2011). 教育関係NPO法人の活動事例集.

中小機構(2009). インタビュー調査NPO法人事例集. 独立行政法人 中小企業基盤整備機構.

內閣府(2018). 2017 特定非營利活動法人에 관한 實態調査. 報告書.

http://www.childline.or.jp

https://janpora.org/information/

https://www.smrj.go.jp/

http://www.kikonet.org

https://www.npo-homepage.go.jp/shokatsucho.

http://www.tabunka.jp/osaka/

https://jp.tablefor2.org

https://www.mext.go.jp/a_menu/ikusei/npo/index.htm에서 2020년 8월 10일 인출.

https://www.mext.go.jp/a_menu/ikusei/npo/npo-vol4/1316899.htm에서 2020년 7월 30일 인출.

https://www.mext.go.jp/a_menu/ikusei/npo/npo-vol2/1316534.htm에서 2020년 7월 28일 인출.

https://www.mext.go.jp/a_menu/ikusei/npo/npo-vol4/1316942.htm에서 2020년 8월 4일 인출.

https://www.mext.go.jp/a_menu/ikusei/npo/npo-vol4/1316927.htm에서 2020년 8월 4일 인출.

https://www.mext.go.jp/a_menu/ikusei/npo/index.htm에서 2020년 8월 1일 인출.

https://www.nice1.gr.jp/volunteer/에서 2020년 9월 29일 인출.

https://www.mofa.go.jp/mofaj/gaiko/oda/sdgs/case/org3.html에서 2020년 12월 18일 인출.

제**11**장

일본의 사회교육 · 평생학습과 시민활동

장지은(성균관대학교)

1. 들어가는 말

시민교육은 가르치기 위하여 직접 교육과정을 개발하여 운영되는 경우도 있으나 사회형성자로서 살아가는 인간이 필요와 요구에 따라 사회 참여하는 과정에서 알고 깨닫는 비형식적 교육이 이루어지기도 한다. 나 홀로 학습을 하는 순간에 있어서도 한편에서는 자기개발도 하고 적응을 위한 학습도 하지만 다른 한편에서는 삶이 연결되어 사회를 형성하는 집단과정과 역사 속에서 권리와 의무를 다하고 공공선을 실현하기 위하여 관심과 역량을 높이고자 한다. 그리하여 성인은 자유로운 개인임과 동시에 자신과 속한 집단, 나아가 국가와 사회를 견인하는 공민이라서 이에 필요한 자질과 역량을 구비하고자 하는 것이다. 특히 시민으로서의 참여역량은, 정치적 민주화와 시장경제의 가속화 속에서 개인의 자유도가 높아지는 가운데 시민사회의 성숙을 위해서도 필요해지고 있다.

전 세계의 '교육'에 영향을 미치는 국제기구 유네스코에서는 글로벌 성인교육회의에서 채택한 선언문을 통하여 시민교육의 필요성을 시사하여 왔다. 1985년 3월 프랑스 파리에서 채택한 학습권 선언에서는 '학습권은 읽고 쓸 권리, 질문하고 분석할 수 있는 권리, 상상하고 창조할 수 있는 권리, 자신의 세계를 이해하고 역사를 기록할 권리, 모든 교육자원을 이용할 수 있는 권리, 그리고 개인과 집단의 기술을 개발할 권리'라고 되어 있고 나아가 '학습활동은 …… 사람들을 되는 대로 살아가는 객체로부터 스스로의 역사를 만드는 주체로 바꾸어 가는 것'이라고 천명하고 있다. 이로서 학습권을 인류적 공존과 일체성을 가지는 인권임과 동시에 개인적 집단적 역량의 발달을 촉진하는 권리라고 제기하고 있어 성인학습의 학습원리를 부각시키었다. 또한 학습권채택 이후 유네스코는 1997년에 제출된 유네스코 '21세기교육국제위원회' 보고서『학습-감추어진 보물』에서 글로벌화하고 긴장이 고조되는 국제사회에서 평생학습은 상호공존을 촉진하며 미래를 구축하기 위한 '사회의 고동'으로서 네 가지의 기둥이 되는 배움을 learning to know, learning to do, learning to live together, learning to be로서 제창하였다(佐藤一子 編, 2018: 10-11). 나아가 제5차 UNESCO국제성인교육회의에서는 함부르크(Hamburg)선언을 통하여 성인교육은 적극적인 시민정신의 결과이며 완전한 사회참여를 위한 조건임을 선언한 바 있다. 또한 인류가 계속 존재하고 미래의 모든 도전에 맞서가기 위해서는 생활의 어느 국면에서도 정보를 얻어 효과적으로 참여하여야 하며 학습은 폭력적인 대립을 평화문화로 대치할 수 있는 세계건설에 필요한 강력한 개념임을 천명하여 정보적으로 풍부하고 관용적인 시민성의 창조, 경제 사회적인 발전, 문해의 추진, 빈곤의 경감, 그리고 환경보전에 대한 성인교육의 잠재적인 기여능력을 현실화하여야 할 것을 제언한다(성인학습에 관한 함부르크 선언문, 1997년 7월 14~18일).

이와 같은 국제적 합의는 타국과 마찬가지로 일본의 평생교육에서도 인권, 평화, 참여와 같은 공공선의 과제와 평생교육이 분리될 수 없는 근거가 되는 가운데 지속적인 관심을 심화하여 왔다. 그리하여 본고에서는 일본에서의 세계시민교육의 현대적 흐름을 살펴본 후에 세계시민교육에 앞서 이미 공민관 활동이나 집단학습 및 서클활동, 그리고 시민활동 등의 다양한 형태로 전개되어 온 실천을 정리하는 가운데 기존의 시민활동과 세계시민교육의 연결고리를 확인하고자 한다.

2. 일본에서의 시티즌십과 평생교육 · 사회교육

1990년대 이후, 각국의 교육개혁 속에서 주목을 끈 것이 시민성을 육성하는 것이다. 坂口緑(2006)에 따르면, 종래, 일본에서는 학교에서의 교육기간을 거치어 기업 등에 취직하는 것으로 사회인이 된다고 하였는데 현대 평생학습사회에서는 종신고용제의 붕괴와 함께 기업에의 취직이 모든 사람의 라이프 코스의 모델이 되지 않아 사회구성원으로서의 의식을, 기업 등에 의존하지 않고 국가와의 관계에서 개별적으로 생각하여야 하게 되었다(坂口緑, 2006). 이러한 가운데 세계시민교육 담론은 일본의 학계나 실천에서도 관심

있게 주목되었다.

역사적으로 보면, 시티즌십(Citizenship)은 국가 등의 공동체의 주권자로서의 시민권을 나타내는 말로서 17세기 시민혁명 이후에 정착한 말이다. 사회학자인 T. H. Marshall은 시민권을 시민적 권리, 정치적 권리, 사회적 권리 등으로 분류하였는데 이러한 세 가지 요소는 국민국가가 다양한 사람들을 '국민'으로서 포섭하는 과정에서 파생한 권리의 제 측면이기도 하다. 그러나 20세기 후반 세계화의 진행에 따라 국민국가나 복지국가의 프레임이 재검토되는 가운데 시민과 국민이 일치하지 않고 시민으로서의 권리행사가 반드시 국가의 경계 내에서만 가능한 것이 아니게 되자(坂口緑, 2006), 일본에서도 시티즌십의 개념은 한편에서는 통합에 대한 비판을 받으며 다른 한편에서는 공교육사상의 가능성을 가지는 양의성을 포함하게 된다(小玉重夫, 2003).

2005년도에 일본사회교육학회에서도 글로벌리제이션과 사회교육 · 평생학습을 주제로 한 연보가 발행되었다. 연구자들은 개발교육과 지속가능발전교육(ESD)의 한 축으로서 참여형 사회를 위한 사회교육의 방향을 탐구하였다. 1990년에 공표된 UNDP의 인간개발보고서에 토대하여 사회개발의 기초가 인간 우선의 개발분야이고 이로서 영양, 음료, 문해, 교육, 보건의료, 고용, 환경, 차별의 철폐, 약자의 보호 등을 중시하는 방향에서 교육에서는 ESD의 내용인 지구적 과제의 학습에 주목하였다. 요컨대, ① 문제해결적이고, ② 미래지향적이며, ③ 지식의 습득뿐만이 아니라 태도의 변용에 주목하여 학습자의 주체적인 참여와 자기변혁을 행하는 학습을 지향하여 경험, 대화, 참여를 강조하였고 로저 하트(Roger Hart)의 이론적 특징을 활용하여 액션리서치와 참획의 사다리 등의 담론을 여러 가지 학습현장에 응용 가능함을 제시하였다(田中治彦, 2005). 또한 실천에서는 세계와 지역을 연결하는 학습활동에서 세계인식의 변화를 보여 준 지구시민아카데미 사례, 나아가 글로벌화하는 가운데 지장산업이 전통학습과 평생학습의 실천을 만들어 낸 사례, 외국인노동자가 많은 가와사키(川崎) 시에서의 다문화공생교육실현의 실천사례, 그 외 화교와 네팔인들의 학습실천 등을 소개하였다(日本社会教育学会 編, 2005).

또한 담론에서 델란티(Delanty)와 누스바움(Nussbaum)등의 인용을 통하여 시민교육의 이론적 성과를 소개하고 있다. 제라디 델란티(G Delanty)의 정리에 의하면, 시티즌십의 구성요소는, ① 권리, ② 의무, ③ 참여, ④ 아이덴티티가 되어 국민국가의 틀 내의 시티즌십의 고전적인 모델에서는 이것들이 조화를 이룬다고 상정하였다. 그러나 글로벌리제이션의 조류 속에서 전술한 논의에서와 같이 권리는 국민국가의 틀을 벗어나 확장을 보이고 의무는 에콜로지의 관점에서 미래세대에의 책임이 국가 틀 안에서 해결할 수 없게 되었다(林美輝, 2005). 나아가 참여도 NPO를 비롯한 탈 국가화된 공공권 활동영역에서 이루어진다. 아이덴티티도 국민국가에 의거하여 온 문화적 민족적 동질성에 대한 반성이 깊어지는 학습이 나타난다. 이와 같은 세계화의 흐름 속에서 시민성의 범위와 질적 수준에도 변화가 필요로 되는 가운데 누수바움(Nussbaum)이 제시한 인간성의 함양(cultivating humanity)으로서의 세계시티즌십 교육에서 필요로 되는 세 가지 능력도 주목되었다. 요컨대 1) 음미되는 생(Examined life)에의 소크라테스적 능력, 자기비판적인 음미능력, 2) 자신을 로컬한 지역이나 집단의 시민으로서 볼 뿐만 아니라 세계와, 타인과 연결된 존재로서의 인간으로 인식하는 능력, 3) 이야기적 상상력(Narrative imagination), 즉 자신과는 다른 사람의 입장에 있는 것은 어떤 것인가를 상상하는 능력 등이다(林美輝, 2005).

그런데 일본의 경우, 위와 같은 국제기구를 통한 세계적 합의와 현대 세계시민교육의 담론과 실천 이전에도 1949년 「사회교육법」이 제정되었을 시기부터 오늘날 세계시민교육의 내용에 연결되는 사회적 과제의 해결에 주민들의 주체적 참여로 대응하여 온 역사가 계속되어 왔다.

3. 역사 속의 시민교육: 헌법학습, 인권, 평화운동

일본의 대표적인 사회교육시설인 공민관은 주민의 학습활동이나 지역활동을 지원하여 온 공공시설이다. 패전 후 1946년 문부차관통달에 의하여 공적인 발족을 한 이래, 전후 일본의 사회교육에서 점한 비중은 상당하다(日本生涯教育学会 編, 1990). 그런데 연합군사령부가 지배한 전후개혁기 CIE(미점령군 민간정보교육국)의 영향을 받으며 공민관 구상을 완성한 문부성사회교육국의 관료 寺中作雄의 생각을 찾아보면 공민관의 설립 취지와 태생에서 이미 시민교육적 요소가 농후함을 이해할 수 있다.

寺中作雄의 초기 공민관 구상은 '공민교육의 진홍과 공민관 구상'이라는 제목으로 1946년 『大日本教育』이라고 하는 잡지에 게재되었고 그 내용에서는 공민교육진흥을 위하여 공민관을 구상한다고 하는 시점이 명확히 위치매김되었다. 上原直人(2000)는 寺中作雄가 말하는 공민교육의 특징과 그 본질을 '자기와 사회와의 관계 이해'에서 발견하고 있다. 즉 "자기란 사회에서의 자각적 개인이고 사회적 자아이며 사회 속에 자기를 발견함과 동시에 자신 속에 사회를 발견하는 것이 근대의 특징이고 현대인의 임무라고 하고 있다. 그리하여 공민교육이란 사람의 개성을 사회적 자아로 승화시키고 …… 개성 속에 매몰된 정치적 양식과 사회적 도의를 각성시키어 좋은 공민으로서의 자격을 가지도록 하는 것"으로 규정한다(上原直人, 2000). 이와 같은 공민관 구상에서 볼 수 있듯이 전후 공민관의 사업에서는 자연적 개인, 자유로운 개인과는 대칭에 있는 사회적 자아로서의 공민, 시민의 자각과 역량을 높이는 다양한 실천이 계속되어 왔다. 구체적으로는 다음과 같다.

첫째, 헌법학습이다. 전후 초기 일본사회에서는 민주주의국가의 건설을 위하여 공민관의 강좌설치에 있어 국가보조가 계상되었고 이로 인하여 신헌법의 보급이 공민관을 무대로 하여 전개되었다(上田幸夫, 2006). 문부성 사회교육국장으로부터 헌법강좌에 대한 지침이 "신헌법공포를 계기로 하여 국민의 한 사람 한 사람은 신헌법의 의의를 이해하고 신헌법에 나타난 원칙에 근거하여 상호인격을 존중하고 자유와 평등의 입장에서 각각 그 의무를 다하고 이로서 평화국가의 건설에 기여하여야 한다. 전국 각 시정촌에 신헌법의 정신을 일상생활에 구현하기 위한 항구적 시설로서 (생략) 공민관 건설을 촉진하고 이 활동을 적극적으로 조성하고"와 같은 지침이 있었다. 그리하여 전후 신헌법강좌사업을 추진한 공민관들이 우량공민관 및 준우량공민관으로서 표창을 받았다. 강좌의 내용은, '헌법과 민법' '헌법이란' '명치헌법과 소화헌법' '새로운 헌법의 특징' '우리들의 헌법 신헌법의 이야기' '공민과 사회' '헌법의 해설' 등으로 강좌가 진행되었다(長澤成次, 2019). 이렇게 전후 초기 민주주의에 관한 계발은 공민관의 중점사업이 되었다. 그런데 '양식 있는 공민이 되는 데 필요한 정치적 교양'이 장려된 것은 헌법 · 교육기본법 제정기의 수년간이고 1950년대 초두에는 '정치교육'이라고 하는 용어도 '시민성의 함양'으로 치환된다. 그리고 1960년대에 동화대책심의회설치와 함께 국가의 보조사업이 된 동화교육을 제외하면 공민관, 각종강좌에서는 신변적인 생활개선을 중심으로 학습이 전개된다(佐藤一子, 2018).

둘째, 평화학습이다. 사회교육 · 평생교육이 시민교육과 관련하여 추진된 학습 및 문화활동으로서 평화학습도 주목할 만하다. 평화학습이란 사회적인 현실을 검증하고 다시 묻는 비판적인 학습이고 빈곤과 격차, 사회적인 차별, 배제 등에 의하여 불리한 입장에 있는 사람들과 연대하여 평화로운 사회를 실현하기 위하여 행동하는 주체를 키우는 것이다(谷岡重則, 2017). 藤田秀雄(1988)는 평화학습의 목표는 평화로운 세계창조의 주체형성이라고 말하고 있다. 이와 같은 평화학습은 1950년대에 한국전쟁, 일미안보조약체결을 계기로 한 청년단이나 부인회의 연합조직, 노동조합운동 등에서 평화문제에의 관심이 높아지며 1951년에는 일교조가 '가르치는 아이를 다시 전장에 보내지 마라'고 결의하고 동년 제1회 전국교육연구대회를 개최하는 것으로 전개되었다. 토론회에서는 미국통치하에 있는 오키나와나 기지문제, 일본재군비, 피차별부락이나 재일조선인 등, 민족적인 차별, 마이노리티 문제가 거론되었다. 그리하여 사회교육의 주제는 전후 초기의 정치교육으로 부터 항구평화를 희구하고 인권을 존중하는 헌법정신의 각성으로 확산되며 교육운동을 통하여 일본국민의 학습에 대한 관심이 확장되었다. 그리고 1960년대까지 자기교육운동으로 머물던 평화교육이 1970년대가 되면 '잊혀진 사람들'의 문제로의 대응이 시작되었고 1980년대가 되면 유네스코의 학습권선언을 계기로 하여 사회동화교육에 더하여 아시아신부, 여성, 고령자, 노동자 등을 포함한 실천이 모색된다. 일본 내에서 많은 지자체가 인권교육의 확산을 이룬 것은 아니나 재일한국인과 남미, 필리핀 등의 이주노동자가 거주하는 공업단지 가와사키 등에서 평화를 테마로 하는 시민대학이 운영되는 등 다양한 실천이 추진되었다(佐藤一子, 2018: 123-126).

셋째, 개인이나 집단에 억압을 주는 문제를 해결하는 공동학습이다. 전후의 사회교육은 전전의 교화의 대극에 있는 것으로서 교사와 흑판을 가지지 않은 학습방법을 통하여 운영된 집단 활동이다. 민주주의 사회 성립을 방해하는 지역사회의 봉건성을 타파하는 것을 학습내용으로 하여 1950년대 공동학습은 운동으로서 확산되었다(吉田昇, 1950; 矢口悅子, 柳澤昌一, 1999). 이와 같은 공동학습의 배경으로서는 생활기록과 같이 학습자의 생활현실의 학습 내용화와, 이로 인하여 봉건적인 사회모순을 파악하는 학습방법의 축적, 이야기를 중심으로 하는 서클운동, 실천론에 기반한 학습론, 집단주의 교육론 등이라고 논의되어 왔다(矢口悅子, 柳澤昌一, 1999). 공동학습의 제창자인 吉田昇는 공동학습의 특징을 기존의 문화재의 습득이라기보다는 자신의 문제를 출발점으로 하여 자신들의 지역사회의 문제에 공동으로 대응하여 가는 것이라고 말한다. 이와 같은 공동학습을 추진하는 방법으로서는 생활기록과 대화를 중심으로 한 생활기록학습이 활용되어 청년단체, 농촌서클, 부인서클 등에 확산되어 갔다. 신변의 문제로부터 출발한 자아가 정치경제의 구조를 기반으로 한 사회의 축을 통합하여 가는 학습으로서 의미지어졌다(青柳伊佐雄他, 1988). 생활기록을 매개로 한 공동학습은, 1950년대 봉건적인 습관이나 사고방식으로 인하여 부인들이 고통을 겪고 있었는데 이러한 괴로움을 참지 않고 친구들의 격려에 힘입어 글로 써서 감추어진 자신의 본심을 만나는 일이 있었다. 도시에서도 부인들은 이러한 글쓰기를 통하여 자신의 고통이 타인의 고통에 연결되어 있음을 실감하며 자신들이 어떻게 하여야 하는가를 고안하여 가는 과정에 자각되어 가는 모습이 나타나고 있었다. 이러한 부인들의 생활기록은 점차 여공들의 생활기록, 나아가 노동자들의 생활기록운동으로 확산되어 갔다(北田耕也, 1986).

4. 시민교육의 현대적 전개

1) 인권, 평화, 공동학습의 현대적 전개

이상에서 살펴본 사회교육의 역사 속에서 존재한 학습과 실천은 21세기 현대사회에 있어서도 다양한 사회적 필요와 요구 그리고 문제와 연결되는 가운데 학습운동 및 실천으로 나타나고 있다. 인권에 관련하여서는 최근에 일본사회교육계에 큰 파장을 일으킨 표현의 자유에 관련된 사건이 있어 인권 및 학습권 보호의 차원에서 운동이 전개된 바 있다. 구체적으로는 2014년 6월에 埼玉시 三橋공민관에서 하이쿠 서클 미하시 하이쿠회가 선정한 하이쿠가 매월 발행하는 미하시공민관 소식지에 게재되어야 함에도 불구하고 "장마하늘에 '9조를 지키라'는 여성시위"라고 하는 하이쿠가 게재되지 않아, 소위 사회교육의 자유, 배움의 자유의 근간을 되묻는 사건이 일어났다. 이에 대하여 하이쿠 주민작가가 埼玉시에 대하여 게재 등을 요구하며 소송을 한 재판인데 이 사건에 대하여 '9조 하이쿠'

시민응원단, 사회교육추진전국협의회, 일본사회교육학회, 일본공민관학회 등 사회교육관련단체가 연대하여 응원하는 가운데 재판을 추진하여 대법원에서 승소한 사건이다(長澤成次, 2016).

시민 연대를 통하여 헌법정신에 기반한 사회적 가치를 지키고자 하는 자각적인 학습운동은 21세기 평화학습에서도 문화활동을 매개로 하여 나타났다. 한편에서는 공민관의 영화회를 통하여 식민지시대의 다큐멘타리 영화를 공동감상하고 영화 속에 나타난 사회적 사실의 왜곡을 바로 잡고 사람들의 기억을 소환하여 영화 내에 누락된 정보나 당시의 사회적 기억을 수집하며 '바른 것이 바른 것으로 통하는 사회를 만들자'고 하는 영화문화활동도 그 예이다. 나아가 지역사회에서 영화제를 통하여 현대사회의 다양한 문제들, 환경, 여성, 차별, 공생 등과 같은 사회의 문제에 관련한 영화를 시리즈로 상영하고 이에 대한 전문가 등의 패널토의를 거치며 사회의 문제를 깊이 공감하려는 영화제 운동도 지금까지 계속되고 있다. 가와사키 신유리 영화제가 추진한 live together 영화제에서 다루어진 영화들은 가족, 종교, 민족, 계층 간의 다양한 갈등을 그린 영화를 소개하였는데 그중에서도 민족 및 종교분쟁으로 인하여 희생되고 박탈되는 아이들의 성장의 자유를 소개한 'Promise'는 상당한 반향을 일으켰다(張智恩, 2003). 이 영화제는 지금도 계속되고 있는데 영화제의 기본방침에서는 국내외의 양질의 영화를 시민의 시각에서 발견하여 예술과 작품이해의 다양성을 존중하며 많은 시민에게 제공한다고 하여 문화적 향유의 복권을 실현하는 가운데 다른 한편에서는 영화제를 짊어지는 시민볼런티어가 영화제작자, 관객, 상영자와의 연결을 통하여 영화를 보는 기쁨을 더하도록 하고 있다. 이로서 사회에서의 양질의 문화로서의 영화문화고양을 짊어지는 관객과 문화시민 육성에도 기여하고 있다.

나아가 전술한 것같이 일본의 평화헌법을 상징하는 헌법 9조(전쟁포기, 전력의 비보유, 교전권의 부인 등)를 개정하려는 정권에 반대하여 평화헌법을 지키고자 하는 시민학습이나 연대도 확산되어 왔다. 또한 동시에 평화수호에의 의지는 전쟁체험이나 전쟁기억을 소환하는 모임 등을 통하여 전쟁에 반대하고 헌법 9조를 지키는 운동으로도 전개되었다. 예를 들어 시민들이 평생학습이나 문화활동을 위하여 활용할 수 있는 시민플라자센터 등에서 岡崎공습을 기억하는 모임, 전쟁체험을 말하는 모임을 운영하고 참여하는 사례, 또한 고향의 역사와 전쟁체험을 이야기하고 계승하는 모임과 같이 평화학습에 관련된 시민활동도 확산되어 갔다. 헌법 제9조와 관련하여서 헌법과 민주주의를 다시 배우는 '9조의 모임(9條の會)'은 학습과 운동을 전국 지역과 분야별 영역으로 확장하며 전개되었다(谷岡重則, 2017).

2) 사회교육의 토대와 NPO의 교육 가능성

위에서도 언급한 것같이 21세기에 들어와 일본의 평생교육은 사실상 시민활동의 확산 속에서 종래 사회교육이 담당하여 온 많은 사회적 이슈 관련한 운동과 학습 등이 시민활동으로 대폭 확산되어 간다. 그리고 이와 같은 시민활동의 확산의 공적 기반이 바로 1998년에 발족한 NPO법(특정비영리활동촉진법)이다.

그동안 일본사회는 복지나 교육 등의 사회적 서비스의 규제와 실시를, 행정이 일원적으로 짊어지는 체제하에서 국가적 공공성이 지탱되어 왔고 공공적인 것은 행정이 담당한다고 하는 생각이 일반적이었다. 그러나 국가재정 위기 속에서 행정섹터의 비효율성과 행정의 획일성이 시민의 필요의 다양화나 개별화에 대응하지 못하는 점에 대하여 비판이 생기고 나아가 국제적 경쟁 구조 속에 사회적 격차나 불평등을 시정한다고 하는 국가적 개입을 정당화 하는 목적 그 자체가 비판되었다(高橋满, 2001). 또 다른 한편에서는 1970년대 이후 볼런티어 활동이나 시민활동은, 고령화나 여성의 자립의 고조 속에서 자기실현을 추구하며 사회참여의 방향을 모색한 라이프 스타일의 선택이나 표현으로서 자기형성적 의의를 가지게 된다. 즉 가까운 지역사회나 뜻을 같이 하는 임의집단을 매개로 하여 상호 부조적인 활동이 확산되어 '얼굴'이 보이는 관계 속에서 '건강하고 문화적인 생활'의 실현을 가능케 하는 사회적 수단이 모색되어 왔다(佐藤一子, 2001).

위와 같은 배경 위에 발족된 NPO법은 보건 및 의료, 사회교육, 마을만들기, 관광, 농산어촌 및 중산간지역진흥, 환경보전, 재해지원, 지역안전, 인권, 국제협력, 남녀공동참획사회, 아이들의 건전육성, 정보화 사회, 과학기술진흥, 경제활동활성화, 직업능력개발, 소비자보호 등에 관한 단체 혹은 위의 단체를 운영 및 지원하는 단체에 법인격을 부여하고, 운영조직 및 사업활동이 적정하고 공익증진에 부합한 특정비영리활동법인을 인정하는 제도이다(https://ja.wikipedia.org/wiki/特定非營利活動促進法). NPO법에 의하여 종래의 시민활동이 보다 제도적 차원의 편익을 얻으면서 NPO는 21세기형 사회교육 평생교육활동으로서의 가능성을 보이며 확산되었고 이러한 가운데 지방자치체에서의 거버넌스의 변화도 진전한다. 즉, 종래의 정책결정형이나 공공서비스제공으로부터 시민참여형, 시민협동형, 혹은 시민자주운영형을 통한 구체적인 방책으로 확장되기 시작한 것이다(新川達郎, 2007). 나아가 NPO 활동의 전문성과 사회적 역량개선을 지원하는 중간지원조직 또한 증가하는 가운데 사회에서 배움의 구조가 제도적 사회교육 평생교육 밖으로 확대되는 양상이 보여졌다(張智恩, 2007).

위와 같은 NPO 활동범주에서 이해할 수 있는 시민활동, 지역활동 등에는 현재 참여자의 30% 사람들이 스포츠 문화예술, 마을만들기, 방범방재활동 등을 통하여 참여하고 있고 이러한 활동을 통하여 사회서비스가 제공되는 분야에서 전문성의 고양뿐만 아니라 시민활동에서의 의식 · 지식 · 기술을 획득하고 있다(松永 貴美, 2016).

3) 현대시민활동의 다양한 사례

위와 같은 NPO제도에 힘입어 2000년대 진입 후에는 사회 각지의 다양한 주민활동 및 시민활동이 보다 조직적 체계적인 형태를 구비하여 활동하고 있다. 다음에서는 이와 같은 성과로서 주목받은 NPO시민활동과 지역시민활동의 사례를 제시한다. 첫째, 전후 현대사에서 서클, 협의회, 임의단체 등으로 활동하여 온 문화시민활동이 제도화의 성과를 만들어 낸 사례로서의 영화시민활동이고, 둘째, 재해지에서 전후 70년간의 사회학급의 경험의 축적 위에 시민들이 재난에 대한 자구책으로 추진한 센다이(仙台)에서의 문제해결형 시민학습이다. 셋째, 가장 최근의 사례로서 코로나19 사태로 공공시설의 휴관이 속출한 2020년 5월 이후 학습현장을 비대면으로 바꾸어 다양한 학습문화활동을 보급하고 있는 '온라인공민관'이라는 시민활동이다.

(1) 문화활동서클이 제도화를 끌어내다

전후에서 현대에 이르기까지 비극장상영의 전개방법과 사회적 성과의 변화가 두드러지는 영화 문화 환경의 실례로서, 영화를 매개로 한 문화학습공동체의 장이 된 '영화서클' '시민영화관' '영화제' '커뮤니티 시네마' 등의 전개가 있었다(張智恩, 2006).

이러한 과정에서 지역미디어의 일 유형인 영화는 지역주민들 나아가 영화를 애호하는 시민들에 의하여 시장의 한계와 공적 서비스의 업적주의를 극복하는 방향에서 일본사회에 다양한 우수영화, 사회적 이슈를 담은 영화, 특별한 세대나 마이너리티를 위한 영화 등을 보급하였다. 이러한 성과의 배경에는 영화 상영의 전국적인 거점, 상영자의 네트워크와 조직화의 구축, 나아가 영화대학과 같은 아카데미 운영의 실천이 있었다. 그리고 1990년대 거대한 전국 규모의 비영리영화상영자의 네트워크로서 '영화상영 네트워크회의'가 문화청 산하의 국제문화교류협회(에스재팬)에 의하여 규합되는 가운데, 2004년 비영리 영화관으로서 커뮤니티 시네마를 지원하는 일본커뮤니티시네마지원센터가 설립되는 제도화를 실현한다. 이와 같은 NPO영화관은 전국적인 학습 교류의 네트워크를 보유한 가운데 기술력과 콘텐츠를 제공받을 수 있는 지원 체계 속에서 지역 학습 문화 교류의 장으로 안착하여 왔다(張智恩, 2007).

2021년 현재에 운영되고 있는 사례를 통하여 그 특징을 살피어 보면 다음과 같다. 사이타마(埼玉)북부에 존재하는 유일한 미니 영화관 후가야(深谷) 시네마는 위의 커뮤니티 시네마에 포함되는 NPO 영화관이다. 지역의 양조장을 리폼하여 만든 영화관으로서 음식점, 서점, 찻집, 교류 공간 등이 관내에 있다. 이 영화관은, 1960년대 일본의 영화산업 성장기에 후가야 시내에 운영하던 3관의 영화관이 1970년대 영화산업의 사양화로 모두 폐관되어 후가야 시민들이 다른 광역단체인 군마현까지 영화를 보러 가야 하는 상황에서 이를 불편히 여긴 시민들의 모임에서 출발한 것이다. 시민들은 영화관 운영 전문가 및 실무자와 함께한 영화관 만들기를 위한 1년간의 학습회를 운영한 후 지역주민들에게 문화홀 상영회를 2회 전개하였다. 그리고 역전에서 '후카야시에 영화관을 만들자'는 서명운동을 전개하여 3,000명분의 서명을 득한 후, 2000년 NPO인증을 받아 설립되었다. 원래는 양복점 2층에 개관하였는데 현재는 지역의 300년 된 양조장 건물을 개조하여 10명의 볼런티어에 의하여 운영되고 있다. 연간 23,000명 정도의 관객이 이용하고 있다(http://fukayacinema.jp/?cid=6: 2020년 10월 열람).

(2) 재해지에서 시민학습으로 문제해결을 하다

대형 지진 등으로 재해가 많은 일본에서는 재해극복을 위한 활동 및 학습 또한 확산되어 있다. 전후 일본 사회교육에서 방재교육 연구가 시작된 것은 1995년 한신 대지진 이후이다. 그 간에도 폭풍우, 호우, 화산, 스나미 등이 있었지만 방재교육에 대한 관심이 높지 않았다. 그러나 1995년 한신대지진의 규모가 너무 크고 나아가 지진은 없다고 말한 지역에서 돌출한 대지진이었기 때문에 이것을 계기로 실천과 이론연구가 다양하게 전개되었다. 그런데 이와 같은 연구에 있어 주목할 것은 방재교육연구가, 강한 커뮤니티 만들기와 연계하여 추진된 점이다(野元弘幸, 2019). 왜냐하면 한신대지진의 경험에서 마을의 정내회 활동을 통하여 지역 내 인간관계가 활발한 지역에서는 대지진으로 위험한 상황에 직면하였을 때, 지역주민이 서로 사생활을 숙지하여 재난을 당한 시점에 평소 지인의 생활이나 활동할 지점을 추측하는 힘에 의하여 구출되었기 때문이다(한국평생교육학회 한일학술교류연구회, 2015년도 고베지진 경험자 증언). 이러한 면에서 재해의 극복이나 예방을 위해서도 지역주민활동은 지역공동이익을 실현하는 시민교육의 의의를 가지는 것으로서 주목할 필요가 있다.

재해지에서의 주민활동이 문제해결에 기여한 예로서는 2011년 4월 미야기현(宮城縣)에서 초대형 스나미가 왔을 때 전개된 야마모토초(山元町) 주민활동을 들 수 있다. 미야기현 야마모토초(宮城山元町)는 현내 지진피해에 의한 사망자수가 두 번째로 많았는데 실제로 지진발생 때부터 현지의 정보가 부족하고 지원도 잘 되지 않았다. 그리하여 지역의 주민들이 FM라디오 방송을 개소하여 현지상황을 전하고 피해지 당사자에게 필요한 정보를 발신하였다. 피해 당시는 급수차의 순회일정, 전기 등의 라이프 라인 등이 주된 방송의 내용이었는데 이러한 정보에 의하여 지원물자가 피난지에 무난히 전달되었다. 이 외에도 2011년의 센다이시 히로세(仙台市廣瀨)시민센터에서는, '연대카페'라고 하는 강좌의 일환으로서 주민들에 의하여 방사선량 계측기의 바른 사용방법에 관한 학습활동이 전개되었다. 후쿠시마 제1원자력 발전소 사고 당시 방사능의 계측에 공적인 대응이 부응하지 못하고 시민에 의한 계측으로 방사선량이 높은 지점이 발견된 일도 있던 시기였다. 당시 학습회에 참여한 사람들은 "원자력발전소 건설로부터 40년 이상 시간이 지나고 확실하게 인구도 증가하고 생활도 이전보다 조금 윤택하여 졌는지 모른다. 그러나 오래전부터 여기에 살아온 사람들은 역사 속에 뿌리내린 생활과 문화와 함께 있었다. …… 그것은 편리하게 지내는 생활과는 다른 차원의 풍요로움이었다."라고 술회한 것에서 볼 수 있듯이 이러한 주민학습활동은 '비상식' '정보의 공유' '방사능문제' 등 이야기 하고 싶은 것을 쉬운 테마로부터 이야기를 하고 같은 일이 반복되지 않도록 배우기 위해 연결된 그룹이었다. 이것이 가능하였던 것은 센다이시가 전후부터 학구마다 초등학교에 성인학급생을 모아 서로 이야기하면서 학습을 기획하는 '사회학급'을 운영하여 왔기 때문이라고 이야기되고 있다(石井山竜平, 2015).

(3) 언택트 시대의 시민, 학습을 혁신하다: 온라인 공민관

21세기 들어와 확산된 다양한 시민활동은 2020년 COVID-19라는 세계적인 감염병 재난 속에서 공전의 모습으로 등장하고 있다. 비대면 사회가 되면서 종래와 같은 사회생활이 어려워지는 가운데 공적 생활과 사적 생활을 분리하던 코로나19 이전 시대의 적응방식의 해체와 극복이 새로운 자율성을 만들어 내는 가운데 새로운 시민학습활동을 전개하고 있다. 이와 같은 시민활동은 감염병 사태에서 사회교육시설을 비롯한 공적 사회교육 평생교육관련 공간의 휴관이 이어질 때 '온라인 공민관'이라고 하는 형태로 시민들이 만드는 평생교육의 장으로 구축되며 유행처럼 지역에 보급된 것이다. 그 시초가 된 것이 후구오카(福岡)의 구루메(久留米)시의 온라인 공민관이다.

2020년 4월, COVID-19의 유행으로 공공시설이 휴관하고 시민활동의 장이 빼앗기자, 새로운 교류의 장으로서 온라인 공민관이 생기었다. 구루메를 거점으로 하여 이벤트 기획을 하던 翁昌史 씨와 中村路子 씨가 기획하여 태어난 것으로 많을 때는 70명 이상의 사람들이 언택트로 만나 학습활동을 함께 하고 있다. 이 온라인 공민관의 성립은 시민들이 코로나로 나타난 마을의 기능부전을 보고 자치의 거점인 공공시설이 휴관하자 마을이 정지된 느낌을 받아 지역과의 관여방식에 변혁을 일으킨 것이다. 온라인 환경은 현실의 장보다 훨씬 더 기획이 쉬워서 지금까지 지역활동에 참여하지 못한 사람들도 관여할 수 있는 기회가 될 수 있을 것이라고 하여 시작하였다고 한다. 2020년 5월 4일부터 시작하여 매주 일요일에 개최되었다. 이들은 '거리를 두어야 하는 시기에 마음의 거리를 줄이자'고 하는 마음으로 사람들과 연결되고 싶어하는 마음을 모으자는 콘셉트로 하루에도 십 수개의 다채로운 기획을 계속하였다. 무엇보다도 많은 연결고리를 만들고자 '친구의 친구의 친구와 친구가 될 수 있을까?' 가족의 유대를 생각하는 '패밀리타이즈'등을 테마로 하여 줌(Zoom)화상 모임으로 진행하였다. 그리고 다른 지역에도 파급되기를 바라며 지역주민들의 학습교류의 장의 상징인 온라인 공민관으로 이름을 지었다고 한다(張智恩, 2021).[1] 그러한 여파인지 현재 온라인 공민관은 효고(兵庫)현의 아마가사키(尼崎)온라인 공민관, 아이치(愛知)현의 도요다온라인공민관 등과 같이 타 지역에서도 계속 만들어지고 있다(張智恩, 2021).

5. 맺음말

이상을 통하여 일본 사회교육 평생교육에서 시민교육의 특성을 살펴 보았다. 본고에서는 교육과정으로서 시민교육의 내용을 살펴본 것이 아니라 성인이 살아가는 데 있어 직면하는 다양한 사회적

1) https://localnippon.muji.com/5857/ 2020년 10월 10일 검색일

과제를 해결하는 데 학습 및 주민활동이 어떠한 시민교육적 의의를 가지는가에 주목하였다. 이러한 접근은 일본의 사회교육, 평생교육도, 미래를 위하여 배우기보다는 현재를 살아가는 가운데 만나는 문제를 '학습'을 매개로 하여 해결하여 가는데 의의를 두고 개인과 집단의 자기교육력, 상호교육력을 키우는 것을 주된 과제로 하기 때문이다. 이와 같은 맥락에서 본고의 고찰을 통하여 일본 사회교육 평생교육에서의 시민교육의 특징을 다음과 같이 정리할 수 있다.

첫째, 일본의 사회교육은 그 태생부터가 시민교육적 요소가 강하다. 왜냐하면, 일본 사회교육은, 전후 데모크라시와 테크놀로지의 발전에 적응하며 주체적으로 살아가는 학습자의 주체형성을 목표로 하여 전전의 통제적 교육으로부터 자발성, 자율성을 높이는 방향에서 추진되었다는 특징이 있기 때문이다. 둘째, 사회교육 평생교육에서의 시민교육은 정형화된 교육프로그램으로 전개되는 경우는 많지 않고 오히려 문화, 교육, 복지 등 시민활동이 일어나는 특정의 분야에서 삶의 문제, 사회의 문제를 해결하는 과정과 연동하여 시민으로서의 다양한 성장을 도모하는 점이다. 셋째, 일본에서의 시민교육은 세계시민교육이 지향하는 바와 같이 개인의 문제를 사회적 문제로 확산하여 생각하고 사회적 문제를 개인의 삶의 문제에 연결하는 사고와 실천에 기반한 집단과정에 의하여 전개되는 특징이 있다. 이로서 시민학습이 사회교육 · 평생교육의 제도적 학습의 장 바깥에서 다양하게 전개되는 특징이다. 평화학습, 인권학습, 정치학습, 환경운동, 문화운동 등은 모두 공민관이라고 하는 제도화된 공간 밖으로 확장력을 가지며 전개되었다.

이러한 점에서 볼 때 전후 일본사회에서 축적되어 온 시민활동은 지구적 과제와 개인의 삶을 연계하여 문제해결적, 미래지향적으로 지속가능한 삶의 조건을 함께 만들어 가는 현대의 세계시민교육과 연속성을 가진다고 할 수 있다. 이와 같은 일본의 시민교육은 교육이 활동 경험에 의하여 발견되는 비정형적인 학습태를 가진 것이고 이와 같은 참여활동이 확산되어 가는 추세 속에, 시민교육의 현장이, 사회 그 자체가 되고 다른 사람과 함께 만들어 가는 공생과 연대의 삶의 행위 속에 있음을 이해할 수 있다. 시민교육에는 이제 시민적 생활경험이 만들어 낸 학습으로서의 의미가 증대하고 있다고 할 수 있다.

참고문헌

張智恩(2021). コミュニティメディアによる地域学習コミュニティの変化ー日本のオンライン公民館. **한국일본교육학연구**, 26(1), 105-125.

野元弘幸(2019). 社会教育における防災教育研究の使命と課題. 野元弘幸 編. **社会教育における防災教育 論集**.

佐藤一子 編(2018). **学びの公共空間としての公民館**. 岩波書店.

谷岡重則(2017). 社会教育における平和学習. **平和学習事典**.

長沢成次(2016). **公民館はだれのもの**. 自治体研究社.

松永貴美(2016). 日本のシティズンシップ教育における市民活動と生涯学習の連携と市民活動の場としての「観光」. **公共コミュニケーション. 研究** 1(1).

石井山竜平(2015). 東日本大震災と地域学習. 佐藤一子 編. **地域学習の創造-地域再生への学びを拓く**. 東京大学出版部.

坂口緑(2006). 市民性の育成と生涯学習 . **生涯学習 e 事典**.

林美輝(2005).「世界シティズンシップ」に向けた成人教育-M. C. ヌスバウ

ムの議論をてがかりに一. 日本社会教育学会 編. **グローバリゼーションと社会教育·生涯学習**, 日本の社会教育 第49集.

田中治彦(2005). 開発教育と持続可能な開発のための教育(ESD). 日本社会教育学会 編. **グローバリゼーションと社会教育·生涯学習**, 日本の社会教育 第49集.

日本社会教育学会 編(2005). **グローバリゼーションと社会教育·生涯学習**, 日本の社会教育 第49集.

小玉重夫(2003). **シティズンシップの教育思想**. 白澤社.

張智恩(2003). 映画の共同鑑賞における共感の知覚化と「学習的アプローチ」. 佐藤一子 編. **生涯学習がつくる公共空間**. 柏書房.

張智恩(2007). 芸術文化活動と価値への参加. 畑潤 編. **表現·文化活動の社会教育学**. 学文社.

張智恩(2007). NPOの専門性の強化と学習交流の中間支援組織. 日本社会教育学会 編. 日本の社会教育第51集 **NPOと社会教育**.

新川達郎(2007). 地方自治体におけるNPO政策と社会教育. 日本社会教育学会 編. 日本の社会教育 第51集 **NPOと社会教育**.

張智恩(2006). **映画文化の創造と公共上映の発展一戦後社会教育における映画認識と普及活動一**東京大学 大学院 教育科研究科 博士学位論文.

上田幸夫(2006). 公民館· コミュニティ施設の歴史一実践史. 日本公民館学会 編. **公民館コミュニティ施設ハンドブック**. エイデル出版社.

高橋満(2001). NPOをめぐる公共性論. 佐藤一子 編著. **NPOと参画型社会の学び 21世紀社会教育**. エイデル研究所.

佐藤一子(2001). NPOと21世紀の社会教育. 佐藤一子 編著. **NPOと参画型社会の学び 21世紀社会教育**. エイデル研究所.

上原直人(2000). 寺中作雄の公民教育観と社会教育観の形成. **生涯学習·社会教育研究** 第25号.

藤田秀雄(1998). 平和のための学習. **恒久世界平和のために一日本国憲法からの提言**. 勁草書房.

青柳伊佐雄他(1988). 青年の学習論. 日本社会教育学会 編. **現代社会教育の創造.**

吉田昇(1950). 共同学習のゆきづまりをどう打開するか. **月刊社会教育** 1958年 12月.

矢口悦子, 柳沢昌一(1999). 共同学習の展開. 日本社会教育学会 編. **現代公民館の創造–公民館50年の歩みと展望.**

日本生涯教育学会編(1990). **生涯学習事典.** 東京書籍.

제12장

세계시민교육과 일본의 도서관 다문화 프로그램[1)]

임형연(경일대학교)

1. 도서관의 다문화서비스화

세계에는 6,000여 가지의 다양한 언어가 존재하고 있다. 미래의 우리 사회는 다양한 문화의 구성원들이 연결되고 공존하는 다문화사회가 될 수밖에 없다. 해마다 글로벌 인구이동비율은 급상승하고 있다. 이러한 배경에서 다문화사회를 위한 사회적 준비 노력 또한 절실한 상황이다. 특히 시민들이 다문화를 수용하고 이해하는 세계시민의식 함양의 중요성은 더욱 커지고 있다. 세계시민의식이란 다문화사회의 구성원들이 가지는 권리와 책임을 말한다

1) 이 장은 '임형연(2019). 글로벌시티즌십 교육과 일본 도서관 다문화서비스. **외국학연구**, 50(50), 437-460'의 논문을 수정 · 보완한 것이다.

(Andrzejewski & Alessio, 1999). 미래의 사회는 소수인의 문화도 존중받아야 하고, 이들이 우리 사회에서 공존할 수 있고, 그들이 참여하고 역할을 할 수 있도록 해야 한다.

도서관의 러닝코먼스(임형연, 2014)화는 다문화 서비스의 측면에서 급속한 진전이 일어나고 있다. 그 계기가 된 것이 IFLA/UNESCO의 다문화 도서관 선언이다. 이 선언은 2006년 8월 IFLA (International Federation of Library Associations and Institutions, 국제도서관협회연맹)의 중앙 집행기관인 운영이사회에서 승인되었으며, 이를 UNESCO가 2008년 총회에서 검토 및 승인하였다.[2)]

이 선언에는 다문화사회에 있어서 도서관의 원칙과 사명을 제시하고 있어 도서관이 다양한 문화를 가진 지역사회를 위해 봉사하는 기관으로서, 학습 센터, 문화 센터, 정보 센터로서의 방향을 제시하고 있다. 도서관은 다양한 다문화를 연결하는 가교역할의 중심에 있어야 한다.

도서관은 다문화 서비스의 역할을 통해 도서관이 지역사회의 다양한 구성원들을 연결하고 세계시민으로 성장할 수 있게 지원하여야 한다. 이러한 인식이 도서관이 다문화사회를 위한 세계시민교육을 실시하는 다문화 서비스의 전환점이 되었다.

2. 세계시민교육과 다문화 도서관 선언

도서관의 다문화 서비스에 대해 가장 큰 계기는 IFLA/UNESCO

---

2) https://current.ndl.go.jp/node/37339

의 다문화 도서관 선언(Multicultural Library Manifesto)이다. 이 선언은 도서관이 다양한 문화를 연결하는 가교역할의 중심에 있어야 하는 계기가 되었다. 이는 도서관의 다문화 서비스가 부수적인 것이 아니라 도서관 활동의 중심이 되는 것을 의미한다. 다문화 도서관 선언은 문화적으로 다양한 사회의 가교역할을 촉진하게 되는 전환점이 되었다.

도서관은 이러한 사명을 다하기 위해 그 지역의 주민이나 구성원들의 다문화 요구에 맞게 계획을 수립하고 실천하여야 한다. 모든 관종의 도서관은 전반적이고 종합적인 다문화 서비스를 개발할 필요가 있다. 도서관은 관종에 관계없이 국제 수준, 국가 수준, 지역 수준에서 문화적, 언어적 다양성을 반영하고, 지역사회를 위해 학습, 문화, 정보의 센터로서 적극적으로 봉사하고 기능해야 한다.

3. 도서관의 다문화 서비스 역사

도서관의 다문화 서비스의 개념은 1960년대, 1970년대 이후 북미와 유럽 등을 중심으로 발전해 왔다(小林卓, 高橋隆一郎, 2009). 일본에서의 도서관 다문화 서비스에 대한 개념이 생겨난 것은 1970년 간행된『시민의 도서관』에서 찾아볼 수 있다(森智彦, 田村俊作, 小川俊彦 編, 2008). 도서관의 봉사 대상자로서 소수 주민을 고려한 서비스에 대한 개념이 명확하게 인식되기 시작했다. 그 후 일본 각 지역에서 그 실천이 급속하게 이루어지고 발전한 것은 1980년대 이후이다. 1986년 IFLA 동경대회에서 일본의 공립도서관의 다문화 서비스의 부족이 지적되었고, 이러한 지적은 일본 도서관의 다문화 서비스의 확충과 발전을 이끄는 계기가 되었다.

『시민의 도서관』은 1970년 일본 도서관 협회에서 간행된 중소(中小) 공공 도서관 운영의 지침서이다. 이는 도서관 내부에서 도서관 서비스에 대한 범위와 역할을 명확히 제시하고 있으며, 1963년에 간행된『중소 도시의 공공 도서관의 운영(이하『중소 리포트』라고 함)』을 바탕으로 하여 일본 공공 도서관의 운영을 위해 보편적인 모델을 제시한 보고서이다.

1963년에 간행된『중소 리포트』는 기존의 도서관 운영에 대한 개념과 역할, 범위를 크게 바꾸는 획기적인 것이었다. 이 프로젝트의 중심에 있던 히노시립도서관(日野市立図書館)에서는 대출과 아동 봉사를 중시하는 서비스 활동을 늘리는 등 정체되어 있던 일본 국내 공공 도서관의 활동에 긍정적 변화를 가져왔다. 이러한 성공사례를 확산하기 위해 1968년 도서관 협회는 도서관 간 상호 교류와 연수를 통하여 성공사례를 일본 전국에 보급하기 위한 '공공 도서관 진흥 프로젝트'에 착수하였다. 그 결과 1969년 '시립 도서관의 운영: 공공 도서관 진흥 프로젝트 보고서'가 만들어졌고,『시민의 도서관』은 이 보고서를 바탕으로 수정·보완하여 간행되었다.『중소 리포트』와 다른 점은 도서관 서비스의 범위를 시(市)뿐만 아니라 읍, 면 도서관으로 넓히고, 도서관 서비스의 대상을 한 사람 한 사람 개인에게 초점을 두고 있는 것이다. 결국 시민의 도서관의 개념에는『중소 리포트』를 바탕으로 하고 있지만 그보다 좀 더 적극적으로 공공도서관의 본질적 기능, 즉 '자료를 모든 이용자에게 효율적으로 무료 제공하여, 지역주민의 자료 활용을 증대하는 것'을 핵심 목표로 하고 있다.

그 결과 주민의 권리와 도서관을 이용하는 독서권을 연결하는

개념이 뿌리내리게 되었다. 이렇듯 일본에 있어서 도서관 다문화 서비스는 모든 이용자, 지역 주민을 위한 서비스라는 도서관 내부의 변화 속에서 시작되었다. 일본의 도서관 사서들이 중심이 되어 일어난 다문화 서비스 실천 운동도 좋은 예이다. '무스비매노카이(むすびめの會)'[3]는 연결해서 매듭을 지어 묶는다는 의미의 무스비매(むすびめ)라는 말 그대로 다양한 문화, 언어를 배경으로 하는 사람들을 잇는 모임이다. 1991년 결성된 도서관 다문화 서비스에 대한 일본 전역에 걸친 이 연구 운동 단체의 설립 취지는 일본에 거주하는 다양한 민족적・문화적 배경을 가지는 사람들에게 자료와 정보의 제공을 통해서 그들과 도서관을 연결하자고 하는 것이다.

이들의 주된 활동으로는 일본 거주 외국인의 환경과 도서관의 관계, 상황에 대한 지식 습득, 참가 구성원들과 도서관 사서와의 정보 교환의 장을 만드는 것, 실제 도서관 다문화 서비스를 위한 창구를 만드는 것이다. 이를 위해 다음과 같은 활동을 하고 있다. 일본 거주 외국인의 환경과 도서관의 관계, 상황에 대한 지식 습득하기 위해 해마다 10회 정도 공개 강연회, 학습회, 견학 등을 한다. 참가 구성원들과 도서관 사서와의 정보 교환의 장을 만들기 위해 연간 4번 발간되는 회보『무스비매2000(むすびめ, 2000)』을 발행하고 있다.

4. 도서관 다문화 프로그램의 실제

일본의 도서관에서 진행되고 있는 다문화 서비스의 사례들이 점

3) https://twitter.com/musubime2000

차 세분화되고 다양한 유형으로 나타나고 있다. 초기 다문화 서비스는 지역의 모든 이용자들을 위한 서비스라는 관점에서 시작하였고, 주로 자료와 정보를 제공하는 방법으로 다문화 서비스를 시행하였다. 하지만 지역구성원이 다양화되고, 세계시민교육의 영향과 평생학습에 대한 요구와 인식은 도서관의 다문화 프로그램을 다양화 하는 결과를 가져왔다. 다문화 서비스의 내용은 내국인의 외국인 이해하기와 외국인의 일본사회에 참여하기를 지원하면서 서로 세계시민으로 나아갈 수 있도록 기획되고 있다. 전시회, 외국어 스토리텔링, 외국어 노래 부르기, 도서관 탐험 프로그램 등이 개발되고 있다.

특히 부모와 아이와 함께 참여하는 다문화 프로그램이 많이 개발되고 있다. 외국인 부모와 소수 문화의 학생들에게 편안한 장소를 만들어 주기 위한 공간이 기획되고 있다. 이러한 프로그램은 ① 다문화 이용자들에게 자국의 자료와 정보를 제공하는 정보제공, ② 다문화 이용자들에게 일본의 문화에 쉽게 적응할 수 있도록 하는 교육프로그램 제공, ③ 다문화 이용자와 일본의 지역주민이 함께 참여하고 배워가는 참여 체험 프로그램 제공이라는 세 가지 유형으로 나누어 볼 수 있다. 이러한 활동을 통해 지역 내 주민들이 다문화를 이해하고 함께 세계시민으로 살아갈 수 있도록 지원하고 있다. 그 사례를 보면 다음과 같다.

⊙ 세계를 아는 방(世界を知るへや)

동경에 있는 국제어린이도서관(國際子ども図書館)[4]의 세계를 아는 방(世界を知るへや)에는 세계 각국의 지리, 역사, 문화를 소개하

4) https://www.kodomo.go.jp/index.html

는 책이 소장되어 있다. 아이들이 세계에 흥미와 관심을 가지고, 다양한 문화를 이해하는 것을 목적으로 출판된 책과, 외국어 책 약 2,000권이 소장되어 있다. 국제어린이도서관에서는 4세 이상의 어린이를 대상으로 '어린이를 위한 이야기회'를 개최하고 있다. 재일 프랑스 대사관과 공동으로 '봉쥬르! 프랑스 그림책의 광장(ボンジュール！フランス絵本のひろば)'이라는 프로그램으로 프랑스의 그림책을 소개하는 이벤트를 개최하기도 하였다. 이 프로그램에서는 그림책 들려주기, 그림책의 그림 일러스트 워크숍, 그림책을 이용한 이야기, 그림책의 표지, 그림책 만드는 방법의 전시회 등 다양한 프로그램이 진행된다. 또한 해외 작가와 문화 관련 인사를 초청하는 강연회도 개최하고 있다.

⊙ 어린이 책으로 알아보는 아시아 여러 나라 (子どもの本で知るアジアの國)

요코하마시(横浜市) 중앙도서관(中央図書館)에서는 아시아 여러 나라의 책을 전시하고 또한 전시회에 맞춰 북 토크와 그림책 읽기를 실시하고 있다. '어린이 책으로 알아보는 아시아 여러 나라(子どもの本で知るアジアの國)'라는 프로그램을 제공하고 있다. 도서관의 입구인 중앙 도서관 1 층에 전시 코너를 마련하고, 아시아 각국에서 간행된 일본어로 번역된 그림책을 중심으로 일본에서 출판된 아시아를 소개하는 동화책 등 약 200권을 국가별로 전시회를 개최하고 있다. 이 프로그램에서는 전시한 그림책을 읽어 주는데, 여기에는 다문화 이용자가 직접 참여하여 모국 문화를 소개하기도 한다. 또한 일본 주재 외국인 가정의 아이들에게 견학 프로그램을 제공하고 있다. 이렇게 함으로써 다문화의 이용자뿐만 아니라 일본의 일반인

들도 다문화에 대한 이해를 넓힐 수 있도록 고려하고 있다.

⊙ 세계어린이책방(世界のこどもの本の部屋)

오사카부(大阪府)의 토요나카시(豊中市)에 소재하고 있는 오카마치도서관(岡町図書館)의 '세계어린이책방(世界のこどもの本の部屋)'에는 약 50개국의 어린이 책이 소장되어 있다. 한국어, 영어, 중국어, 독일어, 스페인어, 프랑스어, 러시아어, 이탈리아어, 포르투갈어 외에 아시아와 아프리카의 여러 나라 말로 쓰인 약 7,000권이 소장되어 있다.

오카마치도서관 1층 어린이실 안에 위치하고 있는 세계어린이책방의 책을 활용하여 이야기 들려주기 프로그램을 실시하고 있다. 영유아 0세, 1세, 2세 아동을 대상으로 이야기 들려주기 프로그램을 실시하면서, 0세 프로그램에는 '이야기 삐약삐약(おはなしぴよぴよ)', 1세 프로그램에는 '이야기 아장아장(おはなしよちよち)', 2세 프로그램에는 '이야기 종종(おはなしとことこ)'이라는 명칭을 붙여 보다 세분하여 다문화 서비스가 진행되고 있다.

⊙ 도서관탐험 중앙도서관에 가보자!
(図書館探検 中央図書館に行ってみよう)

'도서관탐험 중앙도서관에 가보자!(図書館探検 中央図書館に行ってみよう!)'의 프로그램의 경우, 요코하마시(横浜市)에 있는 미나토중학교(港中學校) 내 일본어가 능숙하지 않는 중국계 학생에 대해 중국어 통역을 통해 도서관 이용 방법을 설명하고 관내 견학을 실시했다. 요코하마시 중앙도서관에서 비교적 가까운 지역의 중학교로서 지역 내 도서관을 통해 다문화사회를 이해하고 일본사회에

참여를 위한 지원프로그램으로 제공되고 있다. 이 프로그램에 참여한 학생에게 중국어로 번역된 견학 설명 자료를 사전에 배포하였으며, 견학 당일 학생들에게 이용 등록을 받아 도서관 카드를 만들어 대출도 실시했다. 이 날 학생들이 읽고 싶은 중국어 책을 희망도서로 신청하기도 하였다.

⊙ 다양한 언어로 진행하는 이야기회(いろんなことばのおはなし會)

오사카시(大阪市)의 중앙도서관에서는 '다양한 언어로 진행하는 이야기회(いろんなことばのおはなし會)' 프로그램을 운영하고 있다.[5)]

이 프로그램은 다국어로 진행되며 어린이를 위한 책 읽어주기로 진행되고 있다. 어린이를 위한 그림책 읽어주기는 일본어 및 외국어 버전이 모두 있는 그림책을 선정하고, 자원봉사자의 협력을 얻어서 실시하고 있다. 한국어, 영어, 중국어의 소설, 그림책, 이야기책의 대출을 확대할 수 있고 외국인들이 그들의 모국어를 즐길 수 있는 기회를 가질 수 있다. 이 이야기회에는 일본인의 부모와 자녀가 참가하는 경우가 많아서 일본 주민이 다문화를 접할 기회도 확대하고 있다.

⊙ 도서관에서 과학 놀이를 즐기자!
(多言語科學あそびの會, 図書館で科學あそびを樂しもう)

요코하마시(横浜市)의 미나미도서관(南図書館)에서는 다국어 과학 놀이 모임인 '도서관에서 과학 놀이를 즐기자! (多言語科學あそびの會, 図書館で科學あそびを樂しもう!) 프로그램을 마련하여 필리핀,

5) https://www.library.pref.osaka.jp/site/central/harappa2016-60.html

태국, 중국과 관련 있는 학생 및 보호자들을 대상으로 과학 놀이 워크숍을 실시했다. 과학 놀이의 내용은 책『약한 종이 강한 모양(よわいかみつよいかたち)』을 활용하였다. 실제로 프로그램에 참가하여 과학적 지식도 얻고 일본어에 친숙해질 수 있는 기회도 가지도록 하고 있다. 이후 도서관 이용을 설명하고 견학을 하였다. 영어 그림책 읽기와 태국어 그림책도 함께 소개하였다.

⊙ 부모와 아이와 함께 일본어(おやこでにほんご)

오사카부(大阪府) 오카마치도서관(岡町図書館)의 '부모와 아이와 함께 일본어(おやこでにほんご)'라는 프로그램은 아이를 기르고 있는 일본인 자원봉사자가 같이 참여하여 책 읽어주기, 도서관에서 자료 검색하는 방법 등을 알려주는 프로그램이 제공되고 있다. 이 프로그램은 현재 도서관이 소장하고 있는 자료를 활용하고, 게임과 함께 만들기 등 다양한 활동을 통하여 외국인 부모와 자녀가 일본어에 대해 친숙해지는 기회를 가질 수 있도록 하는 프로그램이다. 다문화를 가지고 있는 이용자들이 지역주민과 함께 어울리고 함께 배워갈 수 있는 기회를 제공하고 있다. 또한 일본인 지역주민들도 그들 주변의 다문화 가족에게 관심을 가지고 공동체 의식을 가질 수 있는 계기가 되고 있다.

⊙ 휴먼라이브러리

레이타쿠(麗澤大學)대학의 도서관에서는 대학생들에게 문화적 편견을 해소하고 다양성을 인식하는 문화시민이 될 수 있도록 하는 세계시민교육이 실시되었다. 도서관에서는 유학생들의 이야기를 중심으로 '휴먼라이브러리'라는 프로그램이 진행되었는데[6] 휴먼라이브러리는 2000년 덴마크에서 탄생한 대화형 이벤트이다. 해설자가 도서관 또는 도서관의 책에 비유되어 독특한 이야기의 공간을 제공하고 있다. 다양한 문화를 배경으로 하는 유학생들은 그들이 가지고 있는 가치관, 경험이 바로 '살아있는 책'이 되는 것이다. 독자들은 도서관에 와서 유학생들이 소개하는 휴먼라이브러리를 통해 다양한 문화의 체험담과 인생경험을 공유하고 있다. 도서관에서의 책과 독자처럼, 휴먼라이브러리에서는 청중은 독자가 되고 문화나 경험을 소개하는 소개자는 책이 된다. 독자는 이야기를 듣고 자신에 대해 생각할 기회를 얻고, 문화에 대한 편견을 감소하고 다양성에 이해하는 세계시민사회의 실현에 공헌하게 된다.

예를 들면, 하와이 출신의 해설자가 들려주는 '당신이 모르는 하와이의 매력', 미국 출신의 해설자가 들려주는 '앞으로의 경력 형성에 필요한 것', 중국 출신의 해설자가 들려주는 '중국과 일본, 다른 가치관: 고객 서비스의 관점에서', 한국 출신의 해설자가 들려주는 '일본과 한국의 비교', 베트남 출신의 해설자가 들려주는 '베트남의 문화와 일본에서의 체험' 등이 있다. 각 해설자는 발표를 하고 독자들은 질문을 하는 형태로 진행된다.

휴먼라이브러리는 생생한 체험을 바탕으로 다문화에 대한 흥미와 관심을 불러일으킬 수 있고, 나아가 이해와 포용의 세계시민교육에 도움을 줄 수 있는 프로그램이라 할 수 있다.

6) https://www.reitaku-u.ac.jp/2019/07/29/70363

5. 맺음말

미래사회는 급격히 다문화가 진전될 것이다. 세계시민의식은 다문화 사회에서 각 구성원들이 권리와 책임을 가지고 의미 있게 살아갈 수 있게 하는 힘이 된다. 도서관의 다문화 서비스는 사회 구성원들이 세계시민의 역량을 가지고 다양한 문화의 사회에서 생을 이어나갈 수 있도록 목표하고 있다.

일본 도서관의 다문화 서비스의 개념은 1970년『시민의 도서관』에서 그 필요성이 생성된 이래 사회의 다문화화가 확산되면서 양적 · 질적으로 발전하고 있다. 1989년「출입국 관리 및 난민인정법」이 개정된 이래 일본에서 다문화화가 급속히 진행되면서 지역사회 도서관의 다문화 서비스는 활성화되기 시작하였다. 그 이후 2006년 IFLA의 다문화 도서관 선언은 도서관이 본격적으로 다양한 다문화를 연결하는 가교역할로서 자리 잡게 되었다.

일본 도서관 다문화 서비스의 첫 스텝은 그 지역에 어떤 국적의 이용자가 있으며 어떤 니즈를 가지고 있는지를 파악하는 것이다. 그다음 단계는 다문화 이용자들이 필요로 하는 자료, 정보, 프로그램을 수집, 정리, 제공하는 것이다. 일방적 방향에서의 정보제공이 아니라 실제로 다문화를 배경으로 하는 이용자들이 무엇을 필요로 하고 있는지 파악하고 그에 맞는 정보를 제공하는 것에 초점을 두고 있다. 그 결과 도서관이 다양한 민족적 · 문화적 배경을 가진 다문화 사람들에게 자료와 정보제공 및 교육인프라가 되고 있다.

한국사회도 다문화사회로 급속히 변화하고 있다. 이러한 상황에서 우리 사회가 다문화를 이해하고 공존하고 협력하는 세계시민을 육성해야 한다. 이때 도서관은 다양한 문화를 가지는 집단 간의 중개자 역할을 위한 노력이 한층 필요하다. 공공 도서관은 특히 문화적 마이너리티를 위한 다문화 서비스 프로그램을 강화해야 한다. 이것이 다문화를 위한 러닝코먼즈이다. 우리나라에서도 러닝코먼즈로서 도서관이 세계시민 육성을 위한 학습 인프라가 되고, '지식학습(learning to know)' '행동학습(learning to do)' '공동체학습(learning to live together)' '인간존재의 학습(learning to be)'을 실현하도록 지원하는 더 많은 프로그램이 개발되고 확산되기를 제안한다.

참고문헌

임형연(2019). 글로벌시티즌십 교육과 일본 도서관 다문화서비스. **외국학연구**, 50(50), 437-460.

임형연(2014). 도서관 정보코먼스에서 러닝코먼스로의 진화: 일본 공공도서관의 러닝코먼스화 사례를 중심으로. **한국도서관정보학회지**, 45(3), 441-462.

小林卓, 高橋隆一郎(2009). 図書館の多文化サービスについて一様々な言語を使い, 様々な文化的背景を持つ人々に図書館がサービスする意義とは一.

森智彦, 田村俊作, 小川俊彦 編(2008). 日本の公共図書館サービスの展開・現状と課題・展望. **公共図書館の論点整理**. 勁草書房.

Andrzejewski, J., & Alessio, J. (1999). Education for global citizenship and social responsibility. *Progressive Perspectives, 1*(2), 2-17.

Delors, J. (1998). Learning: Treasure within, UNESCO, Paris.

IFLA/UNESCO Multicultural Library Manifesto(https://www.ifla.org/node/8976).

IFLA/UNESCO Public Library Manifesto (https://www.ifla.org/node/91700).

글을 마치며

일본 세계시민교육의 변화와 과제

김세곤(동국대학교)

1. 일본의 세계시민교육 현황에 대한 종합적 고찰

'들어가며'에서 12장까지는 현재 일본에서 시행되고 있는 세계시민교육의 모습에 대해 다양한 전공분야에서 교육연구 활동을 활발히 전개하고 있는 우리 학회 회원들이 참여하여 집필하였다. 교육학 분야의 여러 전공자들이 함께 참여하다 보니 내용과 형식의 구성 측면에서 전체적인 일관성과 통일성을 유지하는 데 다소 어려움이 있었다. 그러나 세미나 형식의 연구회를 1년 이상 주기적으로 개최하여 소주제의 선정과 목차 구성을 위해 여러 차례에 걸쳐 협의과정을 거쳤음을 우선 밝혀 둔다.

이하에서는 3부 12장으로 구성되어 있는 일본 세계시민교육의 전체적인 변화와 과제를 '지속발전 가능성과 상생전략'이라는 관점에서 종합적으로 고찰하여 간결하게 제시하고자 한다. 그런 다음 일본의 세계시민교육이 앞으로도 더욱 지속가능한 발전과 진전을 이루어가기 위해 요구되는 과제와 제언을 함으로써 이 장을 마무리하고자 한다. 독자들의 이해를 돕는 차원에서 편의상 12장까지의 목차 순서대로 서술하고자 한다.

제1장은 윤종혁(한국교육개발원) 박사가 '일본의 지속가능발전교육(ESD)과 세계시민교육(GCED)의 쟁점'이라는 제목으로 일본의 세계시민교육의 흐름과 쟁점, '지속가능한 발전을 위한 교육'의 실천 현황과 전망 등을 소개하고 있다. 그 내용을 간략히 요약해 보면 다음과 같다.

일본의 세계시민교육의 변화와 흐름을 이해하기 위해서는 우선 '구라시키 선언'의 성립과정과 의의에 주목할 필요가 있다. '구라시키 선언'은 2016년, OECD와 유네스코가 함께 참가하여 구라시키(倉敷)시에서 개최된 G7 교육장관회의를 통해 만들어졌다. 여기서 일본의 세계시민교육을 위한 구체적인 교육혁신 과제들이 도출되는데 이러한 과제들은 유네스코가 2016년에 제안한 지속가능발전목표 2030 전략을 거의 답습하는 형태로 이루어졌다. 한편, 일본 정부는 2000년대를 전후하여 급속하게 부상된 세계화 · 국제화라는 이슈에 발맞추어 국제이해를 위한 교육을 더욱 강조하게 된다. 그리고 또 한 가지 주목해 보아야 할 내용은 이런 흐름 속에서 2012년, 문부과학성과 환경성이 주축이 되어 세계의 환경문제해결에 주요멤버의 일원으로 참여하게 되면서부터 지속가능발전교육을 교육의 중심과제로 삼고 본격적인 검토가 시작되었다는 점이다. 그런데 윤종혁(2020)의 연구에 의하면 일본의 지속가능발전교육은 유네스코가 제안한 지속가능개발목표 2030 전략을 거의 그대로 계승하여 실천하고 있는 형국이라고 한다. 하지만 일본의 지속가능발전교육은 다음과 같이 세 가지 측면에서 글로벌 교육협력 전략을 강조하고 있다는 점을 분명히 지적하고 있다.

첫째, 교육을 통해 보다 원대한 글로벌 개혁전략을 설정 · 실천하기 위한 본격적인 로드맵과 행동계획을 실천한다.

둘째, 우수한 질을 담보로 하는 교육을 제공하고, 평생학습사회를 달성하기 위한 지속가능개발목표 2030을 본격적으로 실천해야 한다.

셋째, 교육이 인류의 복지 실현과 글로벌 개발을 조화롭게 달성할 수 있는 핵심 전략이라는 점에 주목한다.

제2장은 이명실(숙명여자대학교) 교수가 '세계시민교육과 학습지도요령'이라는 주제로 세계시민성이라는 시각에서 좀 더 구체적으로 일본의 세계시민교육의 실제 모습을 조망할 수 있도록 잘 정리하고 있다.

우선 2장에서는 지속가능한 발전을 이어가기 위해서 개인과 국가 그리고 세계가 교육을 통해서 어떻게 접근해야 세계시민으로 거듭 태어날 수 있을지를 묻고 있다. 이러한 문제제기를 기반으로 일본에서는 세계시민성(의식)과 세계시민교육의 내용을 어떻게 규정하여 다루고 있는지를 국가수준 교육과정이라 할 수 있는 학습지도요령을 분석함으로써 살펴보고 있다. 또한 교수 · 학습 현장에서 제시하는 구체적 목표를 살피고 있다.

그의 분석에 따르면 세계시민교육의 기본이념은 1974년 유네스코 총회에서부터 시작되었지만 결코 유엔의 주도로 급작스레 등장한 것이 아님을 분명히 하고 있다. 오히려 세계시민성을 함양하는 차원의 국제이해교육, 평화교육, 환경교육, 인권교육 등과의 연장선에 있다(김진희, 2015)고 밝히고 있다. 결국 세계시민교육의 핵심 구성체는 세계시민성이라 할 수 있는데 세계시민성의 정의에 대한 논의 또한 정치적·도덕적·경제적, 그리고 비판적 측면에서 구분해서 접근하면 다층적인 의미(세계+시민+교육)로 사용될 수밖에 없는 한계를 지닌다고 지적하였다. 그러나 세계시민성 함양이 중심목표인 세계시민교육의 뜻은 복합적이고 다면적인 특성을 띨 수밖에 없다. 따라서 교육의 방향설정에 따라 교육의 내용과 방법은 달라질 수 있다. 하지만 이미 글로벌화된 지구촌에서 공생, 공존, 공영의 가치를 일깨우기 위해서는 반드시 세계시민교육이 필요하다. 이에 국제기구에서는 세계시민교육지표와 세계교육지표를 개발하여 제안하고 있는데 이 2개의 지표 가운데 지속가능한 발전과 협력, 그리고 책임이 포함되어 있음을 주목하였다. 그런데 일본의 국가수준 교육과정의 근간이라 할 수 있는 최근의 학습지도요령은 2020년부터 2022년까지 순차적으로 초등학교, 중학교, 고등학교에 적용하게 되는데 이 새로운 학습지도요령은 2017~2018년에 고시된 것이다. 그럼에도 불구하고 UN이 제시하고 있는 세계시민교육지표가 충실히 반영되지 못한 점은 지속가능한 교육발전을 통한 세계시민교육을 달성하려는 일본 정부의 의지가 과연 어디에 있는지를 예리하게 비판하고 있다.

제3장은 최순자(국제아동발달교육연구원) 박사가 '일본의 영·유아기 다문화 지원 사례'라는 주제로 접근하여 일본의 지속가능한 발전교육의 한 일면을 들여다보고 있다. 일본에서 지속가능한 발

전교육이 본격적으로 검토된 것은 2000년대 초반 세계화라는 흐름 속에서 시작된다. 또한 국제이해교육을 수용하는 과정에서 이루어졌다는 점을 감안하면 이러한 분석도 일본의 세계시민교육의 한 측면을 이해할 수 있는 의미 있는 노력이 될 수 있다. 일본의 다문화 정책은 국제협력과 교류라는 차원에서 1990년 전후하여 급격히 증가하는 해외근로자를 지원하는 정책에서 시작되었다. 또한 2005년에 총무처 주관하에 '다문화 공생 추진에 관한 연구회'의 설치, 2006년에 '지역에 있어서 다문화 공생 추진 플랜'이 책정되는데 여기서 '공생'이라는 용어가 등장하며 이 플랜이 시행된 지 10년이 지난 시점에『다문화공생사례집』이 발간된다(總務省, 2017). 일본의 경우에는 영 · 유아를 대상으로 하는 정부차원의 보육 · 교육과정은 따로 없지만 외국인이 많이 거주하는 지자체에는 민간차원의 비영리단체나 대학 또는 연구소 등이 주축이 되어 다문화지원과 교육을 지원하고 있다. 또한 다문화 가정의 영유아지원 사례는 지자체마다 다소 차이가 있다. 하지만 보육 현장의 요구를 적극적으로 반영할 수 있도록 시소속의 담당부서를 설치하고 외국인을 코디네이터로 채용하여 외국인 가정의 영 · 유아에게 실질적인 교육을 제공하는 점은 '공생'의 가치를 실현하는 세계시민교육의 한 모습이 될 수 있음을 잘 지적하고 있다.

제4장에서는 송민영(철산초등학교 교장) 박사가 '일본에서의 홀리스틱 세계시민교육'이라는 주제로 홀리스틱교육의 비전과 기본이념 속에 함의된 홀리즘적 성격특성과 방향성을 검토하여 일본의 세계시민교육이 추구하는 기본적 가치와 철학이 어떤 연관성을 갖는지를 잘 정리하여 보여 주고 있다. 나아가 일본에서 전개되고 있

는 홀리스틱 세계시민교육의 실천사례를 소개함으로써 문화적 다양성, 지구생태교육의 구체적인 교육활동 모습들이 과연 어떻게 일본의 지속가능발전교육으로 연결될 수 있는지를 설명하고 있다. 특히 동경학예대학 부속 오이즈미중학교 나리타 기이치로(1997) 교사의 수업을 중심으로 검토한 중학교 사회과에서의 홀리스틱 세계시민교육의 실천 사례는 지속가능한 발전교육과 상생전략이라는 관점에서 볼 때 매우 의미 있는 학교사례가 될 수 있다고 생각된다. 이 수업에서는 자립공생과 공생공존이라는 홀리스틱 가치를 체험할 수 있는 사회과 수업을 전개하고 있기 때문이다. 여기서는 개인 내와 개인 간, 개인과 집단(사회, 자연, 우주 등) 간의 상호의존성을 학생 스스로 통찰해 갈 수 있는 질문과 토론 위주의 수업방식을 전개하고 있다는 점을 관심있게 지켜보아야 할 것이다. 왜냐하면 다양성도 존중되어야 하지만 개별성도 반드시 함께 잘 지켜져야 하는 복잡 다난한 오늘날의 지구촌 현대사회를 살아가기 위해서는 상호의존성과 연결성(연계관계)이 핵심가치가 되어야 하고, 이러한 가치가 바로 홀리스틱교육의 실천원리가 되기 때문이라고 보기 때문이다. 결국 인권, 평화, 자유, 민주주의의 가치를 추구하는 세계시민교육의 핵심원리도 바로 여기서 출발한다는 점은 매우 의미 있는 시사점이 될 수 있다고 생각한다.

제5장은 천호성(전주교육대학교) 교수가 '일본 세계시민교육의 내용분석과 전망'이라는 주제로, 먼저 시민과 세계시민의 의미를 정리하고 그에 따른 학교에서의 시민교육과 세계시민교육의 전개 양상을 소개하고 있다. 시민교육은 주로 사회과 또는 도덕교과에서 이루어지고 있다. 그런데 일본의 세계시민교육의 특징을 좀 더

구체적으로 설명하기 위해서 공교육(학교교육)의 현장에서 이루어지는 '종합적인 학습시간'에서 다루는 국제이해교육의 내용 분석에 초점을 맞추고 있다. 그 이유는 종합적인 학습시간이 학습지도요령의 교육과정 운영방침에도 명확히 명시되어 있지만 교과교육의 제한범위를 넘어 융합교육으로서의 역할이 가능하도록 되어 있기 때문이다. 또한 종합적인 학습시간은 글로벌 사회의 관점에서 세상을 살아가는 힘을 키우는 데 그 목적을 두고 있다는 점을 분명히 지적하고 있다. 결론적으로 일본의 세계시민교육은 크게 두 가지 흐름으로 전개되고 있음 알 수 있다. 하나는 세계시민성을 이해하고 촉진하는 차원에서 사회과를 중심으로 국제화와 국제교류 및 평화교육 등을 다루고 있다는 점이다. 또 하나는 국제이해교육을 잘 실행하기 위해서는 종합적인 학습시간을 십분 활용 수 있도록 고려하고 있다는 점을 말하고 있다. 또한 오고은(2018: 1)의 세계시민교육의 교과내용에 대한 한・일간 비교연구를 참조하여 한국에 비해 일본은 인지적 영역보다 사회정서적인 영역에 더 많은 비중을 두고, 세계시민성의 실천적 측면을 중시한다는 천호성 교수의 주장은 흥미로운 내용이라 할 수 있다.

제6장은 이정희(광주교육대학교) 교수가 '일본의 SDGs 이행을 위한 세계시민교육'이라는 제목으로 작성하였다. 먼저 SDGs가 2015년 유엔의 MDGs(새천년개발목표)를 대체하는 차원에서 채택된 경위를 간략히 소개하고 있다. 또한 SDGs가 2030년까지 달성해야 하는 17개의 구체적인 목표가 지구 전체를 대상으로 모든 국가가 참여해야 하는 국제사회의 보편적 목표임을 분명히 밝히고 있다. 그리고 SDGs를 이행하기 위한 일본정부의 노력을 알아보기 위해 SDGs

액션플랜 2020을 분석하여 제시하였다. 이 플랜의 핵심은 크게 세 가지로 구분할 수 있는데, SDGs 연동의 비즈니스와 이노베이션, SDGs 토대의 지역조성, SDGs를 실현할 미래의 여성 임파워먼트이다. 또한 일본의 SDGs 이행 성과를 분석하여 2019 SDG 달성도 상위 20개국 가운데 15위에 위치함을 알려준다. 나아가 그 구체적인 목표달성도 측면에서 보면 양질의 교육, 산업, 혁신, 사회기반시설에 대해서는 높은 평가를 받은 반면에, 양성 평등, 책임 있는 생산과 소비, 기후변화 대응, 목표를 위한 협력 강화 항목에서는 낮은 평가를 받고 있다는 점을 지적하고 있다. 이어서 SDGs가 교과서에는 어떻게 반영되어 있는지를 살피는 한편, 그 이행을 위한 학교현장의 모습을 확인하기 위해 동경학예대학 부속 오이즈미소학교(東京學芸大學附屬大泉小學校)의 커리큘럼과 그 실천 사례를 분석하여 제시하고 있다. 여기서 특히 주목해 보아야 할 점으로는 문부과학성의 지정학교이기는 하지만 글로벌 인재양성이라는 목표하에 '탐구과'와 '종합적인 학습시간'을 통해 세계시민성을 함양할 수 있도록 커리큘럼을 구상하고 있다는 사실이다. 이 장에서는 특히 SDGs 이행을 위한 일본 정부의 노력과 학교현장에서의 구체적인 교육활동을 통해 세계시민교육의 실천모습을 엿볼 수 있어서 좋았다고 생각한다.

제7장은 공병호(오산대학교) 교수가 일본의 대학 교양교육에서의 세계시민교육의 흐름과 추세를 대학 교양교육의 변천사, 교양교육 의미의 재정의 과정 배경과 그 동향 등의 분석을 통해 잘 설명하고 있다. 일본의 대학 교양교육의 변천사 가운데 세계시민교육이라는 관점에서 주목해 봐야 할 것은 중앙교육심의회의 2002년도

의 답신이다. 이 답신에서는 격변하는 21세기 글로벌 사회에서 교양교육이 지향해야 할 교양의 전체상이 다음과 같이 잘 나타나 있기 때문이다. 즉, '글로벌 시각, 역사적인 관점, 다원적인 관점'에서 사고하고 새로운 변화나 상황에 잘 대응하는 힘으로 분명히 정의되어 있다. 또한 사회나 다른 문화와의 교류 촉진을 중시하면서 실제로 대학에서 이수할 수 있도록 장려하고 있다는 점이다. 이러한 측면은 교양적 차원이지만 일본 대학에서 추진하고 있는 세계시민교육의 방향을 이해하는 데 도움이 될 것으로 보인다. 또한 교양교육의 의미를 재정립하려는 노력 속에서도 21세기를 준비할 글로벌 인재육성을 강조하는 방향으로 나아가고 있음을 설명하면서 세계시민교육과의 연관성을 탐색하여 그 주된 특징을 다음과 같이 간결하게 언급하고 있다. 즉, 21세기 지금의 현대는 "로컬(국가적)한 문제가 글로벌(전 지구적)한 문제가 되는 시대이다." 따라서 세계화와 현지화는 상호영향을 주고받는 불가분의 관계가 될 수밖에 없기 때문에 개별 국가의 자율성과 문화적 전통을 존중하고 협력하는 평화적 공생공동체의 인식과 능력이 곧 교양인의 자질이 된다는 점을 밝히고 있다. 결론적으로 보자면 21세기에 요구되는 이상적인 교양인이 되기 위해서는 시민적 교양의 형성과정이 필요한데 여기에는 시민적 공공성, 사회적 공공성, 정치적 공공성의 활성화가 전제되어야 한다고 한다. 나아가 이러한 '시민적 교양'을 핵심축으로 하여 학문 지(智) · 기법 지(智) · 실천 지(智)를 도야(陶冶)하는 인간상을 제시하여 일본 대학에서의 세계시민교육이 교양교육의 차원에서도 실현되기를 주문하고 있다.

제8장은 신현정(중부대학교) 교수가 '일본 소카대학의 세계시민

교육'이라는 제목으로 정리한 것이다. 제목을 통해서도 알 수 있듯이 8장은 연구논문의 형식과 절차를 따르면서 간결하고 명료하게 일본대학에서 실천하고 있는 세계시민교육의 일면을 잘 보여 주고 있다. 서문에서 밝혔듯이 이 연구는 세계시민성에 대한 일본의 인식 정도와 세계시민교육의 현황에 대한 호기심에서 출발하고 있는데 이를 위해 먼저 일본대학의 세계시민교육에 대한 개념 및 실천, 그리고 그 교육적 함의를 고찰하고 있다. 연구대상으로 소카대학을 선정한 이유에 대해서도 구체적으로 설명하고 있다. 일본 사립대학 가운데 세계시민교육이 가장 체계적이고 효과적인 운영사례를 조사한다는 목표를 정한 다음에 세 가지 선정기준, 즉 건학이념 차원, 교육프로그램 차원, 체계 지원상의 차원에서의 세계시민교육의 적합성을 준거로 삼아 선정했다고 한다. 이러한 선정 작업은 연구대상으로서의 적절성과 객관성을 최소한 충족시켰다고 보인다. 연구방법도 명확히 하고 있다. 세계시민성의 다양한 관점을 정리하고 재구조화를 통해 세계시민성의 개념 규정 작업을 시도하였다는 점이다. 또한 일본 고등교육에 나타나 있는 세계시민성의 개념인식과 세계시민교육의 역량인식을 알아보기 위해 소카대학의 세계시민교육 사례를 분석하고 있다. 이러한 분석 작업을 통해 연구자들이 내린 결론은 다음과 같다. 소카대학의 세계시민교육은 학자들의 세계시민교육을 보는 관점과 입장에 따라 차이가 난다. 경제적 역량을 중시하는가, 사회적 역량을 중시하는가로 구분해 볼 수 있지만 소카대학의 경우는 학습자들의 글로벌 경쟁력 강화를 위한 역량 교육에 가깝다는 진단을 내리고 있다. 결국 소카대학의 세계시민교육은 세계교육(global education)+시민성(citizenship)의 형태로 변형시켜서 운영하고 있는데, 이러한 특징들이 일본의 세계시민교육을 이해하는 하나의 단초가 될 수 있음을 지적하고 있다. 따라서 소카대학에서는 글로벌교육의 표상을 영어 중심의 커뮤니케이션 교육에 두고 사회정의, 권리와 책무성이라고 하는 시민성을 결합한 형태를 세계시민교육으로 인식한다고 해석을 내리고 있다. 따라서 세계시민교육에 대한 일본의 인식은 그 목적성보다는 콘텐츠 자체에 치중하는 경향으로 전개될 위험성이 있다는 점을 비판적 시각으로 예리하게 잘 지적하고 있다.

제9장은 조규복(한국교육학술정보원) 박사가 작성한 것인데 세계시민교육을 주권자 교육과 동일한 의미로 해석하고 일본의 주권자 교육의 현황을 상세히 소개하고 있다. 그는 일본 총무성보고서(2011, 상시계발사업에 관한 연구회 최종보고서)에서 규정하고 있는 주권자 교육의 의미를 재해석하여 지구 위에서 주권자가 되기 위한 교육이 곧 세계시민교육이 될 수 있음을 주장하고 있다. 이러한 가정하에 일본정부에서 추진하고 있는 주권자 교육에 대한 주요한 정책의 변천사를 소개하면서 중등학교 교과서에 실려 있는 민주주의의 개요에 대해서도 언급하고 있다. 또한 문부과학성과 총무성에서 발간한 주권자 교육의 부교재에 기술되어 있는 목차와 문부과학성의 학교급별 주권자 교육 교육과정의 목표를 일목요연하게 정리하여 표로 제시하고 있다. 또한 총무성(2017)과 문부과학성(2019)에서 발간한 주권자 교육 관련 보고서와 배부자료를 상세하게 정리하여 제시하고 있는데, 집필자의 주장은 쟁점과 토론이 활발히 전개되는 깊이 있는 주권자 교육의 필요성과 그러한 학습환경의 조성을 강조하고 있다는 점이다.

제10장은 이성한(고신대학교) 교수가 작성하였는데, 일본의 지역사회에서 실천되고 있는 세계시민교육의 활동모습을 환경, 인권, 다문화, 국제개발협력 사례를 중심으로 소개하고 있다. 우선 일본 지역사회의 NPO 활동의 역할을 소개하고 있다. 그리고 NPO 활동과 관련이 깊은 세계시민교육의 내용을 언급하고, 끝으로 NPO 활동 속에서 찾아볼 수 있는 세계시민교육의 활동모습을 다루고 있다. 환경문제에 대해서는 기후네트 NPO 활동사례에서, 인권문제는 아동라인지원센터 NPO 활동사례로, 다문화 인권옹호 평화추진에 대해서는 다문화 상생센터 오사카 NPO 활동내용으로, 국제개발협력에 대해서는 일본 국제 워크캠프센터 NPO 활동내용을 정리하여 소개하고 있다.

제11장은 장지은(성균관대학교) 교수가 '일본의 사회교육 · 평생학습과 시민활동'이라는 제목으로 일본 사회교육 · 평생교육에서 전개되고 있는 시민교육의 특성을 소개하고 있다. 여기서는 시민교육의 내용을 교육과정의 관점이라기보다 일상생활 속에서 성인들이 직면하는 여러 사회적 과제를 해결함에 있어서 요구되는 학습 및 주민활동들이 시민교육의 관점으로 볼 때 어떤 교육적 의의가 있는지를 알아보고자 하였다. 이를 위해 일본 사회교육의 역사 및 지금의 현대 시민사회 속에서 제도적 · 실천적 형태로 나타난 큼직한 몇몇 사건들의 검토를 통해 일본의 평생교육에서의 시민학습 및 시민교육의 정체성에 대해서 설명한다. 사회교육의 역사를 통해서 확인할 수 있는 시민교육은 크게 세 가지로 요약된다. 첫째는 전후 공민관을 무대로 추진된 헌법학습을 들 수 있다. 둘째는 사회교육 · 평생교육의 차원에서 이루어진 평화학습을 들 수 있다.

이것은 시민교육과 관련하여 추진된 학습 및 문화 활동의 형태로 전개되었다. 셋째는 공동학습을 들 수 있는데 이것은 전후에 만연해 있던 지역사회의 봉건적인 습관이나 사고방식 때문에 주로 억압을 받아오던 개인이나 집단의 문제를 해결하는 차원에서 전개되었다. 시민교육의 현대적인 전개양상에 대해서는 우선 인권문제, 평화문제, 공동학습에 초점을 맞추어 간략히 언급하고 있다. 예를 들면, 시민적 연대를 통해 헌법정신에 나타나 있는 사회적 가치를 수호하려는 자각적인 평화학습운동이 문화활동 형태로 전개되고 있음을 알 수도 있다. 영화감상 토론 문화 활동도 그러한 예이다. 또한 1998년에 발족한 「NPO법」에 근거하여 제도적 차원에서 힘을 얻게 된 NPO 활동은 21세기형 사회교육 · 평생교육으로서의 가능성을 보이며 확산되는 추세임을 알 수 있다. 끝으로 다양한 시민활동으로 전개되고 있는 시민교육의 흥미로운 사례를 세 가지 소개하고 있다. 영화시민활동, 센다이 지역에서 전개되고 있는 문제해결형 시민학습활동, 그리고 코로나19 사태로 인해 불과 수개월 전부터 시작된 언택트형 학습현장의 온라인 공민관이 전국적으로 유행하고 있는 활동모습에 대해 소개하고 있다. 결국 현대 일본의 시민교육은 비정형적인 학습형태로 이루어지는 모습이긴 하지만 시민들의 자발적인 참여활동이 확산되는 추세를 볼 때 시민들이 함께 만들어 가는 공생과 연대의 가치를 살려가는 방향으로 시민교육이 나아가고 있음을 확인할 수 있다.

제12장은 임형연(경일대학교) 교수가 '세계시민교육과 일본의 도서관 다문화 프로그램'이라는 흥미로운 주제로 일본의 도서관이 어떻게 세계시민교육의 기능과 역할을 담당할 수 있는지를 잘 보여

주고 있다. 이런 작업을 위해 우선 도서관의 다문화 서비스화란 어떤 의미인지를 밝힌 다음에 도서관의 다문화 서비스 역사가 또 어떤 과정을 거쳐 현재에 이르게 되었는지를 알기 쉽게 정리하여 제시하고 있다. 도서관이 다문화 서비스로서의 기능을 갖게 되는 주된 계기는 IFLA/UNESCO의 다문화 도서관 선언임을 지적하고 있다. 또 이러한 도서관 서비스의 개념은 1970년을 전후하여 북미와 유럽을 중심으로 발전하지만 일본에서의 도서관 다문화 서비스에 대한 개념의 출발은 1970년 간행된『시민의 도서관』에서 찾아 볼 수 있다. 또한 일본의 도서관 다문화 서비스의 특징은 지역 주민과 모든 이용자를 위한 서비스라는 점과 이러한 서비스의 시작은 도서관 사서들이 중심이 되어 도서관 내부의 변화 속에서 발생한 다문화 서비스 실천 운동이라는 사실을 밝히고 있다. 현재 일본에서 진행되고 있는 다문화 서비스 프로그램의 종류와 형태는 사용자의 니즈에 따라 세분화되고 다양한 내용으로 전개되고 있다. 마무리 단계에서 임형연 교수가 지적하는 바와 같이 다문화를 올바로 이해하고 인류가 다 함께 공존할 수 있는 세계시민을 육성함에 있어서는 도서관이 매개자로서의 역할을 잘 발휘할 수 있도록 다문화 도서관 서비스의 기능과 역할이 한층 더 선진화되기를 주문하고 있다.

2. 일본의 세계시민교육을 위한 과제와 제언

요즘 코로나19 사태로 인하여 지구상의 모든 인류는 숨 쉬기 조차 어려운 심한 스트레스 상황 속에서도 모두가 신뢰할 수 있는 백신과 치료제가 하루속히 개발되어 심신의 고통이 소멸되기를 간절히 희망하고 있다. 그런데 이처럼 한꺼번에 세계의 거의 모든 인구를 큰 두려움의 불안에 떨게 만든 그 근본적인 원인은 무엇이고 또 어디서 그 해결책을 찾아야 할까? 사실 이에 대한 해답을 찾기란 너무도 복잡하고 요원한 작업일 수 있다. 그러나 이런 근원적이고 심원한 물음의 전등을 켜고 좀 더 진지하고 엄숙한 자세로 깊고도 어두운 우리의 내면 속을 비추어 볼 수 있을 때 비로소 인간마저도 하나로 연결된 지구 생명체 가족의 한 일원이라고 하는 열린 세계의식의 단계까지 나아갈 수 있을지 모르겠다. 전 인류를 위협하고 있는 작금의 코로나 사태에 직면하여 인류역사 이래 오랜 기간 동안 소중히 생각하며 유지 · 발전시켜 왔던 인간중심의 자연관, 인종이나 민족중심의 국가관이나 세계관에 대해서도 다시 한번 겸허하고 열린 자세로 다가가서 닫혀 있는 분별적 인식의 틀을 깨어보는 계기로 삼아보는 것은 어떨까?

그동안 유엔을 중심으로 자각 있는 일부 국가들이 앞장서서 제기해 왔던 지속가능한 발전을 위한 국제적 선언이나 실천운동들도 결국은 이러한 의문들에 대한 답을 찾아보기 위한 노력의 일환으로 전개되었다고 할 수 있다. 지속발전가능성이 충실히 작동되어 그 성과가 나타나려면 결국 나를 포함한 우리 인류 모두가 개별적 국가적 단위, 민족이나 인종별 차원의 경계의식이나 울타리의식을 넘어설 수 있어야 가능하기 때문이다. 우리는 흔히 이런 성숙한 열린 사고를 세계의식, 자연의식, 우주의식이라는 이름으로 부르고 있지만 진정한 의미의 세계시민교육이 되기 위해서는 더 한층 높은 단계로의 인간의식의 성장과 인식의 대전환이 뒷받침되어야 함은 자명한 일이다. 즉, 지금까지의 협량했던 인간정신을 거듭 일깨우고 깨우쳐서 인간영혼의 각성을 촉진할 수 있는 방향으로 나아갈 수 있도록 부단한 교육적 노력을 기울여야 할 것이다. 그러한 노력의 중심적 역할과 기능은 결국 인격적 도야를 위한 영성교육과 도덕교육의 실천 등을 통해 전개되어야 할 것이다. 나아가 이러한 교육실천운동들이 곧 인권과 세계평화, 자유와 민주주의적 가치의 굳건한 실현을 위한 지속가능발전교육의 참모습이라고 생각한다.

그런데 이를 바로 실현하는 데에는 현실적인 여러 장애와 걸림돌이 아직은 많이 산재한다. 예를 들면, 개별적인 국가단위별로 전개될 수밖에 없는 현행의 교육 제도상의 한계로는 진정한 의미의 세계시민교육을 실행하기가 어렵기 때문이다. 그뿐만 아니라 나와 세계, 즉 우리를 둘러싼 정치, 경제, 사회, 문화적 요인들이 복잡하게 얽혀 있어 순수한 이념의 교육적 활동과 그 소산들에 미치는 이들의 요인과 영향이 너무도 크고 광범위하기 때문이다.

오늘날 개별 학문적 연구의 분야에서조차 학제적 연구나 융합과 통합 위주의 학문연구 형태의 흐름과 추세로 바뀌는 이유도 어쩌면 이러한 측면들과 무관하지 않을 수 있다. 카테고리 영역이 전혀 다른 학문분야의 연구에서조차도 자연과 인류와 지구를 살리기 위해서는 통합과 융합의 방향으로 나아가기를 장려하는 이유도 바로 여기에 있다고 생각한다. 여하튼 지속가능한 발전이 계속 유지되고 지속가능한 발전교육이 잘 이루어지려면 무엇보다 먼저 인류전체가 하나의 지구공동체라는 성숙한 세계시민의식으로 성장해가야 한다. 앞 장에서 검토한 일본의 세계시민교육이 지향하는 이념과 방향, 목적과 목표 그리고 실천방법과 전개양상들을 보더라도 큰 틀에서는 이러한 흐름들과 그 궤도를 크게 벗어나지 않고 있음을 잘 알 수 있다.

앞 장에서 살펴본 일본의 세계시민교육은 유네스코에서 제안한 지속가능발전교육 목표 2030 전략에 따라서 학교와 지자체 및 지역사회와의 연대와 협력을 통해 다양한 형태와 방식으로 지속가능한 발전교육을 펼쳐가고 있다. 시민교육의 일반적인 내용과 실천 방법들은 정부의 공적인 지원하에서, 즉 제도와 법적인 규정의 제한을 받을 수밖에 없지만, 예를 들면 NPO 활동에서 보여 주는 다문화가족지원 교육활동이나 도서관 다문화 서비스 활동사례의 경우처럼 자율적이며 독립적으로 잘 운영되고 있다. 따라서 그 나름대로의 시민교육의 의의를 잘 살려서 실천하고 있다는 점에서 희망의 빛을 엿볼 수 있었다. 물론 현행 일본의 세계시민교육이라 함은 그 대상은 일본의 모든 국민, 즉 모든 연령층과 모든 계층의 시민과 주민, 말하자면 일본거주의 외국인까지도 다 포함하는 포괄적이고 매우 광범위한 의미로 사용되고 있음을 알 수 있다. 그러나 행여 '거기서 소외되거나 제외되는 경우는 없는지? 또한 이상과 현실, 명분과 실제의 경우에서처럼, 즉 일본의 지속 가능한 발전을 위한 시민성이나 시민교육 그리고 세계시민교육은 상생전략과 상호협력이라는 명분 속에서 전개되고 있지만 그 실제의 모습과 현실은 과연 그러한지?'를 묻지 않을 수 없다. 왜냐하면 일본정부가 내세우는 세계시민교육의 목적 가운데 하나는 세계평화와 인류의 공존을 분명히 제시하고 있기 때문이다. 하지만 과연 독일의 경우처럼 한반도의 침탈과 인권유린이라는 국가적 차원의 역사적 과오에 대하여 일본정부의 진정한 반성과 사과가 있었던가? 예를 들면, 위안부 문제 사죄 처리 방식에 대한 양국 간의 인식 차에는 아직도 그 간격이 너무 크고 심각하다는 것이 이런 점을 잘 보여 주고 있다고 생각한다. 물론 실타래처럼 복잡하게 설키고 얽혀 있어서 외교적 · 정치적 · 국가적 차원의 사과는 아니라 할지라도 개인 자격이나 시민사회수준의 교류 차원에서는 깊은 사과와 통절한 반성이 여러 차례에 걸쳐 행해졌다. 또한 정부 차원에서의 경제적 보상지원과 의례적인 사과문도 발표된 적은 있었다. 그러나 양국 간에 놓여 있는 이 같은 외교적인 현실적 문제들을 감안해서 본다면 지속가능발전교육과 상생이라는 이념적 차원의 가치실현은 아직도 요원해 보일 수도 있다. 그러나 지구와 인류의 공동번영을 염원하며 선언하고 협약한 지속가능한 발전과 세계시민교육을 성공시키기 위해서는 여기서 멈출 수는 없다고 생각한다.

개인, 시민, 사회, 국가라는 단위 체제, 더 나아가 민족이나 인종 구분의 문제 또한 인드라망 구조라는 연결 시스템적 사고로 접근하여 인간의 의식수준이 한층 더 성숙해질 수 있다면 반드시 세계평화와 지구촌 가족을 위한 행복의 문은 열린다고 믿기 때문이다. 그러나 현재와 같은 이성과 합리성 우위의 보편적 인식 수준으로는 현실적으로 엄연히 구별될 수밖에 없는 개별적인 국가와 사회 체제상의 구분을 극복하기는 어려울 것이다. 또한 인종과 민족 지역에 따른 문화적 차이와 구분, 역사성과 관습상의 이질성(異質性), 종교적 다양성 등 분리해서 취급할 수밖에 없는 개별적 분별 존재 인식, 불교용어로 표현해 보자면, 즉 분별의식을 초월하기란 지극히 어려운 일이다. 따라서 너와 나는 명백히 다른 개별적 실체로서의 독립적인 존재라는 보편적 인식으로는 이러한 분별적 사고에서 비롯되는 갈등과 고통을 감내하며 그저 그렇게 살아갈 수밖에 없는 현실에 부딪치게 될 수밖에 없을 것이다. 하지만 더욱 넓게 열린 한 단계 더 높은 세계의식의 차원에서 생각해 보면 결국 모든 갈등과 분열과 대립과 경쟁의식의 씨앗은, 즉 모든 것은 분리되고 개별적으로 이루어져 있다는 존재론적 사고(ontology) 방식에서, 곧 변계소집성이라는 분별적 사고인식에서 비롯된 것이라고 가정해 볼 수 도 있을 것이다. 따라서 진정한 의미의 세계평화와 건강한 지구를 잘 지켜나가기 위해 지속가능발전교육이 온전히 성립되려면 세상(天, 地, 人)은 모두 제 각각 분리되어 존재하고 있겠지만, 이 모든 것들은 상호의존적 관계 속에서 서로 깊이 연결되어 움직이고 있다는, 심층생태이론과 양자이론적 관점의 큰 자각이 먼저 일어나야 한다고 생각한다. 분별적 사고인식으로부터의 초월, 즉 보편적 · 상식적 수준의 시민의식과 인식수준을 한 단계 더 뛰어넘을 수 있도록 의식성장의 더 큰 변화가 초래되어야 할 것이다. 세상이 의타기성에 의해서 성립되고 영위되고 진화 · 발전해 간다는 엄연한 과학적 사실에 대한 더 높은 영적 차원의 인식변화가 일어나야 한다고 생각한다.

마침 이러한 차원으로의 인식변화가 시급하고 중요하다는 점을 뒷받침이라도 하듯이 한 차원 더 높은 단계의 근원적인 인식변화를 촉구하는 움직임들이 세계적인 석학과 학계 등을 중심으로 활발히 전개되고 있다. 예를 들면, 안희경(2020)의 저서『오늘부터의 세계』에서도 코로나19 사태 이후에 전개될 현대문명의 거대한 지각변동을 대비하는 차원에서 국제적으로 인정받는 석학들과의 대담을 통해 7가지의 문명 전환 시나리오를 제시하고 있다. 그 가운데서도 "인간과 자연을 연결하는 민주주의를 요구하라"는 창발적인 제안은 지금까지의 인간들의 이원론적인 분별적 · 개별적 차원의 인식과 사유방식으로는 기후변화와 같은 현대문명의 폐해를 막기 어렵다는 점을 강하게 지적하고 있다. 또한 '행위자-연결망 이론(Actor-Network Theory)'을 정립한 것으로 유명한 브뤼노 라투르 파리정치학교 교수는 "지구 전체를 하나의 생명체로 인식하게 되면, 즉 '가이아' 개념으로 접근하게 되면 복잡한 사회-환경문제를 풀 수 있다"는 주장을 펴고 있다. 이 주장의 기저에도 인간과 자연을 엄격히 구분하는 이분법적 사고로는 지구온난화, 신종바이러스, 유전자 변형식품 등과 같은 하이브리드 문명을 양산할 수밖에 없기 때문에 종국에는 지구적 종말을 초래할 수밖에 없다는 점을 분명히 경고하고 있다. 현대문명사회의 모순과 폐단을 지적하는, 특히 이분법적 사고논리의 한계점을 예리하게 잘 지적하고 있는 세계적 석학들의 경책과 전망은 일본의 세계시민교육에 있어서도 충분히 고민해야 할 주요한 과제의 하나라고 생각한다. 세계시민교육을 더욱 본래적 의미와 목적에 충실히 잘 부합되게 실천하기 위해서는 풀어야 선결과제도 많다고 생각한다. 이러한 과제들은 물론 일본정부만의 숙제는 아니다. 지속가능한 발전과 지속가능발전교육을 바라고 원하는 지구상의 모든 국가가 다함께 풀어가야 할 중요한 과제라고 생각한다. 일본만이 아니라 전 세계 모든 국가가 지속발전가능성을 염원하면서 공존공영과 번영의 길로 함께 나아가기 위해 큰 틀에서 몇 가지 제언을 하며 이 장을 마무리하고자 한다.

첫째, 지구 전체는 하나의 생명체라고 하는 의식의 단계까지 성숙될 수 있도록, 즉 우주의식으로까지 발돋움 할 수 있는 인식의 대전환을 촉구하는 영적 각성운동들이 세계시민교육을 통해 이루어져야 할 것이다.

둘째, 우주의식으로의 인식의 대전환도 결국은 구체적인 교육과정과 교육프로그램개발 등을 통해 원활히 실현되어야 한다. 따라서 국가와 시민 차원의 연대와 협력 및 참여를 통해 제도와 정책적인 차원의 뒷받침도 이루어져야 할 것이다. 일본의 경우 이미 민간이나 지방 자치제 단위의 사립학교 등에서 홀리스틱 이념에 기초한 홀리스틱 세계시민교육이 창의적인 토론 · 질문 방식의 수업 등을 통해 의미 있게 잘 전개되고 있음은 좋은 사례가 될 수 있을 것이다.

셋째, 학문연구는 그 특성상 각 개별 학문별로 매우 세분화되고 더욱 깊이 있게 독립적으로 연구될 수밖에 없는 한계와 특성을 분명히 갖는다. 그러나 평화 인권 자유와 민주주의와 같은 행복추구를 위한 인간의 보편적 가치가 지속적으로 발전해 가기 위해서는 결국 인문과학, 자연과학, 사회과학의 개별적인 학문분야가 융합과 통합의 방향으로 지금보다 좀 더 진전된 형태의 학제적 연구로 나아가야 한다고 생각한다. 예를 들면, '빅히스토리'의 개념과 의미가 구체적인 교육프로그램들을 통해 실제의 수업에서도 잘 활용될 수 있도록 여러 가지 방안들을 강구해 가야 할 것이다.

넷째, 일본은 세계시민교육을 실천하는 모범국의 면모를 앞장서서 먼저 열어갈 수 있다고 생각한다. 왜냐하면 지구상에서 유일하게 원자폭탄의 엄청난 폐해와 재난을 입었지만 그 원인 제공을 한 아픈 역사적 경험을 가지고 있기 때문이다. 정치적 · 사회적 · 이념적 차원의 여러 난관들도 충분히 예상되지만 지금의 일본 평화헌법은 일본시민들이 앞장서서 반드시 지켜내야 한다. 그래야 일본의 세계시민교육은 진정한 평화를 실현하는 지속가능발전교육의 모범 국가가 될 수 있다고 보기 때문이다.

다섯째, 현대문명 발전의 패러다임, 즉 효율과 합리와 경쟁 위주의 개발 및 발전만을 강조하는 중앙집권방식의 인프라 구조의 전환이 필요하다고 생각한다. 이를 위해 지역과 자연 살림의 공동체 문화와 다원주의에 기초한 다문화 존중 공동체의 역할과 기능이 재조명되어 거듭날 수 있는 지구촌 생태환경교육의 여건 마련이 절실히 요구된다.

참고문헌

김성구(2019). **아인슈타인의 우주적 종교와 불교**. 서울: 불광출판부.

안희경(2020). **오늘부터의 세계**. 서울: 메디치미디어.

동아일보(2010. 11. 29.). "자연과 인간 분리됐다는 생각이 지구온난화 위기 대응 어렵게 해".

찾아보기

인명

내용

저자 소개

공병호(Kong, Byungho)

오산대학교 아동보육과 교수

김세곤(Kim, Segon)

동국대학교 유아교육과 교수 겸 한국생태유아교육학회 회장

송민영(Song, Minyoung)

경기 철산초등학교 교장

신현정(Shin, Hyunjung)

중부대학교 학생성장교양학부 교수

윤종혁(Yoon, Jonghyeok)

한국교육개발원 부원장

이명실(Lee, Myungsil)

숙명여자대학교 기초교양학부 교수

이성한(Lee, Sunghan)

고신대학교 아동복지학과 교수

이정희(Lee, Junghi)
광주교육대학교 사회과교육과 교수

임형연(Lim, Hyoungyeon)
경일대학교 아동보육 문헌정보 전공 교수

장지은(Jang, Jieun)
성균관대학교 교육학과 초빙교수

조규복(Cho, Kyubok)
한국교육학술정보원 책임연구원

천호성(Cheon, Hoseong)
전주교육대학교 사회교육과 교수

최순자(Choi, SoonJa)
국제아동발달교육연구원 원장

홍현길(Hong, Hyunkil)
가천대학교 명예교수

일본의 세계시민교육

―실천과 방향―

Global Citizenship Education of Japan

2021년 7월 5일 1판 1쇄 인쇄
2021년 7월 10일 1판 1쇄 발행

지은이 • 공병호 · 김세곤 · 송민영 · 신현정 · 윤종혁 · 이명실 · 이성한
이정희 · 임형연 · 장지은 · 조규복 · 천호성 · 최순자 · 홍현길

펴낸이 • 김진환

펴낸곳 • ㈜학지사
04031 서울특별시 마포구 양화로 15길 20 마인드월드빌딩

대표전화 • 02-330-5114 팩스 • 02-324-2345

등록번호 • 제313-2006-000265호

홈페이지 • http://www.hakjisa.co.kr
페이스북 • https://www.facebook.com/hakjisakbook

ISBN 978-89-997-2447-3 93370

정가 14,000원

저자와의 협약으로 인지는 생략합니다.
파본은 구입처에서 교환해 드립니다.